Eike Mewes · Einfach so – Gedankensplitter

D1664419

Eike Mewes

EINFACH SO
GEDANKENSPLITTER

BASILISKEN-PRESSE

Rangsdorf 2019

Zum Autor:
Eike Mewes, geboren 1940 in Berlin, Studium der Philosophie, Komparatistik und Theaterwissenschaft, Theaterregisseur mit Inszenierungen im gesamten deutsch-sprachigen Raum, Lehrauftrag am Theaterwissenschaftlichen Institut der Freien Universität Berlin, seit 2001 Schriftsteller.

Zum Werk:
- Auf ein Wort – Alphabetische Wortklaubereien mit Illustrationen, 2005
- Der Tag ist nur der weisse Schatten der Nacht – Drei Filmgeschichten, 2006
- Einer trage des anderen List – (Un)Moralische Geschichten, 2010
- Wort – Spiele. 3 Bände mit farbigen Illustrationen. Ein nachdenkliches (Bd. 1), lustiges (Bd. 2), hintersinniges (Bd. 3) Kinderbuch auch für Erwachsene
    Band 1: 1906 Teekesselchen, 2008
    Band 2: Wortspiele, 2012
    Band 3: Redewendungen, 2014
Alle Bücher sind im Verlag Neue Literatur Jena erschienen.

Die Deutsche Nationalbibliothek verzeichnet diese Publikation in der Deutschen Nationalbibliographie (https://portal.dnb.de).

Einfach so – Gedankensplitter / Eike Mewes;
Rangsdorf: Basilisken-Presse 2019; 179 S.; 17 × 24 cm
ISBN 978-3-941365-72-8

© Basilisken-Presse, Natur + Text GmbH
Friedensallee 21, D-15834 Rangsdorf, Tel. 033 708 / 20 431
www.basilisken-presse.de; verlag@naturundtext.de

Titelbild: Ilka Naethe, naedesign
Layout und Satz: Mirjam Neuber, Natur + Text

ISBN 978-3-941365-72-8

Inhalt

Vorbemerkung

„Scherz, Satire, Ironie und tiefere Bedeutung" heißt ein Lustspiel von Christian Dietrich Grabbe, das 1822 entstanden ist und viele witzige Anspielungen an das Zeitgeschehen und über Persönlichkeiten seiner Zeit enthält und auf humorvolle Weise zum Ausdruck bringt. Mir ist es nicht gelungen, meine Anspielungen an meine Zeit in einer Komödie unterzubringen, dazu sind sie thematisch einfach zu unterschiedlich und verschieden. Ich habe meine Gedankensplitter über das Zeitgeschehen in kleine Geschichten oder Vorträge gefasst, teils mit Humor und Ironie, teils in Satireform und teils auch mit Ernst und tieferer Bedeutung.
So, wie sie mir in den Sinn gekommen sind – einfach so.

Zur Politik

Menschenwürde

„Die Würde des Menschen ist unantastbar" (GG, Artikel 1). Was bedeutet das? Man darf die Würde des Menschen nicht antasten, nicht berühren, nicht mit dem Tastsinn erfassen. Sie ist offenbar wie das Alter Ego des Menschen einfach nur vorhanden, auch wenn man sie sinnlich nicht wahrnehmen kann. Jeder Mensch hat eine solche Würde, unabhängig von seinen sonstigen Eigenschaften, sie gehört einfach zu ihm. So will es die christliche Ethik, so will es das Grundgesetz, so wollen es die Menschenrechte. Die Menschen unterscheiden sich zwar voneinander, aber die Würde des Menschen ist für alle die gleiche.

Das bedeutet also, lieber Leser, dass Sie die gleiche Würde haben wie der Bundespräsident oder die Bundeskanzlerin, aber auch wie der Schwerkriminelle, der Mörder, der Mafioso, der Terrorist oder irgendein Diktator. Ich weiß, dass Sie sich nicht gerne mit solchen Persönlichkeiten vergleichen lassen möchten, aber in Hinblick auf die Würde müssen Sie sich die Gleichstellung gefallen lassen. Vor Gott und vor dem Gesetz sind alle gleich, an dieser ethischen Maxime kommen wir nicht vorbei.

Zur Zeit gibt es in unserem Land ein paar Problemfälle. Da haben wir eine rechtsextreme Gruppe aus Zwickau, die neun Morde auf dem Gewissen hat. Sie hat „Ausländer" umgebracht, weil sie der Meinung waren, dass Artikel 1 des Grundgesetzes nur für Deutsche gilt, also die Opfer nicht über die Würde verfügen, die das Grundgesetz Deutschen zugesteht. Da haben wir katholische Priester, die Minderjährige sexuell missbrauchten, weil sie der Meinung waren, dass Kinder oder abhängige Jugendliche unmöglich über die gleiche Würde verfügen könnten wie Hochwürden von Gottes Gnaden. Und falls wir einen Bundespräsidenten hätten, der lügt und sich sehr unwürdig verhält, ist die Öffentlichkeit der Meinung, er verletze die Würde seines Amtes.

Wie das? Also nicht die Würde des Menschen, sondern die Würde eines Amtes ist unantastbar? Also nicht die Opfer der missbrauchenden Priester, sondern das Amt von Hochwürden muss geschützt werden? Die Herabwürdigung der Menschenwürde ist bis zur Unwürdigkeit verkommen. Täter stilisieren sich zu Opfern und berufen sich auf ihre Würde, Amtsinhaber verstecken sich hinter der „Würde" ihres Amtes. Wenn ich mir das tägliche Weltgeschehen anschaue, dann muss es ganz offensichtlich Menschen geben, die Würde unterschiedlich definieren, denn sie behandeln andere Menschen absolut würdelos. Was für einen Wert hat die Würde des Menschen überhaupt noch? Welcher Mensch ist seiner Würde noch würdig?

„Würde" ist Konjunktiv, also die Möglichkeitsform von Sein und Werden. Mit anderen Worten: Wir müssen unsere Würde erst möglich machen.

MACHT

Machtbewusstsein ist einer unserer stärksten Triebe. Wir behaupten zwar, dass Macht nicht der Motor für unser Handeln ist, aber hinsichtlich der eigenen Motive betrügen wir uns. Die Hirnforscher haben eindeutig durch verschiedene Tests nachweisen können, dass wir uns viele Einbildungen unterstellen und edlere Antriebe vorgeben, aber die eigentlichen egozentrischen Bestimmungen sind: Macht, Ruhmsucht, Geldgier, Neid, Missgunst, Aggressivität und Sexualität. Das wird zwar in unserer Kultur geschickt versteckt, ist aber für uns elementar. Nichts ist schlimmer, als von seiner Gruppe abgelehnt zu werden. Die Sehnsucht nach Anerkennung ist triebhaft, bei Verlust kommt es zu schweren Depressionen bis hin zum Selbstmord. Die Angst vor dem Verlust von Anerkennung wird mit der Macht über den anderen vertuscht. Je größer die Angst und das Gefühl der Minderwertigkeit, desto stärker oder auch brutaler ist die Ausübung von Macht.

Wenn Politiker an die Macht gekommen sind, die sich mit der plötzlichen Macht-fülle überfordert sehen, entwickeln sie paranoide Züge. Sie haben Angst vor jeder Kritik, wittern überall Anschläge und fürchten um ihr Leben. Diese „Mächtigen" wehren sich mit skrupelloser Brutalität und rotten gnadenlos alle Gegner aus. Macht in Verbindung mit Paranoia ist nicht mehr steigerungsfähig. Leider gibt es zu viele Beispiele in der Geschichte, das jüngste scheint mir der türkische Präsident Erdogan zu sein.

NATIONALISMUS

„Was ist Nation? Ein großer, ungejäteter Garten voll Kraut und Unkraut. Wer wollte sich dieses Sammelplatzes von Torheiten und Fehlern so wie von Vortrefflichkeiten und Tugenden ohne Unterscheidung annehmen und […] gegen andre Nationen den Speer brechen? Lasset uns, so viel wir können, zur Ehre der Nation beitragen; auch verteidigen sollen wir sie, wo man ihr Unrecht tut […] sie aber ex professo preisen, das halte ich für einen Selbstruhm […]. Offenbar ist die Anlage der Natur, dass wie Ein Mensch, so auch Ein Geschlecht, also auch Ein Volk von und mit dem andern lerne […], bis alle endlich die schwere Lektion gefasst haben: kein Volk ist ein von Gott einzig auserwähltes Volk der Erde; die Wahrheit müsse von a l l e n gesucht, der Garten des gemeinen Besten von a l l e n gebauet werden […]. So darf sich auch kein Volk Europas vom andern abschließen, und töricht sagen: bei mir a l l e i n, bei mir wohnt a l l e Weisheit.

Der Denkart der Nationen bin ich nachgeschlichen, und was ich ohne System und Grübelei herausgebracht, ist: dass jede sich Urkunden bildete, nach der Religion ihres

Landes, der Tradition ihrer Väter, und den Begriffen der Nationen: dass diese Urkunden in einer dichterischen Sprache, in dichterischen Einkleidungen, und poetischem Rhythmus erscheinen: also mythologische Nationalgesänge vom Ursprunge ihrer ältesten Merkwürdigkeiten." (Johann Gottfried Herder: Schriften zu Philosophie, Literatur, Kunst und Altertum, 1784–87)

Muss man diese über 200 Jahre alte Weisheit kommentieren? Offenbar waren wir mit unserer Kultur schon mal viel weiter als heute.

Eine wichtige Stimme aus dem 20. Jahrhundert soll ebenfalls zum gleichen Thema zu Wort kommen, geschrieben nach den Erfahrungen zweier Weltkriege und einer gescheiterten Demokratie dazwischen. Es sind Worte des großen Publizisten Sebastian Haffner.

„Ich bin kein deutscher Nationalist, aber ich bin ein ziemlich guter Deutscher. Ich wurde mir dessen immer dann besonders bewusst, wenn ich Scham über die Ausartungen des deutschen Nationalismus empfand. [...] Deutschland, oder besser das Deutschland, in dem man sich zu Hause fühlt, wird von den deutschen Nationalisten zerstört und nieder getrampelt. Es ist klar, wer sein Todfeind ist: der deutsche Nationalismus.

Nationalismus ist sicher überall eine gefährliche geistige Krankheit, fähig, die Züge einer Nation zu entstellen und hässlich machen. – Aber nirgends hat diese Krankheit einen so bösartigen und zerstörerischen Charakter wie gerade in Deutschland, wo der Nationalismus den Grundwert des nationalen Charakters tötet. Dies erklärt, warum die Deutschen – in gesundem Zustand zweifellos ein feines, empfindungsfähiges und sehr menschliches Volk – in dem Augenblick, wo sie der nationalistischen Krankheit verfallen, schlechthin unmenschlich werden und eine bestialische Hässlichkeit entwickeln, deren kein anderes Volk fähig ist, es verfällt einem großen, alles überschwemmenden, billigen Massenrausch.

Die Deutschen verlieren durch Nationalismus alles, den Kern ihres menschlichen Wesens, ihre Existenz, ihres Selbst. Diese Krankheit zerfrisst ihre Seele, er bleibt kein Deutscher mehr, er bleibt kaum ein Mensch. Und was er zustande bringt, ist ein deutsches, vielleicht sogar großdeutsches Reich – und die Zerstörung Deutschlands."

Man muss diese Verbitterung nicht teilen, man sollte die Auswüchse deutschen Nationalismus allerdings kennen. Die heutigen Anzeichen von aufkommendem Nationalismus sollten uns warnen. „Wehret den Anfängen!"

Über (deutschen) Patriotismus

„Ich habe seit einigen Jahren so viel Schönes von deutschem Patriotismus und deutschen Patrioten rühmen gehört, und die Anzahl der wackeren Leute, die sich für diese Modetugend erklären und nützlichen Gebrauch von ihr machen, nimmt von Tag zu Tag so sehr zu, dass ich – wäre es auch nur, um nicht zuletzt allein zu bleiben – wohl wünschen möchte, auch ein deutscher Patriot zu werden. An gutem Willen mangelt es mir ganz und gar nicht, nur habe ich es bisher noch nicht so weit bringen können, mir von dem, was man einen deutschen Patrioten nennt, und von den Pflichten desselben, und wie diese Pflichten mit einigem Erfolg in Ausübung zu bringen und mit denjenigen zu vereinigen sein möchten, die ich (vielleicht aus einem Vorurteil der Erziehung) auch den übrigen Völkern schuldig zu sein vermeine – einen deutlichen und rechtgläubigen Begriff zu machen.

In meiner Kindheit wurde mir zwar viel von allerlei Pflichten vorgesagt, aber von der Pflicht, ein deutscher Patriot zu sein, war damals so wenig die Rede, dass ich mich nicht entsinnen kann, das Wort deutsch jemals ehrenhalber nennen gehört zu haben.

Man kann über eine Sache nur in so weit denken, als man deutliche Begriffe von ihr hat: wo diese aufhören, fängt die Unwissenheit an; die Tugend des Unwissenden aber ist fragen und Bescheid annehmen."

Das schrieb Christoph Martin Wieland 1793: „Über den deutschen Patriotismus". In Weimar! Dort also, wo die erste deutsche demokratische Verfassung unterschrieben und die erste Republik gegründet wurde. Dort, wo die deutsche Klassik zu Hause war, zu der Wieland unbedingt gehörte. Ein Ort folglich, den man für deutschen Patriotismus in Anspruch nehmen dürfte. Schade nur, dass Buchenwald in der Nähe ist, ein kleiner Schandfleck auf der reinen Patriotismus- Weste. Aber das KZ gab es zu Wielands Zeiten noch nicht.

Trotzdem tut sich Wieland schwer, ein deutscher Patriot zu sein. Obwohl er durchaus stolz darauf sein könnte, an der Wiege der deutschen Klassik zu stehen, zu der er sehr viel beigetragen hat. Man kann auch von den anderen „Weimarern" wie Goethe, Schiller oder Herder nicht sagen, dass sie sich großartig als deutsche Patrioten gefühlt hätten. Wie kommt das? Die deutsche Kleinstaaterei war ihnen zu provinziell, selbst ein gesamtdeutscher Staat entsprach nicht ihren Vorstellungen. Sie waren Kosmopoliten, Weltbürger, jede Art von Nationalismus war ihnen fremd.

Als Wieland diese Sätze schrieb, war er bereits 60 Jahre alt. In einem Alter also, in dem der Mensch den Sturm und Drang abgelegt hat, heftige Provokationen eher einem gemäßigten, ausgeglichenen Harmoniebedürfnis gewichen sind. Dennoch hielt er mit dieser Aussage kraftvoll gegen die Bestrebungen seiner Zeit, denn nach der französischen Revolution 1789 gab es auch in deutschen Landen Freiheitsbewegungen, den Ruf nach einer einheitlichen deutschen Nation, radikalen Patriotismus und lautstarken Protest unter Studenten und Literaten. Der Höhepunkt war das Hambacher Fest 1813, dem Todesjahr Wielands. Es ist erstaunlich, dass sich die größten Geister deutscher Sprache nicht vor den patriotischen Karren spannen ließen, obwohl die Jungen das gerne gesehen hätten.

Alter schützt vor Torheit nicht! Deshalb setzen ältere Menschen mehr auf Bewahrung und Sicherheit. Normalerweise ist der Mensch von Haus aus konservativ, und im Alter nimmt diese Einstellung noch zu. Damit beraubt er sich aber seiner natürlichen Neugier und lässt denkbare Überraschungen und Möglichkeiten nicht mehr zu. Kluge Köpfe schauen voraus, bereiten Entwicklungen vor, sind offen, risikofreudig und mutig. Keine Kultur steht so hoch, als dass sie nicht von anderen Bescheid annehmen könnte, wie Wieland sagt. Ich hoffe sehr, Sie lehnen mit mir rückwärtsgewandte, ewig gestrige und im Stillstand verharrende Menschen ab. Starrsinn hat nämlich nichts mit dem Alter zu tun. Glauben Sie mir, was das betrifft, so kenne ich dreißigjährige Greise.

Untersuchen wir kurz, was damit gemeint ist, ein konservativer Mensch zu sein. Das Wort kommt aus dem Lateinischen und bedeutet *erhaltend, bewahrend*, also durchaus etwas Positives. Im politischen Sinne heißt das: Eine „geistige, soziale und politische Haltung, die die altüberkommene Ordnung und die in ihr verkörperten Werte, das Gewachsene und Gewordene, wahren und festigen will" (Brockhaus). Die konservative Haltung betont das höhere Recht der überlieferten Werte gegenüber fortschrittlichen Bestrebungen oder Versuchen der Erneuerung und Veränderung. Ein konservativ denkender Mensch fühlt sich folglich immer im Einklang mit Gott und der Welt.

Für eine Gesellschaft kann das fatale Folgen haben: Es kann zur Erstarrung führen und sogar revolutionäre Entladungen befördern. (Wir erleben das gerade mit dem fanatischen Islam.) Es kann zur Verewigung von Privilegien kommen, deren innere Rechtfertigung längst entfallen ist. Es kann eine Entwicklung herauf beschwören, die die Anpassung an entstandene Wandlungen verhindert. Der Glaube an Autoritäten kann zum blinden Obrigkeitsdenken werden, das jede Kritik erstickt. Die Bewahrung bestimmter religiöser Bindungen kann zur starren Orthodoxie, die Verteidigung der gewohnten kulturellen Werte zur geistigen Sterilität führen. Die Ablehnung neuer Ideen erreicht manchmal das Gegenteil, nämlich dass Werte, die gehütet werden sollen, in Frage gestellt werden müssen. Und letztendlich unterbindet eine konservative Haltung jegliche geistige Kreativität.

Ich nehme an, Sie verstehen jetzt, warum Wieland lieber entgegen gesetzt denken wollte. Für ihn waren Patrioten engstirnige, kleinkarierte, reaktionäre Leute. Im Grunde war er der bessere Patriot, denn er förderte die Entwicklung deutscher Kultur, die die ideologisch verbohrten Nationalisten stolz wieder zerstörten. Und ich gehe davon aus, dass Sie längst verstanden haben, warum ich Ihnen das hier schreibe: Denken Sie nach vorne, freuen Sie sich über die gewonnene Freizügigkeit und kulturelle Bereicherung. Verfallen Sie nicht in Nostalgie, hören Sie nicht auf zu fragen und nehmen Sie neuen Bescheid an. Sie haben noch so viel vor sich, der Geist ist noch wach und will entdecken. Wieland hatte noch zwanzig Jahre zu leben und viele lesenswerte Gedanken aufgeschrieben, und Goethe hat seinen „Faust" auch erst in diesem Alter verfasst.

Und denken Sie daran: Weimar steht für den Höhepunkt deutscher Kultur, es war das geistige Zentrum Deutschlands zur Zeit der Klassik und Romantik, gleichzeitig steht Buchenwald für den Niedergang deutscher Kultur, die sinnlose Vernichtung kultureller Traditionen. Beides gehört dazu, wenn sie ein echter Patriot sein wollen. Das eine ist ohne das andere nicht zu haben.

WAHLEN

Wahlen sind ein Urnengang mit drei Kreuzen. Mit anderen Worten: Wir wählen unseren letzten Gang, den Gang zur Urne, zum Friedhof, zum Untergang. Und wir machen (Grab-) Kreuze, unterzeichnen anonym und ohne Verantwortung. Drei Kreuze macht man, wenn man etwas hinter sich lassen will. Eine Wahl ist völlig ungefährlich und willkürlich. Wir unterstützen den Analphabetismus der Demokratie. Wir beerdigen die Politik. Nach der Wahl machen die Gewählten drei Kreuze (der Erleichterung), und die Sache ist für sie erledigt. Der Vorgang ist geheim, es kommt also nie heraus, wer was beim Wählen denkt, wenn er überhaupt denkt. Und wenn doch, und dann auch noch anders als vorhergesagt, spricht man von Wahlfälschung. Der eigentliche Wille kommt also nie ans Licht. Damit müssen wir dann leben bis zum nächsten Urnengang. Die Unzufriedenheit bleibt unverändert oder wächst stetig. Nicht wählen ändert allerdings auch nichts.

Wer die Wahl hat, hat die Qual, heißt es. Das stimmt eigentlich nur, wenn man keine Wahl hat, soll heißen, wenn es egal ist, was oder wen man wählt, weil es auf das gleiche herauskommt, wenn sich die Kandidaten nicht unterscheiden. Das ist besonders in Deutschland der Fall. Frau Merkel macht obwohl Christdemokratin sozialdemokratische Politik, die bayrische CSU wendet diese Politik wieder mehr ins christlich-sozialdemokratische, die SPD kann nichts anderes als sozialdemokratische Politik machen, also macht sie keine (wegen oder gegen Merkel), die Freidemokraten setzen auf liberal sozialdemokratische Politik, die Grünen auf ökologisch sozialdemokratische, die Linken auf sozialistisch sozialdemokratische Politik und die Rechten auf nationalsozialdemokratische Politik. Da niemand etwas auszusetzen hat an sozialdemokratischer Politik, in welcher Form auch immer, ist es folglich gleichgültig, was er wählt, er bekommt immer das gleiche, mit leicht differierenden Nuancen. Die Stimmabgabe ist also keine Meinungsäußerung, sondern die eines Analphabeten, drei Kreuze statt einer Unterschrift.

Apropos Kreuz. Es ist schon ein Kreuz mit dem Kreuz. Einige tragen stolz das christliche Kreuz vor sich her, andere das Eiserne Kreuz an der Brust und viele machen Haken an das Kreuz, immer aus Gründen der Zugehörigkeit zu einer Gruppe oder Gesinnung. Ein Kreuzworträtsel wird das Ganze, wenn sich die Kreuze miteinander vermischen: Man schwört auf das Hakenkreuz, lässt sich unter dem christlichen Kreuz segnen, tötet im Namen des Kreuzes und erhält dafür das Eiserne Kreuz. Hinterher werden die Haken vom Kreuz wieder abgemacht, das Eiserne Kreuz in der Schublade versteckt und unter dem christlichen Kreuz Absolution erteilt. Wieder unschuldig macht man weiter drei Kreuze auf dem Wahlzettel …

Testament eines Humanisten

Als Caesar nach siegreichen Schlachten die Macht im Staate übernahm, wurde aus der römischen Republik eine Diktatur. Seine Nachfolger eiferten ihm nach und nannten sich nach ihm Kaiser (Caesar) und begründeten die absolute Monarchie. Vergeblich versuchte einer, dagegen anzugehen, der überzeugte Republikaner Cicero. Aber seine Reden auf dem Forum Romanum verhallten ungehört. Resignierend schreibt er seinem Sohn: „Solange der Staat noch von Männern verwaltet war, die er selbst sich erwählte, habe ich meine Kraft und Gedanken dem Staat gewidmet. Aber seit alles unter die Herrschaft eines Einzelnen geriet, war länger kein Raum mehr für öffentlichen Dienst oder Autorität."

Gerechtigkeit und Gesetz allein sollen die ehernen Grundpfeiler des Staates sein. Demagogen dürfen nicht die Gewalt und damit das Recht im Staat erhalten, niemand darf seinen persönlichen Willen und damit seine Willkür dem Volke aufprägen. Jede Gemeinschaft mit einem Diktator muss zurück gewiesen werden, man muss ihm den Gehorsam verweigern.

Gewaltherrschaft vergewaltigt jedes Recht. Harmonie kann in einem Gemeinwesen nur entstehen, wenn der Einzelne, statt zu versuchen aus seiner öffentlichen Stellung persönlichen Vorteil zu ziehen, seine privaten Interessen hinter jenen der Gemeinschaft zurückstellt. Nur wenn der Reichtum sich nicht in Luxus und Verschwendung vergeudet, sondern verwaltet wird und verwandelt in geistige, in künstlerische Kultur, wenn die Aristokratie auf ihren Hochmut verzichtet und das Volk, statt sich bestechen zu lassen von Demagogen und den Staat an eine Partei zu verkaufen, seine natürlichen Rechte fordert, kann das Gemeinwesen gesunden. Ich fordere den Ausgleich der Gegensätze.

Ich protestiere gegen jeden Missbrauch der Gewalt. Ich verurteile den Krieg als die Methode der Bestien, ich verurteile den Militarismus und Imperialismus unseres Volkes und die Ausbeutung der Provinzen. Einzig durch Kultur und Sitte und niemals durch das Schwert sollten Länder dem Römischen Reiche einverleibt werden. Das Plündern von Städten ist barbarisch, ich fordere Milde selbst gegenüber Rechtlosen und Sklaven. Wer nur Kriege beginnt, um Beute zu machen, dem geht die Gerechtigkeit im Reiche selbst verloren. Wenn ein Volk den anderen Völkern die Freiheit nimmt, verliert es in geheimnisvoller Rache seine eigene, wunderbare Kraft der Einsamkeit. Und das bedeutet den Niedergang des Reiches.

Diese Gedanken mögen Ihnen nicht unbedingt neu oder originell vorkommen. Das Besondere ist die Tatsache, dass sie über 2.000 Jahre alt sind. Vieles geht auf Platon zurück, der in seiner Staatslehre, die noch mal vierhundert Jahre älter ist, ähnliche humanistische Vorschläge für das Zusammenwirken der Menschen als das höchste und wichtigste Ideal formuliert hat. Nach der bitteren Enttäuschung über die Abschaffung der Republik schrieb 44 vor Christus Marcus Tullius Cicero als erster Anwalt der Humanität die Schrift „De officii", die Lehre von den Pflichten, die der unabhängige, der moralische Mensch gegen sich selbst und gegen den Staat zu erfüllen hat, sein politisches Testament.

(Zitiert nach Stefan Zweig „Sternstunden der Menschheit")

Das Erschreckende ist: Die Staaten nehmen zu, in denen die Republik, oder besser die Demokratie, von Autokraten abgeschafft wird. Die Machtübernahme eines einzelnen funktioniert nach wie vor. Leider ist die Menschheit nicht klüger geworden.

Scharlatanerie

Die Geschichte vom Rattenfänger in Hameln erzählt von der Verführbarkeit des Menschen. Sie ist viel verbreiteter als wir annehmen. Das liegt vor allem an der Häufigkeit von Scharlatanen, die das Mittel des Verführens schamlos ausnutzen. Ich meine jetzt nicht die Hochstapler, die diese Kunst meisterhaft beherrschen, sondern die alltäglichen, fast selbstverständlichen Menschen, die dies zu ihrem Beruf gemacht haben und vorzüglich daran verdienen. Neben den Astrologen, Sektenführern und Gurus zähle ich auch die Kirchenführer, Imame, Heilpraktiker, Psychotherapeuten, Psychiater und Psychologen dazu. Alle arbeiten mit Fiktionen, an die man glauben muss, wenn sie wirken sollen. Es gibt keinen Unterschied zur Religion, mit Wissenschaft hat das alles nichts zu tun.

Horoskope, Sternzeichen, eingebildete Kindheitserlebnisse, homöopathische Placebos usw. richten keinen großen Schaden an und bleiben weitgehend Privatsache.

Aberglaube jeder Art ist harmlos, so lange nicht ein Glaubenskrieg daraus wird. Aber in der Politik wirkt sich das global mit Folgen für alle aus und wird zu einem riesigen Problem. Wie schafft es ein Mensch, andere zum Töten zu verleiten? Wie ist es möglich, ein ganzes Volk aufzuhetzen? Ich will jetzt nicht nur das Standardbeispiel anführen, dass Adolf Hitler bis in die gebildetsten Schichten der Deutschen mit seinem Rassismus gedrungen ist und die jüdischen Mitbürger und Nachbarn ungehindert abtransportieren konnte. Es gibt viele vergleichbare Beispiele: Über Jahrhunderte leben verschiedene Völker oder Religionen friedlich zusammen, und plötzlich kommt ein Rattenfänger daher, erklärt den Nachbarn zum Feind und alle folgen ihm, bekämpfen die andere religiöse Minderheit oder Ethnie, und es gibt brutalen Krieg, Folter und Unmenschlichkeit. Ich verstehe nicht, wie es gelingen kann, seinen Nachbarn, mit dem man gestern noch ein gewohntes Wort gewechselt hat, morgen zu töten, nur weil ein anderer das verlangt. Der Mechanismus des Verführens bleibt mir rätselhaft.

Da leidet ein Erdogan an Paranoia und sperrt jeden Gegner und Kritiker ein, und dennoch wählen ihn die Türken mit Mehrheit und dulden, wie aus der Türkei ein islamischer Staat wird mit einem Autokraten als Präsident. Da tobt sich ein Trumpeltier mit Menschen verachtenden Sprüchen aus und wird trotzdem von der verachteten Mehrheit zum US-Präsidenten gewählt. Da schreien ein paar Nationalisten, merkwürdigerweise in fast allen Ländern Europas, irgendwelche dummen populistischen Unwahrheiten heraus, und die Masse nimmt das auf und setzt die große Errungenschaft der europäischen Einheit aufs Spiel, von der die Schreihälse selbst profitieren. 70 Jahre Frieden, Freiheit und Wohlstand reichen nicht aus, diese Schreihälse als falsche Demagogen zu entlarven.

„(Er …) ist ein kleinlicher, ungerechter, nachtragender Überwachungsfanatiker; ein rachsüchtiger, blutrünstiger ethnischer Säuberer; ein frauenfeindlicher, homophober, rassistischer Kinder und Völker mordender, ekliger, größenwahnsinniger, sadomasochistischer, launisch-boshafter Tyrann."Wer ist (Er)? Trump? Putin? Erdogan? Assad? Der saudische Kronprinz Mohammed bin Salman? Die Ayatollahs im Iran? Maduro in Venezuela oder der neue in Brasilien, Bolsonaro? Der Philippine Duterte? Der Italiener Salvini? Oder vielleicht Orban oder Kaczynski? Oder einer von den autoritären Herrschern in Afrika? Es könnten alle gemeint sein, und es werden mit jeder Wahl in der Welt mehr, die in Frage kommen. Und alle werden gewählt und verehrt und wiedergewählt und angehimmelt. Und wir wundern uns. Das Zitat stammt vom Evolutionsbiologen Richard Dawson und bezieht sich auf den Gott des Alten Testamentes. Trotz dieser Charaktereigenschaften, die der Bibel entnommen sind, wird (Er) seit Jahrtausenden von Juden und Christen gewählt, verehrt und angehimmelt und nicht in Frage gestellt. Diese Erkenntnis trifft in gleichem Maße, wenn nicht noch mehr, auf Mohammed und den Islam zu. Warum wundern wir uns also, wenn Politiker mit den gleichen Eigenschaften gewählt und verehrt werden? Offenbar brauchen Staaten wie Religionen tyrannische Führer. Gehorchen ist leichter als Denken, Menschen wollen geführt werden. Demokratie ist zu anstrengend. Wer soll das verstehen? Nicht zu vergessen die Verschwörungstheoretiker, die ständig haltlose Gerüchte streuen. Aber auch ihnen wird geglaubt, und ihre absurden Behauptungen nicht hinterfragt.

Warum nur lassen wir uns so leicht von diesen Scharlatanen verführen?

LÜGEN

In der Politik gehört Lügen inzwischen zum Alltag. Auf der ganzen Welt wird gelogen, dass sich die Balken biegen. Je autoritärer ein Staatsführer ist, um so erfindungsreicher lügt er, um seine Macht nicht zu gefährden. Natürlich ist das Vorbild Trumpeltier in den USA, aber nicht nur er macht von täglichen sog. Fakenews regen Gebrauch. Die Gefahr, dass eine Falschmeldung „falsch" aufgefasst wird und eine weltweite Katastrophe auslöst, wird immer größer und von den Mächtigen offenbar in Kauf genommen.

Kriege begannen immer schon mit einer Lüge, aber auch gezielte Falschmeldungen hat es immer schon gegeben, wenn auch nicht in dieser Häufigkeit. Die älteste Lüge in der europäischen Geschichte geschah im Jahre 317 mit der Konstantinischen Schenkung, die größte und erfolgreichste Fälschung der Weltgeschichte. Vor der Entscheidungsschlacht am 23. Oktober 312 vor den Toren Roms erhielt Konstantin angeblich eine Lichterscheinung in Form des griechischen Christus-Symbols mit dem Versprechen, unter diesem Zeichen werde er siegen. Er triumphierte, wurde Kaiser des gesamten römischen Reiches und führte das Christentum als Staatsreligion ein. Er ernannte angeblich den Papst in Rom zum ersten Patriarchen neben denen in Antiochia, Alexandria, Konstantinopel und Jerusalem, soll ihm den Lateran-Palast und alle Insignien der Macht überlassen und auf ewig der Stadt Rom, Italien und dem weströmischen Reich die Macht und Gerichtsbarkeit übertragen haben. Aufgrund dieses Dokumentes, ausgestellt im Jahre 317, begründet der Oberhirte der katholischen Christenheit bis heute seine irdischen Ansprüche. Ohne die Konstantinische Schenkung gäbe es vermutlich keinen römischen Papst.

So viel beispiellose Großzügigkeit eines siegriechen Kaisers erscheint undenkbar. Und tatsächlich wurde ein solches „Schenkungsdokument" erst 750 verfasst, möglicherweise sogar einhundert Jahre später, auf keinen Fall um 317 und niemals von Konstantin. Alles Lüge also, womit der Papst seinen Führungsanspruch begründete. Erst im 19. Jahrhundert gab der Vatikan zu, dass es diese Schenkung niemals gegeben hat.

Für die deutsche Geschichte ist die Episode mit der „Emser Depesche" von 1870 von Bedeutung. Es ging um die Bewerbung um den spanischen Thron, der nach der Vertreibung von Isabella II. ins Exil verwaist war. Ein Sproß der preußischen Hohenzollern hatte die größten Chancen. Die Franzosen forderten ultimativ den Verzicht, weil sie sich von den Hohenzollern eingekreist fühlten, nachdem Wilhelm I. schon auf dem preußischen Thron in Berlin saß.

Die diplomatische Krise dauerte an, König Wilhelm I., der in Bad Ems kurte, schickte eine Depesche an Bismarck mit der Mitteilung, er habe dem französischen Gesandten seine Haltung erklärt und wolle die Antwort abwarten.

Bismarck überprüfte die Kriegsfähigkeit der eigenen Truppen und gab eine verkürzte Fassung der Emser Depesche heraus. Nun hieß es, der König wolle keinen weiteren französischen Gesandten mehr empfangen und habe ihm auch nichts mehr mitzuteilen. Diplomatisch heißt das: Ihr könnt mich mal! Fünf Tage später erklärte Frankreich den Krieg, der 1871 mit seiner Niederlage endete und zur Gründung des deutschen Reiches in Versailles führte.

Eine weitere Fälschung ist das berühmte Foto von 1920 in Moskau: Lenin spricht auf einem Podium auf dem Swerdlow-Platz zur Roten Armee und schwört sie auf den nächsten Feldzug gegen Polen ein. Auf dem Foto sind Trotzki und Leo Kamenjew neben ihm zu sehen, Weggefährten Lenins, ohne die die russische Revolution vermutlich nicht so erfolgreich verlaufen wäre. Vier Jahre später war Lenin tot und Stalin entschied den Machtkampf um Lenins Nachfolge für sich. Trotzki fiel in Ungnade, wurde 1927 aus der Partei ausgeschlossen, 1929 ausgewiesen und 1940 im mexikanischen Exil ermordet. Kamenjew wurde 1936 hingerichtet. Auf dem berühmten Lenin-Foto wurden Trotzki und Kamenjew wegretuschiert, und ab 1927 wurde das gefälschte Foto des „einsamen Lenin" in alle Welt verbreitet und zum Vorbild für weitere Fälschungen genommen. So verschwand 1968 Alexander Dubcek auf tschechischen Fotos und in der DDR nach und nach das halbe Politbüro der Gründungsjahre. Von wegen „Bilder lügen nicht!"

Eine der bekanntesten Fälschungen sind „Die Protokolle der Weisen von Zion". Es handelt sich um ein Pamphlet mit fiktionalen Texten, das als Programmschrift für antisemitisches Verschwörungsdenken verbreitet wurde. Sie waren so abgefasst, als ob sie vorgaben, geheime Dokumente eines angeblichen Treffens von jüdischen Weltverschwörern zu sein. 1903 erschienen die Protokolle zuerst in russischer Sprache, im Ersten Weltkrieg dann international, und noch 1920 benutzte sie Henry Ford für seinen Antisemitismus zur Unterstützung Hitlers. Erst 1921 wurden sie als Fälschungen enttarnt. Das verhinderte bis heute nicht, dass Antisemiten ihren Hass auf Juden damit begründen. Vor allem in arabischen Ländern sind die Protokolle nach wie vor populär.

Dass der Zweite Weltkrieg mit einer Lüge begann, sollte bekannt sein. Der Überfall auf den Sender Gleiwitz diente als Vorwand für einen Kriegsgrund. Angebliche Grenzverletzungen polnischer Freischärler in den schlesischen Wäldern wurden provoziert oder einfach behauptet, und der Überfall auf den Sender war ein Werk von Alfred Naujocks und fünf SS-Männern, die als polnische Freischärler verkleidet in das Gebäude eindrangen. Mit dieser Lüge wurde der Einmarsch in Polen gerechtfertigt.

Wenn ich alle historischen Lügen aufzählen würde, müsste ich das ganze Buch damit füllen. Und da wären die gegenwärtigen Lügen noch nicht enthalten.

Zum Tag der deutschen Einheit (2006)

Vor 200 Jahren, genau am 6. August 1806, ging das Heilige Römische Reich Deutscher Nation zu Ende. Es war das erste Reich, und es existierte seit 962, also immerhin 844 Jahre.

Es umfasste fast das ganze Europa, die größte Ausdehnung in der Stauferzeit reichte von Skandinavien bis Sizilien mit einer einheitlichen Amtssprache, nämlich Latein. 33 Kaiser hielten dieses Staatengebilde über die Jahrhunderte zusammen.

Das Reich prägte die Geschichte und Entwicklung Europas als ein Staatsverbund mit einer multiethnischen und vielsprachigen, dezentralen und multikonfessionellen Struktur. Denn landschaftlich grenzüberscheitende Wanderungsbewegungen verliefen problemlos, waren an der Tagesordnung und führten wie selbstverständlich zur Vermischung der Bevölkerung. Das Zentrum des Reiches lag politisch wie symbolisch in der Person des gewählten Kaisers, der keine Hauptstadt hatte und keine Regierung. Er reiste von Pfalz zu Pfalz und seine Macht bestand in Lehenshoheiten, die durch Treuegelöbnis an den Kaiser gebunden waren. Später bildeten sich autonome Territorialstaaten aus, die nach und nach durch zunehmende eigene Macht das Reich von innen her schwächten. Der endgültige Zusammenbruch geschah durch die gewaltsam erzwungene Neuordnung Europas durch Napoleon und danach auf dem Wiener Kongress 1814/15, Trotzdem dient das Erste Reich vielen heute als Vorbild, manchmal wirkt es moderner als die heutige EU.

Nach dem Scheitern Napoleons begann die Zeit der Bildung von Nationalstaaten. Kriege mussten geführt werden, bis das Zweite Reich schließlich 1871 mit der Kaiserkrönung des preußischen Königs Wilhelm I. in Versailles entstand. Das Reich war ein konstitutionell-monarchischer Bundesstaat mit einer Verfassung und dem Deutschen Reichstag mit einem Reichskanzler, Otto von Bismarck, an der Spitze. Dieses Kaiserreich hielt bis zur November-Revolution 1918, also 47 Jahre. Anfängliche soziale Reformen wurden allmählich wieder zurückgenommen, eine Demokratisierung verhindert. Nationalismus, Machtstreben, Expansionsdrang, sozialer Unfriede und innenpolitische Konflikte führten zum Untergang.

Das Dritte Reich, die totale Führerdiktatur, dauerte dann nur noch zwölf Jahre, von 1933 bis 1945. Alle drei Reiche sind durch Kriege zu Grunde gegangen.

Die vermutlich bedeutendste Volkserhebung in Deutschland fand 1918 statt. Sie hat mit der Beendigung des Ersten Weltkrieges wichtige politische Veränderungen bewirkt. Die Monarchie wurde abgeschafft, die Republik gleich zweimal ausgerufen und eine erste parlamentarische Demokratie etabliert. Aber die Zersplitterung der Parteien, die traditionellen Machtstrukturen der alten Regionen, den Kleinstaaten des Absolutismus vergleichbar, und die Unfähigkeit der Regierungen, die wirtschaftliche Notlage zu beseitigen, konnten keine stabile Demokratie entstehen lassen. Die politischen Kräfte haben das Volk von Anfang an im Stich gelassen und Volkes Wille missachtet. 1918 haben führende Sozialdemokraten Verrat an den revolutionären Idealen des Volkes verübt. So konnten Nationalisten, Monarchisten und Rechtskonservative unter der Führung von Hindenburg, Ludendorff, Hitler und anderen die Diktatur bereits 1933 wieder herstellen und die Monarchie quasi fortsetzen.

Um einen Irrtum auszuräumen: Hitler ist nicht von der Mehrheit des Volkes gewählt, sondern von Hindenburg gegen den Willen des Reichstages ernannt worden. Das war möglich, nachdem der Österreicher Adolf Hitler 1932 durch die Ernennung zum Braunschweigischen Regierungsrat überhaupt erst die deutsche Staatsbürgerschaft erhalten hatte.

Die Väter des Grundgesetzes haben aus den Fehlern der Weimarer Republik gelernt und eine politisch stabile und funktionsfähige Demokratie etablieren können, sie waren allerdings nicht in der Lage, die Einheit der Nation herzustellen. Überspitzt formuliert könnte man sagen, dass erneut die politischen Kräfte, diesmal die Christdemokraten, den Willen der Bevölkerung nach Einheit missachtet haben. 1953 wurde eine mögliche Wiedervereinigung von Adenauer verschenkt. 1983 wurde sie von Helmut Kohl hinausgeschoben, bis sie sich sechs Jahre später nicht mehr verhindern ließ. Weil sich 1983 auch die Sowjetunion zu Tode gerüstet hatte und ihre Unterstützung der DDR einstellen musste, gab es ein Angebot aus Moskau zur Lösung der deutschen Frage. Helmut Kohl hat die Offerte ausgeschlagen und weitere Milliardenkredite bewilligt. Die Unzufriedenheit über die Misswirtschaft ließ das Volk in der DDR in einer friedlichen Erhebung längst fällige Veränderungen erzwingen. Diese friedliche Revolution ist in ihrer Bedeutung der von 1918 gleich zu setzen; da sie völlig unblutig verlief, vielleicht noch bedeutungsvoller und wichtiger.

Die Bezeichnung „Tag der deutschen Einheit" ist fragwürdig, sie geht auf den 17. Juni 1953 zurück, der 1954 im westlichen Teilstaat zum Feiertag erklärt wurde, obwohl gar keine Einheit zu feiern war. Auch die Festlegung auf den 3. Oktober ist problematisch. Denn die Öffnung der Grenzen, den Fall der Mauer, die Ablösung der alten Regierung, das siegreiche Ende ihrer Revolution erreichte das Volk in Ostdeutschland schon am 9. November 1989. Dieses Datum ist zugegebenermaßen außergewöhnlich belastet in unserer jüngeren Geschichte. So wählten die Politiker den Tag ihres Vertragsabschlusses am 3. Oktober 1990, an dem die Einheit Deutschlands, wenn auch ohne Volksabstimmung, politisch besiegelt wurde. Trotzdem hat sie bisher Bestand.

Die vom Grundgesetz vorgeschriebene Abstimmung hätte möglicherweise zu einer Modernisierung der Verfassung genutzt werden können. Statt notwendiger Reform des Föderalismus mussten die neu gebildeten Bundesländer dem Bundesrat beitreten und konnten den Gedanken eines zentralen Einheitsstaates gar nicht entwickeln. Das Beharren der Ministerpräsidenten der Länder auf ihren Privilegien erinnert fatal an den Untergang des Heiligen Römischen Reiches vor zweihundert Jahren.

Und auch einen europäischen Einheitsgedanken sehen wir noch nicht wirklich. Für das, was im Jahre 1000 schon möglich war, fehlt im Jahre 2000 jede Einsicht und Vernunft. Provinzialismus und Nationalismus gewinnen vermehrt die Oberhand. Durch separatistische Bestrebungen bilden sich alte Konflikte neu und stören den mühsam erreichten Frieden. Gewisse Abläufe in der Geschichte scheinen sich offenbar doch zu wiederholen.

Politiker ermahnen uns, aus der Geschichte zu lernen. Sie täten gut daran, selbst in die 844-jährige Geschichte des Ersten Reiches zu schauen und ein (vielleicht sogar „Heiliges) Europäisches Reich aller Nationen" mit einheitlicher Amtssprache und Gleichberechtigung aller Bürger zu schaffen. Ein solcher „Tag der Einheit" bekäme wirklich einen Sinn und wäre ein würdiger Feiertag.

GEDANKEN ZUM 9. NOVEMBER 1989 (2009)

> Im traurigen Monat November war's,
> die Tage wurden trüber,
> der Wind riss von den Bäumen das Laub,
> da reist' ich nach Deutschland hinüber.
> Und als ich an die Grenze kam …

… da war sie plötzlich offen. Das Wintermärchen Deutschland wurde Realität, und wie Heinrich Heine musste ich mir, ich gestehe es freimütig, ein paar Tränchen der Freude verdrücken. Aber dann tauchte ich in dem Jubel der Massen unter.

Wo ist die Begeisterung geblieben? Die Stimmung zwanzig Jahre danach macht mich traurig. Ich gehöre zu denen, die nie glücklich waren über die Teilung Deutschlands. Ich empfand diesen Zustand immer als unbefriedigend, und ich habe die Politik des

Kalten Krieges auf beiden Seiten heftig kritisiert, weil sie die Teilung zementierte, statt sie zu überwinden. Für mich gab es kein West und Ost, ich litt darunter, dass ich mit Grenzen im eigenen Land leben musste. Zwei schikanöse, zeitaufwändige, unsinnige Grenzkontrollen musste ich über mich ergehen lassen, wenn ich von Berlin aus meinem Beruf an deutschen Theatern nachkommen wollte; und selbst in meiner Heimatstadt wurde der Besuch bei meinen Lehrern am Deutschen Theater nach dem Mauerbau eine bürokratische Folter mit Eintrittspreis und Zeitbegrenzung.

Als sozialliberaler Pazifist hatte ich zunächst keine Probleme mit dem politischen Aufbau im Nachkriegsdeutschland. Als die ideologischen Festlegungen das Land immer mehr spalteten, nahm meine kritische Haltung zur Entwicklung unseres Landes allerdings zu. Die stalinistische Doktrin erinnerte mich zu sehr an eine Fortsetzung der nationalsozialistischen Ideologie, und die einseitige Hinwendung Adenauers zur Integration in den kapitalistischen Westen verhinderte zusehends die Wiedervereinigung. Spätestens am 17. Juni 1953 war zu erkennen, dass die Bevölkerung ihren Wunsch nach Einheit begraben musste. Als die Adenauer-Regierung die Wiederaufrüstung betrieb und den Beitritt zur NATO anstrebte, kam die Wiedervereinigung nur noch in den Sonntagsreden der Politiker vor.

Seitdem geriet ich in Gegnerschaft zur herrschenden Politik. Ich verlor den Wunsch nach Einheit nicht aus den Augen und hielt an den bestehenden Verbindungen zum Osten fest. Umso schmerzlicher mache ich heute die Erfahrung, dass immer mehr Menschen in Ost und West die Mauer wiederhaben wollen und mit der Einheit nicht zurecht kommen. In Zeiten der Trennung fanden durchaus kritische und sehr freie Diskussionen über den „richtigen" Weg zur Wiedervereinigung statt, heute zwanzig Jahre nach dem Mauerfall stoße ich auf mutlose, überempfindliche und verklärende Reaktionen.

Während ich unverändert an der Kritik der westdeutschen Politik festhalte, höre ich nur noch rechtfertigende Argumente über die ostdeutsche Politik. Es klingt so, als ob nur die alte BRD an der Teilung schuld sei und die Einheit der DDR aufgezwungen wurde. Eine einseitige Rücksichtnahme auf die angeblich verständlichen Befindlichkeiten der ehemaligen DDR-Bürger wird verlangt. Ich erwarte aber von jedem mündigen Bürger die gleiche ehrliche Auseinandersetzung über vorhandene Missstände, schon um der Gemeinsamkeiten willen und nach vorne zu schauen. Dazu gehört auch das Eingeständnis von Fehlern.

Es bringt uns nicht voran, wenn ich nur die militaristische Entwicklung Westdeutschlands anprangere, die spießig prüde autoritäre Gesellschaft im Westen erwähne, die ich schon 1968 bekämpft habe, die verfehlte Politik der Hallstein-Doktrin missbillige und vieles mehr, wenn ich nicht gleichzeitig in Erinnerung rufen darf, dass mindestens 200.000 Regimekritiker in der DDR zunächst eingesperrt, später an den Westen verkauft wurden, einhundert Grenztote zu beklagen sind und das MfS mit ca. 600.000 Mitarbeitern die Bürger bespitzelt hat, dass die SED-Regierung die Mauer gebaut und den RAF-Terror im Westen logistisch und finanziell unterstützt hat, und dass es mit der Meinungsfreiheit nicht weit bestellt war. Der Grundsatz der überzeugten Kommunistin Rosa Luxemburg: „Freiheit ist immer auch die Freiheit des Andersdenkenden!" galt in keinem kommunistisch regierten Staat, auch nicht in der DDR.

Zwanzig Jahre nach dem Krieg ist die Bewältigung der Vergangenheit mit der Nazi-Generation, die Auseinandersetzung mit meinen Eltern, endlich geglückt. Ab 1968 war die alte BRD eine veränderte Demokratie. Zwanzig Jahre nach dem Mauerfall muss es möglich sein, über die Vergangenheit in der DDR, die Auseinandersetzung mit den elterlichen Funktionsträgern, unbefangen und aufgeschlossen reden zu können. Ab 2010 sollte die heutige Bundesrepublik wirklich ein einheitlicher Staat für alle sein. Die Mauer in den Köpfen muss weg. Der Slogan „Wir sind das Volk", der von Ferdinand Freiligrath, zur Märzrevolution 1848 geprägt, übernommene Wahlspruch sollte endlich von allen Bürgern gelebt werden.

Vorträge zum 9. November

Der 9. November ist in der deutschen Geschichte ein Schicksalsdatum. Es gibt fünf bedeutende historische Ereignisse, die an diesem Tag stattfanden und durchaus in einem historischen Kontext gesehen werden müssen. Es begann

1848: Die standrechtliche Erschießung des Abgeordneten der Nationalversammlung Robert Blum besiegelte als symbolträchtiges Fanal das Ende der Revolutionen des Jahres 1848. Am selben Tag, dem 9. November, schloss Friedrich Wilhelm IV. die gewählte preußische Nationalversammlung mit Gewalt, entwaffnete die Bürgerwehr, führte die Pressezensur wieder ein und beendete alle freiheitlichen und demokratischen Bestrebungen in Mitteleuropa. Der Aufmarsch von 40.000 Soldaten markierte die Zerschlagung der Bürger- und Arbeiterrevolution und ihrer liberalen und sozialen Erneuerungshoffnungen.

1918: Nach Beendigung des Ersten Weltkrieges und der deutschen Monarchie zwang die wohl bedeutendste deutsche Volkserhebung den Kaiser zur Abdankung. Es wurde die Republik ausgerufen. Zunächst verkündete der Sozialdemokrat Philipp Scheidemann ohne Absprache mit Reichskanzler Ebert die „Deutsche Republik". Wenig später rief Karl Liebknecht die „freie sozialistische Republik", eine Räterepublik aus. Dieses Datum markiert den Beginn der Weimarer Republik, nicht aber das Ende feudalistischer und rechtskonservativer Strukturen. Das rächte sich bereits

1923: Putschversuch Hitlers. Mit Hilfe von Ludendorff, den rechtsnationalen und konservativen Kräften und seinen eigenen Anhängern unternimmt Adolf Hitler am

9. November einen Staatsstreich, der allerdings von der bayerischen Landespolizei niedergeschlagen wurde. Zehn Jahre später gelingt dann die Rückeroberung der Macht.

1938: In der Pogromnacht vom 9. zum 10. November und vor allem am Tage des 10. November fanden die von den Nazis wohlvorbereiteten und perfekt organisierten Anschläge gegen jüdische Mitbürger statt, um jüdisches Eigentum zu zerstören und die Judenhetze zu forcieren.

1989: Mit der Mauer- und Grenzöffnung wird das Ende der DDR eingeleitet.

Das letzte Datum ist für uns sicherlich das wichtigste Ereignis. Durch die Kollision mit der Pogromnacht am 9. November 1938 wurde der „Tag der deutschen Einheit" wie schon erwähnt auf den 3. Oktober verlegt, dem Tag der politischen Vollendung der Einheit am 3. Oktober 1990, um ihn unbelastet begehen zu können. So bleibt eines der schlimmsten Geschehen in der deutschen Geschichte an diesem Datum hängen.

1. Was uns trennt ist die gemeinsame Sprache
   Zur friedlichen Revolution vom 9. November 1989

Dieses Wort von Karl Kraus soll das Motto dieses sehr persönlichen Beitrages sein. Denn wir haben zu lange aneinander vorbei geredet.

Ost-Berlin, 9.11.1989, 18.53 Uhr: Günter Schabowski, Mitglied des Politbüros der SED, teilt am Ende einer internationalen Pressekonferenz, die vom DDR-Fernsehen live übertragen wird, mit, die SED-Spitze habe sich entschlossen, eine Regelung zu treffen, die „die ständige Ausreise regelt, also das Verlassen der Republik". Dann liest er die neue Reiseregelung, die der Ministerrat beschlossen hat, von einem Zettel ab. DDR-Bürger sollen ständige Ausreisen und Privatreisen ohne Vorliegen der bis dahin geforderten Voraussetzungen beantragen können, die Genehmigungen würden kurzfristig erteilt. Wann tritt das in Kraft?" fragt der Journalist Riccardo Ehrmann, DDR-Korrespondent der italienischen Nachrichtenagentur ANSA. Schabowski wirft einen Blick auf seine Papiere, dann antwortet er: „Nach meiner Kenntnis sofort, unverzüglich!" Wie wir heute wissen, war die Frage bestellt und sollte Schabowski das entscheidende Stichwort liefern. Allerdings hatte man ihm die Sperrfrist (4 Uhr morgens) verschwiegen. Schon drei Stunden später, nach der Tagesschau, erzwingen die heran drängenden Ost-Berliner den ersten Durchbruch, sechs Stunden später stehen alle Grenzübergänge zwischen beiden Stadthälften offen und Tausende von Berlinern tanzen auf der Mauer vor dem Brandenburger Tor.

„Uns allen war bewusst", erinnert sich Hans Modrow an die politische Gemütslage, „dass etwas passiert war, was eigentlich nicht im Sinne der Sache war." Aber die

Masse der Bürger war euphorisch, West- und Ost-Berliner lagen sich in den Armen, „Wahnsinn" war in dieser Nacht das meist gebrauchte Wort auf der Straße. Die Trauer der Bürgerrechtsbewegung unter Bärbel Bohley über den Fall der Mauer am Morgen des 10. November ist nicht grundlos gewesen. Dies war es nicht, was sie erstrebt hatten: Ein wiedervereinigtes Deutschland als Mitglied der NATO, einen Anschluss der DDR entsprechend dem Pragraphen 23 des Grundgesetzes, die Übernahme des kapitalistischen Wirtschaftssystems mit seiner Massenarbeitslosigkeit, seinem alltäglichen Konkurrenzkampf. Aber es war der Wille der großen und bis dahin schweigenden Mehrheit.

Dennoch ist jegliche Enttäuschung über den Lauf der Ereignisse unangebracht. Auch wenn sich kaum eines der formulierten Ziele der Oppositionsgruppen verwirklichen ließ, war keine der mutigen Aktionen vergeblich. Der Traum von einer gerechten und menschlichen Gesellschaft ist nicht tot. Aber das Ende des Sozialismus sollte auch jene optimistisch stimmen, die irgendwann einmal an die Befreiung der Menschheit durch den Kommunismus geglaubt haben.

„Freiheit ist die Einsicht in die Notwendigkeit", sagt Hegel. Ohne die radikale Revolution wäre die notwendige Freiheit und mehr Demokratie wahrscheinlich nie gekommen. Ihr überwältigender Erfolg ist der friedliche und unblutige Verlauf. Ihr Resultat: „Einheit durch Freiheit, nicht Freiheit durch Einheit", wie es Richard Schröder formulierte.

„Ich bin der Meinung, dass wir alles falsch gemacht haben. Weil der Versuch, ein sozialistisches Gesellschaftskonstrukt zu schaffen, von vornherein zum Scheitern verurteilt ist. Der Mensch ist nicht in der Lage, seine Egoismen auszuschalten, und deshalb ist Sozialismus immer ein falscher Versuch", bekannte Günter Schabowski später. Sozialismus bleibt eine Utopie, eine Illusion über eine bessere, eine ideale Gesellschaft, aber offenbar keine gesellschaftspolitische Lösung. Noch einmal Schabowski: „Sozialistische Vorstellungen haben vielleicht die Funktion, negative Erscheinungen einer Gesellschaft zu korrigieren, aber sie werden letztlich nicht zu einer besseren Gesellschaft führen. Ich halte den Kommunismus als Modell für gescheitert."

Mit dieser Ansicht steht er keineswegs allein da. Stellvertretend für viele Stellungnahmen zitiere ich aus Günter de Bruyns Lebensbericht „Vierzig Jahre", in dem er seine Zeit als kritischer Bürger, nicht aber als Widerständler in der DDR schildert: „Das Märchen von den edlen Anfängen des sozialistischen deutschen Staates hatte zu seinen Lebzeiten schon gegrünt und geblüht. Das Körnchen Wahrheit, das in ihm steckte, hatte mit Seelischem mehr zu tun als mit politischen Fakten."

Zu dieser Schlussfolgerung muss man nicht zwangsläufig kommen, aber von „Verrat am Sozialismus" sollte man auch nicht reden. Es gibt Stimmen, die sagen, dass sie sich verraten und betrogen fühlen, verraten von denen, die die DDR verlassen haben, betrogen von der politischen Führungsclique, die diesen Verrat zugelassen hat. Aber zu behaupten, danach den noch schlimmeren Betrügern ausgeliefert zu sein, zeugt von Unverständnis und Ignoranz.

Der Aufbau des Sozialismus begann in der DDR mit großem Idealismus, an dem sich die meisten mit Eifer, Einsatz und Überzeugung beteiligten. Aber die Enttäuschung über die Entwicklung ließ nicht lange auf sich warten. Symptomatisch hierfür eine Stellungnahme von Erich Loest, der erst ein begeisterter Nazi, dann ein begeisterter SED-Parteigänger wurde, sehr schnell jede Illusion verlor und schließlich als Regimegegner sieben Jahre in Bautzen verbrachte. In seiner Autobiografie „Durch die Erde ein Riss" fasst er die Anfangsjahre pointiert zusammen: „Februar 1945: ‚Wir werden siegen, weil wir den Führer haben.' Februar 1946: ‚Nie wieder Politik!' Februar 1947: ‚Brüder, in eins nun die Hände!' Verwirrend genug." Man darf mit Recht einen fairen Umgang mit der DDR einfordern, man muss aber auch zu Fairness mit der Gegenseite bereit sein. Der Schmerz über den Verlust einer liebgewordenen Idee darf nicht ungerecht machen.

Noch einmal Günter de Bruyn in seinem 1996 erschienenem Buch: „Mir war die Verklärung der Jahre, in denen ein Ulbricht-Witz, der nach Ansicht der Richter den Weltfrieden gefährdete, möglicherweise mit Haft bezahlt werden musste, immer zuwider gewesen, weil sie auch Unmündigkeit, Dummheit und Blindheit verklärt und mit Unschuld gleichgesetzt hatte – weshalb sie später auch zur Rechtfertigung brauchbar war." Und Friedrich Schorlemmer stellte klar, dass die friedliche Revolution auch deshalb friedlich verlaufen war, weil die Mächtigen ihre Macht nicht eingesetzt hatten. Eine diesbezügliche Dämonisierung führt zur Verklärung und steht dem Geist der Versöhnung konträr gegenüber.

„Wir müssen uns nicht erklären lassen, wie wir gelebt haben, aber auch keine Wahrheit verschweigen. Dabei muss die Wahrheit immer mit dem Geist der Versöhnung gekoppelt sein", plädiert er leidenschaftlich.

Die Forderung von Willy Brandt von 1969: „Mehr Demokratie wagen" sprach sicher allen Bürgern in Ost und West aus dem Herzen. Die daraus abgeleitete politische Strategie des „Wandels durch Annäherung" erwies sich langfristig deshalb als so erfolgreich, weil die DDR-Bürger vor allem unter einem Mangel an Demokratie litten. Es war ja das Ziel der Bürgerbewegung in der DDR, ihren Staat demokratischer zu machen. Die Forderung nach einem demokratischen Sozialismus gab es auf beiden Seiten, in Ost und West.

Kommunisten waren die schärfsten Gegner des deutschen Faschismus, viele kamen ab 1945 aus der Emigration, der Illegalität oder aus den Konzentrationslagern und Gefängnissen. Aus dieser politischen Haltung bezog die SED ihre Legitimation, die Macht zu ergreifen. Im revolutionären Kampf auf formale demokratische Mehrheiten zu schielen war in den Augen der Kommunisten eine typisch sozialdemokratische Verfälschung der reinen Lehre der Revolution. Das war eine Konsequenz aus der sozialen Revolution von 1918, die andere bestand darin, dass sie die bürgerliche Demokratie der Kapitalisten und Monopolisten nur für ein Marionettenspiel bezahlter Figuren ansahen, die bei Bedarf beliebig Personen austauschen und sogar einen Hitler einsetzen darf. Es fiel den vielen Altnazis daher leichter, besonders in der Justiz, sich in den Westzonen zu verstecken, dort zu integrieren und sich dem Einfluss der kommunistischen Machthaber zu entziehen. Das bedeutet aber nicht, dass auch in der DDR einige Altnazis ihre Vergangenheit vertuschen und politische Karrieren machen konnten.

Anders als die meisten Deutschen sehe ich den Beginn der deutschen Katastrophe bereits 1914 mit dem unnötigen Eintritt in den Ersten Weltkrieg. Man könnte sogar noch früher anfangen und bei Bismarck erste Anfänge erkennen. Seine Kriege zur Nationalstaatsbildung und die Demütigung Frankreichs mit der Kaiserkrönung in Versailles haben nicht unwesentlich zur Überheblichkeit deutscher Herrscher und damit zur Feindschaft gegenüber Deutschland geführt. Leider wurde auch die Chance auf eine andere Entwicklung 1918 verpasst. Mit der „Dolchstoßlegende" wurde die erste demokratische Regierung trotz Rückhalt vom Volk verunsichert und zermürbt. 1933 ist die Folge dieses Scheiterns. Für Monarchisten war die Ideologie der Nazis mit ihrem Führerkult, die Glorifizierung Bismarcks und der Besinnung auf altgermanische Riten und Kulte eine Versuchung, die fast etwas Religiöses hatte. Die pseudoreligiösen Massenbewegungen, Kundgebungen, Parteitage mit dem Versprechen einer nationalen Wiedergeburt und dem Ziel einer völkischen Gemeinschaft wirkten auf die meisten Deutschen verführerisch. Trotzdem musste auch das neue Regime durch Verfolgung, Ermordung und Inhaftierung von Gegnern abgesichert werden.

Das war in der UdSSR unter Stalin nicht anders, deshalb wiederholte sich der Vorgang nach 1945 in der damaligen SBZ. Sozialdemokraten, die das Schicksal der Kommunisten unter der NS-Herrschaft schließlich teilen mussten, waren überwiegend gegen die Vereinigung mit der KPD und stellten sich erneut einem Einparteiensystem entgegen. Wie die Stalinisten zur Zeit Ulbrichts dann mit ihren Gegnern umgegangen sind, unterschied sich nur wenig von den Strafmaßnahmen der Nazis, man darf ohne weiteres von einer Fortsetzung des KZ-Terrors sprechen. Ich habe mir sehr viele KZ angesehen und inzwischen auch die zahlreichen Gedenkstätten, die an KGB und Stasi erinnern. Die Differenzen sind wirklich marginal. Gewaltherrschaft ähnelt sich eben überall auf der Welt. In den Verführbarkeiten durch Ideologien liegen die Parallelen von autoritären Staatsstrukturen, auch bei den beiden deutschen Diktaturen.

Wagen wir mal einen rein strukturellen Vergleich der beiden deutschen Diktaturen. Ich beziehe mich jetzt auf historische Forschungen. Der NS-Staat war wirtschaftlich und politisch gänzlich anders strukturiert als die DDR. Auch das Verhältnis zwischen Volk und Führung war grundlegend anders. Während sich Hitler auf die Zustimmung einer großen Mehrheit verlassen konnte, wusste die SED-Führung zu jedem Zeitpunkt, dass eine potentielle Mehrheit des Volkes gegen sie dachte. Daraus ergaben sich fundamentale Unterschiede. Die Gestapo verfügte bei weitem über kein mit dem MfS vergleichbares Netz von Informanten und Zuträgern. Die NSDAP war längst nicht in dem Maße die führende Kraft im Staat wie die SED. Die Universitäten des Nazireiches waren nicht in dem Maße politisch indoktriniert wie die Hochschulen der DDR. Dazu Prof. Kurt Pätzold (HU): „Erwartet wurde, dass die Universitäten eine sozialistisch gesinnte, dem Staat verbundene Intelligenz heranbildeten. Die DDR war auch eine Erziehungsdiktatur, die heilsame Nötigung zählte zu ihren Praktiken. Man hätte bei Lenin lesen können, dass der Sozialismus nur Chancen hat, wenn über die Wege ins Neuland gestritten werden kann." Dazu fehlte der SED-Führung offensichtlich der Mut.

Die DDR hat keinen Vernichtungskrieg geführt, und in der DDR gab es keinen Rassismus. Man musste keine Verfolgung befürchten, wenn man einer ethnischen oder religiösen Minderheit angehörte. Aufgrund breiter Zustimmung hatte der Nationalsozialismus allerdings eine Mauer nicht nötig, während der Sozialismus der DDR mangels Rückhalt seine Bevölkerung einsperren musste. Die Vernichtung von Existenzen geschah in der DDR durch Enteignungen, z. B. durch die Aktion „Rose" an der Ostseeküste schon 1953, oder später in Grenznähe beim Mauerbau. Die einmal eingeimpfte Moral einer autoritären Ideologie ist austauschbar und bleibt länger in den Köpfen haften, auch wenn es den Betroffenen nicht unbedingt bewusst ist. Es lässt sich deshalb nicht leugnen, dass gewisse Strukturen des Dritten Reiches sich im System der DDR wiederfanden. Nicht umsonst kursierte bereits nach der Gründung der DDR im Oktober 1949 der Ausspruch: „Herr, schenke uns ein 5. Reich, das 4. ist dem dritten gleich."

Im Umgang mit Gegnern und Regimekritikern ähneln sich die Systeme am meisten. Um nur ein Beispiel aufzuzeigen: Bei Flüchtlingen, die an der Grenze erschossen wurden, wurden die Angehörigen nicht informiert, sie erhielten irgendwann die Urne des Toten, kostenlos ohne Kommentar. Die Nazis verlangten von den Angehörigen für die Urne und den Transport zusätzlich noch die Bezahlung der Kosten. Auch bei den Verhörmethoden gab es Parallelen.

Nazitätern fehlte das Unrechtsbewusstsein, weil sie verinnerlichten, dass man „Das Böse" beispielsweise mit „Der Jude" bezeichnete, und das Böse muss bekämpft werden, das ist moralisch gut. Der Führer stilisierte sich als „Erlöser", der das Vaterland vor den Bösen rettet, den Juden, Marxisten und Sozialisten. Dieses Moralprinzip ließ sich in der DDR so nicht aufrecht erhalten. Dafür wurde das Feindbild „Der kapitalistische und imperialistische Westen" kultiviert und propagandistisch eingesetzt und die Mauer als „antifaschistischer Schutzwall" bezeichnet. Für gut Informierte war es bereits 1961 das Eingeständnis einer Fehlentwicklung. Dazu der russ. Dramatiker Farid Nagim: „Alles was man uns zu Sowjetzeiten über den Kommunismus erzählt hat, war erlogen. Alles was man uns über den Kapitalismus vorgelogen hat, ist wahr." Nach Stalins Tod endeten dann zwar die brutal unverhältnismäßigen Ungerechtigkeiten, aber System-Gegnerschaft blieb in der DDR strafbar und wurde unnachsichtig verfolgt. Denunziation kritischer Bürger gab es in beiden Diktaturen in gleicher Weise, und die Hysterie beim „Führerkult" war ebenfalls vergleichbar. Dazu eine Passage aus Erich Loests Autobiografie anlässlich von Stalins Tod 1953: „Auf einem Treppenabsatz der ABF (Arbeiter- und Bauern-Fakultät) war eine Stalinbüste postiert, daneben wachten Studenten im Blauhemd, das Luftgewehr geschultert. Dozenten drückten stammelnd die Hand, es war, als ob ein liebster, engster Verwandter gestorben wäre, ihrer aller Vater. Am Nachmittag in einer Feier wurde eine Stellungnahme des ZK verlesen, der Direktor sprach, danach ein Student, ihnen versagte die Stimme. Den Jungen standen Tränen in den Augen, die Mädchen weinten. Keine Musik, kein Gesang. Tag und Nacht lösten sich die Posten an der Büste ab, jedem im Hause sollte vergönnt sein, hier zu wachen. Die Dichter des Landes griffen zu den Federn, Minister Becher dichtete:

> Es irrt auf den Feldern ein Bangen,
> die Ähren klagen im Wind.
> Wohin ist er von uns gegangen?
> Himmel, wolkenverhangen,
> Fenster, wie tränenblind.
>
> Und wieder ein Schrei, ein schriller,
> Und Sonnenfinsternis.
> Er war unsrer Träume Erfüller.
> Und wieder Stille, noch stiller.
> Und durch die Erde ein Riß."

Der letzte Vers ist gleichzeitig der Titel von Loests Autobiografie.

Die DDR-Führung bewältigte den 17. Juni 1953 zwei Monate nach Stalins Tod so:
1. Der Neue Kurs war verkündet gewesen und begann zu wirken. Da merkten die Imperialisten, dass ihnen die Felle davonschwammen.
2. In Korea war der Imperialismus zum Waffenstillstand gezwungen worden, nun suchte er einen neuen Brandherd und entschloss sich, den lange vorbereiteten Tag X in der DDR zu zünden.

3. Faschistische Provokateure, die von amerikanischen Offizieren mit Waffen, Benzinflaschen und Instruktionen versehen waren, unternahmen einen Putschversuch im demokratischen Sektor von Berlin.

4. Agentengruppen organisierten faschistische Unruhen schon seit langem in einigen Städten der DDR. Sie erhielten ihre operative Anleitung durch den amerikanischen Hetzsender RIAS.

5. Auch die Entlarvung des imperialistischen Agenten Berija weist auf die internationalen Zusammenhänge der großangelegten Provokation hin.

Viele weitere „Ausreden" kamen hinzu, nur um nicht die eigentliche Ursache der Empörung, nämlich die Normenerhöhung, zugeben zu müssen. Außerdem wurden Stimmen laut, die die Einheit Deutschlands forderten und nach Freiheit verlangten. Bereits zu dieser Zeit war der Idealismus vieler schon verbraucht und Enttäuschung machte sich breit.

Kritik wurde also nicht geduldet, schon frühzeitig setzte die systematische Überwachung der Bürger ein. Die Angst vor Ungehorsam und dem Abweichen von der Linientreue, aufgrund der geringen Akzeptanz der SED-Führung im Volk, ging bis zu Berufsverboten. Dadurch entstand ein „Sticklftklima, um aus allem Menschlichen erneut die Exemplare Heuchler und Opportunist, Spitzel und Denunziant aufsprießen zu lassen" (Reinhard Jirgl). Der Mauerbau bleibt für mich das größte Unrecht des Regimes am eigenen Volk.

Ähnlich verhielt es sich mit den Friedensbewegungen, die es in beiden Staaten gab. „Man hat aber, wenn man die Zeitungen aufschlägt, ein ungutes Gefühl, wenn die DDR staatlicherseits den Antikriegskampf der Christen, Pazifisten und Kriegsdienstverweigerer jenseits der Grenzen begrüßt, der Antikriegskampf der Christen, Pazifisten und Kriegsdienstverweigerer innerhalb der eigenen Grenzen aber behindert wird." (Günter de Bruyn)

Die DDR-Regierung verschwendete mehr Zeit für ihren Dirigismus als für Reformen. Und die halbherzigen Reformversuche zur Ruhigstellung des Volkes kamen fast immer zu spät. „Der Grad der Unzufriedenheit wuchs in dem Maße, wie Presse, Rundfunk und Fernsehen die Wirklichkeit der DDR weiter unbeirrt schönredeten und zerrspiegelten." (Kurt Pätzold) Und sie verschwendete dringend benötigte Gelder für die Grenzsicherung. Eine Folge der Mangelwirtschaft war eindeutig, dass der Haushalt unproportional hoch belastet wurde mit Kosten, die für die Grenztruppen, den Mauerbau und die Staatssicherheit ausgegeben werden mussten. Diese Diskrepanz zwischen den Bürgern und ihrer Regierung war letztendlich der Auslöser für die Revolution, wobei es darum ging, das muss man immer wieder betonen, den Staat DDR zu reformieren, zu demokratisieren, zu liberalisieren, aber nie ihn abzuschaffen. Das Ende der DDR ist deshalb weder auf eine Verschwörung noch auf den Machtverfall der Sowjetunion allein zurück zu führen. Der Sturz des

SED-Regimes war das Ergebnis einer breiten demokratischen Volksbewegung. Es handelte sich dabei neben der Revolution von 1848 und der von 1918 um die größte spontane Massenbewegung der deutschen Geschichte. Zur Ehre der politischen Führung muss man unterstreichen, dass sie sich im Gegensatz zu den beiden anderen Volkserhebungen zurückgehalten und nicht eingegriffen hat.

Die letzte DDR-Volkskammer hatte sich im Frühjahr 1990 nach den ersten freien Wahlen für den Beitritt der DDR zur Bundesrepublik nach dem damaligen Artikel 23 des Grundgesetzes entschieden, das bis dahin nur für die westdeutschen Länder und Groß-Berlin gültig war. Der Artikel 146 GG wurde nicht angewendet. Danach hätte eine gemeinsame Verfassung erarbeitet werden müssen, die dann durch eine gesamt-deutsche Volksabstimmung hätte bestätigt und in Kraft gesetzt werden müssen. Um den Geltungsbereich des Grundgesetz auch auf die ostdeutschen Länder auszudehnen, hat man stattdessen nur die Präambel geändert. Es heißt jetzt: „Die Deutschen (…) haben in freier Selbstbestimmung die Einheit und Freiheit Deutschlands vollendet. Damit gilt dieses Grundgesetz für das gesamte deutsche Volk." Es wäre eine Chance gewesen, ein paar notwendige Reformen am Grundgesetz vorzunehmen und gute Anregungen aus dem Osten aufzugreifen. Dennoch: Ob Anschluss oder Volksabstimmung: Die Ostdeutschen dürfen stolz auf ihre Leistung sein!

Wir feierten im Jahr 1989 auch sechzig Jahre Verfassung. Inzwischen erkennen fast alle DDR-Bürger nicht nur das Grundgesetz an, sondern sind auch der Meinung, dass es besser sei als jede DDR-Verfassung vorher. Mit dem Grundgesetz ist demokratischer Sozialismus viel eher zu verwirklichen als mit sämtlichen DDR-Verfassungen. Keine davon war die Verfassung eines Rechtsstaates, die Führung war durch die Arbeiterklasse und ihre marxistisch-leninistische Partei festgeschrieben, das Gesetzgebungsorgan Volkskammer entschied über die Verfassungsmäßigkeit von Rechtsvorschriften, und eine Verwaltungsgerichtsbarkeit fehlte. Die erforderliche Gewaltenteilung gab es nicht. Demokratischer Sozialismus bedeutet, soziale Rechte und sogenannte bürgerliche Freiheitsrechte gleichberechtigt zu behandeln. In der DDR ist es nicht gelungen, diese beiden Rechte im konkreten Konfliktfall zu einem gerechten Ausgleich zu bringen. Im Zweifelsfall hat sie Freiheitsrechte zu Gunsten von sozialen Rechten eingeschränkt. Auch im demokratischen Sozialismus steht die Würde des Menschen im Mittelpunkt. Nur das Grundgesetz gewährleistet das Recht auf Opposition und Meinungsfreiheit und schützt den Sozialstaat und die Menschenwürde.

Diese Fakten beweisen, dass die DDR keine Demokratie und auch kein Rechtsstaat war. Sie ist nach sowjetischem Vorbild, bestimmt durch die marxistische Ideologie, eine totalitäre Verwaltungsbürokratie mit Rechtsunsicherheiten für jeden einzelnen Bürger gewesen. Dieser Umstand macht den Bürger abhängig, übt Zwang auf ihn aus, versperrt Freiräume. Wahlen mit Einheitslisten und 99 Prozent Zustimmung sind weder frei noch demokratisch. Gerade deshalb sind ja die Bürger der DDR auf die Straße gegangen, um sich diese Freiräume zu erkämpfen. In einer funktionierenden Demokratie werden Mehrheitsentscheidungen durch Abstimmung erzielt, die dann als Entscheidung der Gesamtheit gelten. In diesem Sinne ist das Grundgesetz die beste Verfassung, die je in Deutschland bestanden hat. Wir tun also gut daran, das Grundgesetz nicht zu gering zu achten und uns unserer gemeinsam erworbenen Freiheiten zu erfreuen.

Aber Umfragen haben ergeben, dass sich immer noch zehn bis 15 Prozent der Deutschen in Ost und West (!) die Mauer zurück wünschen, und eine Mehrheit der Ostdeutschen, nämlich 57 Prozent, ihrem früheren Staat mehr Gutes als Schlechtes abgewinnen wollen. Einige sprechen von einer Fortsetzung der „Delegitimierung" der DDR und von Angliederung. Zur Erinnerung: Es war die letzte, frei gewählte DDR-Regierung, die den Beitritt beschloss! Die aktuelle Diskussion, ob die DDR ein „Unrechtsstaat" genannt werden darf, bringt absurde Vergleiche hervor. So erklärt z. B. Gesine Lötzsch in pubertärer „Wie du mir, so ich dir" – Manier den Mauerbau mit dem Überfall Hitlers auf die Sowjetunion. Solche Meinungsäußerungen sind schwer zu begreifen. Die Meinungsforscher haben leider nicht nachgefragt, ob die DDR-Befürworter tatsächlich den Zustand von vor der Revolution wieder hergestellt haben wollen. Wunschdenken trübt die Erinnerung. Der Historiker Ernst Piper spricht daher mit Recht von einer geteilten Erinnerung in einem geeinten Land, das noch kein gemeinsames Gedächtnis hat. Der Sozialismus in seiner von der Politik praktizierten Form ist gescheitert, da mag die Idee von einer humanen Gesellschaft in einer sozialistischen Welt noch so erstrebenswert sein. Die Marktwirtschaft ist für dieses Scheitern nicht verantwortlich, sie hat sich als überlegen erwiesen. Der Westen kann nichts dafür, dass er den Erwartungen nicht entsprochen hat, die sich die Ostdeutschen von ihm erträumt haben. Die Illusionen waren hausgemacht. Aber aus Enttäuschung sich einen Sozialismus herbei wünschen, den es genau so wenig gegeben hat wie den goldenen Westen, ist für mich schlichtweg unverständlich.

Auch der Traum von der Sicherheit in der DDR ist so irrational wie der Traum von der großen Freiheit und dem großen Geld. Nach über 25 Jahren deutscher Einheit ist zwar Ernüchterung eingetreten, aber die Empfindlichkeiten in der Bevölkerung sind nach wie vor geteilt. Wir wissen immer noch viel zu wenig voneinander, und wir werfen uns die Unwissenheit an den Kopf. Wir reden nicht genug miteinander, erdreisten uns aber, über den anderen zu urteilen. Wir reden aneinander vorbei trotz gemeinsamer Sprache, und wir haben keine Vorstellung davon, wie wir uns im jeweils anderen Staat verhalten hätten. Wir erheben uns über Biografien, die wir überhaupt nicht beurteilen können. Die aktiven, die ernst genommen werden müssen in ihrem politischen Bewusstsein, das sind die, die fragen, die suchen, die wissen wollen, was ist falsch gelaufen, welche Fehler wurden gemacht, wo stehen wir heute. Denen eine plausible Antwort zu geben, fällt schwer, scheint mir unmöglich. Wie soll jemand, der überzeugt seinen Weg gegangen ist, erkennen, ob und welchen Irrtum er begangen haben könnte, wenn er sich nichts vorzuwerfen hat?

Einen interessanten Aspekt hat der Historiker Klaus Schroeder aufgeworfen: Er bringt die fortwährende Identität mit Heimatgefühl in Verbindung. „Heimat entsteht auch dort, wo Diktatur, Kargheit und Mangelwirtschaft herrschen, und dass Kraft für eine neue Zukunft die Orientierung an Vergangenem braucht, selbst dann, wenn dieses Vergangene objektiv falsch und zerstörerisch war." Lebensgeschichte deckt sich nicht immer mit realer Geschichte, und die Charakterisierung als Unrechtsstaat stimmt eben nicht immer mit den subjektiven Erfahrungen überein. Deshalb dringen tatsächliche Fehler nicht ins Bewusstsein, und traurige Bilanzen werden verschwiegen oder unterdrückt.

Eine Identifikation mit dem neuen Staatswesen geschieht nicht auf Knopfdruck. Für ehemalige DDR-Bürger kommt erschwerend hinzu, dass sie sich vom vorigen Staat rundum versorgt fühlten. Er hat ihnen so ziemlich alles abgenommen, der Weg war vorgezeichnet. Niemand hat ihnen erklärt, wie sie ihr Leben nun selbst in die Hand nehmen sollen. Statt sich in ihre Lage zu versetzen und ihnen zu helfen, begegneten die Westdeutschen ihnen mit Ablehnung, Herablassung, Missachtung und überheblicher Distanz. Fachleuten wurde ihre Qualifikation abgesprochen, weil sie angeblich ideologisch belastet wären. Die Mühe der Differenzierung und fachlichen Überprüfung machte man sich nicht. Es fehlte auch das einfühlsame Verständnis dafür, dass sich nur die Ostdeutschen einem neuen, ihnen fremden System anpassen mussten, das im Westen über Jahrzehnte bereits eingeübt war. Und ihren Wohlstand wollten die Westdeutschen mit ihren Brüdern und Schwestern aus dem Osten auch nicht teilen, obwohl ihnen klar sein musste, dass nur diese unter den Kriegsfolgen zu leiden hatten und unverschuldet von der wirtschaftlichen Entwicklung ferngehalten wurden. Die sowjetische Kommandantur hat ihnen den Marshallplan, der für ganz Deutschland galt, vorenthalten.

„Versöhnen statt spalten" war die Devise des früheren Bundespräsidenten Johannes Rau. Versöhnung setzt Einsicht voraus, das Zugeben eigener Fehler, das Verstehen des Anderen. Aus Verschweigen erwächst keine Versöhnung. Erst eigene Erfahrungen machen Menschen bereit zuzuhören, besonders dann, wenn sie selbst oder in unmittelbarer Nähe erlebt worden sind. Nach den Erfahrungen von 1968 und der damit verbundenen Auseinandersetzung mit meiner Elterngeneration über deren Vergangenheit in der Nazizeit und als ein Begleiter der Ereignisse von 1989 hege ich die naive Vorstellung, dass es im historischen Abstand von 25 Jahren möglich sein sollte, auch vorurteilsfrei, selbstkritisch und fair über die Zeit in der DDR sprechen zu können, frei von Minderwertigkeitsgefühlen, Überempfindlichkeiten und Aggressionen, und frei von ideologischem Ballast und lieb gewordenen Vorurteilen. Der Kampf 1968 um politische Veränderungen ist in gewisser Weise vergleichbar mit der Revolution von 1989, zumindest was die Erfahrungen im Umgang mit der Staatsmacht betrifft. Als aktiver Teilnehmer der Bewegung von 1968 sehe ich eine gewisse Berechtigung, hier mitreden und Worte des Ausgleichs vortragen zu dürfen.

Für mich als Zeitzeugen von 1968 und 1989 stellt sich die Diskussion als eine Wiederholung einer ähnlichen Ausgangslage dar. Einerseits die Enttäuschung über das Scheitern einer Ideologie, der man mit Überzeugung angehangen hat, andererseits der Schmerz über die Verletzungen, die einem ein totalitäres Regime angetan hat. Zu beklagen ist der Verlust, der Verlust an Identität, an Selbstbewusstsein, teilweise an Existenzgrundlage. Je größer die Identifikation mit dem System, um so höher ist die Orientierungslosigkeit nach dem Zerfall, das Gefühl von „Getäuscht worden zu sein". Ich kenne das von meinen Eltern, die sich nichts haben zu schulden kommen lassen, die aber bis zum Schluss überzeugte Nazis geblieben sind und sich deshalb krampfhaft an das für sie positiv Erlebte klammerten. Vielleicht ist es notwendig zu verstehen, dass Überzeugungen Gefängnisse sind, wie Nietzsche es ausgedrückt hat, geistige Gefängnisse des Menschen.

Vielleicht hat mir das Studium der Philosophie geholfen, schwierige Fragen mit einer nüchternen Betrachtungsweise anzugehen, nach den Gesetzen der Logik zu beantworten. Logik ist nicht moralisch und wertet nicht. Mir ist allerdings auch jede Art von Heldenverehrung fremd, ich hatte zwar Vorbilder, aber keine Idole. Idol, Ideal, Ideologie, das hängt sprachlich zusammen, es sind aber keine philosophischen Begriffe. Ideologie ist nicht wertfrei und auch nicht logisch, denn sie spricht ganz bewusst die Psyche der Menschen an.

Man muss um die Verführbarkeit des Menschen wissen, seine eigene Anfälligkeit kennen für Ideologien, Utopien, Massenbewegungen, Moden, Gruppenverhalten. Es ist wichtig, die eigene Schwäche als Individuum im Verhältnis zu Trends kritisch einzuordnen. Man darf sich eben den Erkenntnissen anderer nicht verweigern. Es macht mich immer traurig und verzweifelt, wenn sich jemand trotz nachprüfbarer Fakten nicht von seiner einmal gefassten Überzeugung abbringen lassen will. Niemand gesteht gerne Irrtümer ein, man muss aber bereit sein, seinen Starrsinn aufgeben zu können, wenn man sich erdrückenden Beweisen gegenüber gestellt sieht. Nur an Ewiggestrigen und vollendeten Verdrängungskünstlern prallen alle Argumente ab, das galt für Nazis und trifft auf Stalinisten genau so zu. Mit Betonköpfen ist eine Verständigung nicht möglich, und mit Verschweigern auch nicht.

Ich bin mir der Schwierigkeit meines Unterfangens bewusst und weiß um das Risiko, nicht den richtigen Ton zu treffen. Ich bemühe mich um Toleranz und bitte Sie mir zu glauben, dass ich jede Überheblichkeit oder beleidigende Anmaßung vermeiden möchte. Ich appelliere an Ihre ehrliche Bereitschaft, die historische Vergangenheit so zu erinnern, dass wir sie zur Grundlage einer möglichst objektiven Aufarbeitung machen können. Ich selbst habe die deutsche Teilung immer als unbefriedigend und anormal empfunden, für mich ist es unbegreiflich, dass sich ein Volk aus ideologischen Gründen entfremden kann und Politik in der Lage ist, Andersdenkende zum Feind werden zu lassen. Ich fühle mich auch deshalb berufen, den Schritt zur Versöhnung zu unternehmen, weil ich fast immer zwischen den Stühlen saß und die politische Entwicklung auf beiden Seiten kritisch begleitete. Ich habe als Berliner unter der immer größer werdenden Trennung als Wanderer zwischen den Welten gelitten und die dafür verantwortliche Politik angeprangert. Ich habe nie verstanden, warum die DDR-Regierung mit den Geraer Forderungen den Anspruch auf ein wiedervereinigtes Deutschland aufgegeben hatte. Und ich hatte immer Schwierigkeiten, christliche Politiker der BRD zu begreifen, die Kommunisten ganz unchristlich verteufelten. Ich bin zwar Atheist, dachte als Humanist aber offenbar christlicher als die westdeutsche christliche Partei. Ich bin nach wie vor der festen Überzeugung, dass auf beiden Seiten Fehler gemacht worden sind, und bin weit davon entfernt, die einen Fehler gegen die anderen aufzuwiegen.

Es gibt immer noch divergierende Ansichten, die einer Klärung bedürfen. Und ganz sicher werden Historiker noch auf Jahre damit zu tun haben, dieses Kapitel deutscher Geschichte aufzuarbeiten. Ich möchte Ihnen heute mit zehn Punkten ein Diskussionsangebot machen, das zur Annäherung beitragen soll.

Ich behaupte nicht, im Besitz der Wahrheit zu sein, deshalb stelle ich einen Satz von Lessing voran: „Nicht die Wahrheit, in deren Besitz irgendein Mensch ist oder zu sein vermeint, sondern die aufrichtige Mühe, die er angewandt hat, hinter die Wahrheit zu kommen, macht den Wert des Menschen. Denn nicht durch den Besitz, sondern durch die Nachforschung der Wahrheit erweitern sich seine Kräfte, worin allein seine immer wachsende Vollkommenheit besteht. Der Besitz macht ruhig, träge, stolz."
Zunächst müssen wir mit der Lüge von der Wirtschaftsmacht DDR aufräumen.

Die „Zehn Gebote" zur „Wahrheitsfindung"

Erstens:
Die These vom Ausverkauf der DDR nach der Revolution ist nicht haltbar. Unbestritten hat es Ungerechtigkeiten gegeben, als entwürdigende Entlassungen ausgesprochen wurden und die Treuhandgesellschaft volkseigene Betriebe abzuwickeln hatte. Auch die Regelung „Rückgabe vor Entschädigung" sorgte verständlicherweise für böses Blut und Zorn. „Volkseigentum" war schwierig in das marktwirtschaftliche System zu integrieren. Viele Menschen wurden in die Arbeitslosigkeit getrieben, weil etliche Betriebe aus ökonomischer Sicht unrentabel arbeiteten. Dennoch ist nicht zu leugnen, dass die Schieflage zuerst durch fehlerhaftes Wirtschaften der sozialistischen Staaten zustande gekommen ist und eine ehrliche Bilanz nicht veröffentlicht wurde.

Die Planwirtschaft ging an den Bedürfnissen der Bürger vorbei. Schon 1962 hatte Prof. Jewsei Liberman in Charkow erkannt, dass nur eine höhere Autonomie der Betriebe und eine Orientierung am Gewinn die produktivste Verwendung der Produktionsmittel bewirken kann. (In China wendet man seine Thesen mit großem Erfolg an.) Walter Ulbricht musste auf dem 6. Parteitag einräumen, dass die Arbeitsproduktivität in der DDR 25 % geringer ist als in der BRD. Die auch nach den eher halbherzigen Reformen weiter sinkende Arbeitsproduktivität, die zum Schein aufrecht erhaltene Vollbeschäftigung, der um sich greifende ökologische Raubbau, der Verfall der Städte – all das war offenbar und wurde von der DDR-Regierung westdeutschen Entspannungspolitikern gegenüber auch eingestanden – vergrößerten den Abstand noch. Das betraf den gesamten osteuropäischen Wirtschaftsraum. Dass es der DDR noch relativ besser ging, hat vor allem mit der Devisenzufuhr aus der BRD zu tun: Swing-Vereinbarung, Interzonenhandel, Transitpauschale, Mindestumtausch, Gefangenenfreikauf usw. Es gab keine Scham bei den Geschäften mit dem kapitalistischen „Klassenfeind". Selbst der Millionenkredit 1984 vom ärgsten Kommunistenhasser Franz Josef Strauß wurde dankbar angenommen.

Gorbatschow hatte die Unterlegenheit der Planwirtschaft gegenüber der freien Marktwirtschaft und auch die Abhängigkeit der DDR vom Westen erkannt, in der DDR-Führungsriege schien sich aber niemand Gedanken über die wachsende Unzufriedenheit der Bürger über die Mangelwirtschaft und den Reformbedarf zu machen. Egon Krenz hatte, nachdem er am 18. Oktober 1989 die Führung der SED übernommen hatte, eine spezielle Arbeitsgruppe eingesetzt, die eine schonungslose Analyse des wirtschaftlichen Zustandes für das Politbüro und das Zentralkomitee erarbeiten sollte. Dieses Papier wurde am 27. Oktober Krenz zugestellt und noch im November den Kabinettsmitgliedern der Regierung zur Kenntnis gebracht. In die Öffentlichkeit ist das so genannte „Schürer-Papier", benannt nach dem Chef der Staatlichen Planungskommission Gerhard Schürer, nicht gelangt. Diesem Schreiben war eine Analyse beigefügt, das den höchsten Geheimhaltungsgrad erhielt, weil es die schonungslose Verschuldungssituation der DDR im nichtsozialistischen Währungsgebiet und die Methoden der Kreditbeschaffung (durch Schalck-Golodkowski) detailliert darstellte. Wäre dieses Papier bekannt geworden, wäre die existenziell notwendige Kreditwürdigkeit der DDR sofort zusammengebrochen. Man durfte das Papier nur lesen, sich Notizen machen, danach wurde es wieder eingesammelt.

Zu diesem Zeitpunkt hatten die westdeutschen Wirtschaftsverbände noch keinen klaren Überblick über den desolaten Zustand der DDR-Wirtschaft. Sie hielten sie nach wie vor, so wie es propagandistisch kolportiert wurde, für die zehntstärkste Industrienation der Welt. Welch ein Irrtum! Die Unkenntnis fast aller Beteiligten verhinderte, dass publik wurde, dass die DDR am Abgrund stand bzw. sich schon seit 1983 im Abgrund befand. Lieber wurde die Mär vom Plattmachen verbreitet und geglaubt. Die Schuldenlast war so erdrückend, dass die Kredite nicht zur Behebung der Mangelwirtschaft eingesetzt werden konnten. Alexander Schalck-Golodkowski gelang es in zähen Verhandlungen in Bonn, die Bundesregierung von der Gewährung eines weiteren Kredites zu überzeugen, um den DDR-Bürgern Devisen zu verschaffen. Ohne diesen Kredit wäre die DDR-Regierung nicht in der Lage gewesen, bei der Ausreise zusätzlich zum „Begrüßungsgeld" in Höhe von 100 DM eine Art Weihnachtsgeld in Westmark auszuzahlen.

1989 hatte die DDR laut „Schürer-Papier" 265 Milliarden DM Schulden, eine Schuldendienst-Rate von 150 Prozent. Fazit wörtlich: „Allein ein Stoppen der Verschuldung würde 1990 eine Senkung des Lebensstandards um 25–30 Prozent erfordern und die DDR unregierbar machen." Der Auftraggeber Egon Krenz, der von der Propagandalüge wusste, schreibt dazu: „Die Verfasser wissen nur zu gut, dass die Erfolgspropaganda gerade in der Ökonomie eine Scheinwelt schuf" (aus: Lothar de Maizière: „Ich will, dass meine Kinder nicht mehr lügen müssen").

Dennoch: Die schwierige Überführung volkseigener Betriebe in die soziale Marktwirtschaft mag zum Teil auch ungerecht dem ungebremsten Kapitalismus geopfert worden sein und hatte evtl. manchmal eher den Charakter einer Ausschaltung unliebsamer Konkurrenz als einer zukunftsfördernden Sanierung. Trotzdem muss man die gewaltigen Transferleistungen, die zum Abbau der maroden Infrastruktur geleistet worden sind, allseits anerkennen. Die Verbesserungen sind nun wirklich überall sichtbar.

Zweitens:
Die Kritik am begangenen Unrecht des SED-Regimes richtet sich ausschließlich gegen die Täter, nicht die Bevölkerung. Es gibt keinen Grund für die Bürger der ehemaligen DDR, sich von dieser Kritik angesprochen zu fühlen. Umgekehrt müssen sie ihr Regime für seine Taten aber auch nicht verteidigen. Jeder Mensch ist gezwungen, sich mit dem Staatswesen, in dem er lebt, so zu arrangieren, dass sein Alltag lebbar wird. Verstöße gegen Menschenrechte dürfen dennoch nicht unterdrückt werden, auch wenn man selbst nicht betroffen war. Der Einigungsvertrag spricht folgerichtig nicht vom Unrechtsstaat, sondern vom Unrechtsregime der SED, um eben auf das Unrecht nur der Täter hinzuweisen, mit denen man sich nicht identifizieren muss. Kollektivschuld gab es 1945 so wenig wie 1989. Es ist aber falsch verstandene Solidarität, eine vorher nicht vorhandene DDR-Identität nachträglich besonders zu betonen.

Drittens:
Die Propaganda vom antifaschistischen Gründungsmythos der DDR wird heute noch gelegentlich verbreitet. Aber, so Kurt Pätzold, „blieb die antifaschistische Haltung ein ehrlich gemeintes, aber seiner Inhalte partiell entleertes Bekenntnis, das

auf ernsthafte Proben nicht gestellt wurde." So berechtigt die Kritik an der mangelhaften Aufklärung der NS-Verbrechen zur Adenauer-Zeit erscheint, so unberechtigt ist sie, wenn sie von östlicher Seite geäußert wird. Die 68er Bewegungen haben die weitere Verschleppung der Vergangenheitsbewältigung verhindert, in der DDR hat sie bis heute nicht stattgefunden. Die Aufarbeitung von DDR-Unrecht wird ähnlich zögerlich gehandhabt. Verdrängung, Vertuschung und Rechtfertigung tragen fast die gleichen Züge. War man im Westen auf dem rechten Auge blind, sollte man heute im Osten nicht auf dem linken blind sein. Einseitige Beschimpfungen müssen aufhören, um gemeinsam gegen die unverbesserlichen Rechthaber von rechts <u>und</u> links vorzugehen. Auch im Umgang mit Ausländern steht die DDR keineswegs besser da, Fremdenfeindlichkeit hat es auf beiden Seiten gegeben. Spätestens seit den Ereignissen von Hoyerswerda im September 1991 offenbarten sich die SED-Parolen von Solidarität, Internationalität und Völkerfreundschaft als Propaganda, Agitprop phrasen ohne Wirkung, als Sprechblasen einer tief menschenfeindlichen Herrschaft. In Hoyerswerda war alles zusammen gekommen: Wut über ein verpfuschtes Leben inmitten einer als Strafkolonie empfundenen Umgebung, Sexualneid, schwelende, allgegenwärtige Pogrombereitschaft gegen Minderheiten, Freude am Krawall, die Angst der Zukurzgekommenen um ihre Sozialhilfe, vor Mieterhöhungen und drohender Arbeitslosigkeit.

Viertens:
Deutschland ist das einzige Land in Westeuropa, das Erfahrung mit beiden Totalitarismen gemacht hat. Diese historische Erfahrung muss für die zukünftige Gestaltung unseres Landes genutzt werden. „Dazu gehört auch der Vergleich von Nationalsozialismus und Kommunismus im Sinne ihrer inhumanen Zielsetzung und der Anwendung der Mittel, im totalen Herrschaftsanspruch und Führungsprinzip sowie ihrer Ausschließlichkeitsideologien." (Waldemar Ritter). Diese Erkenntnis sollte vor allem außenpolitisch mehr Anwendung finden, vor allem bei Entscheidungen über militärische Einsätze. Die Unterdrückung völkischer Minderheiten verletzt überall auf der Welt elementare Menschenrechte. Diktaturen, die solches Unrecht begehen, müssen benannt und geächtet werden, auch wenn sie die Ideologie vertreten, der man selbst zuneigt oder angehört hat. Es geht nicht an, dass man den Krieg der USA in Vietnam verurteilt, einen Einmarsch Russlands in die Ukraine aber gutheißt. Die Anwendung militärischer Mittel stößt bei mir als Pazifist immer auf Kritik, egal von welcher Seite sie kommt. Menschenrechte sind unteilbar.

Fünftens:
Die Verdrängung von Missständen und das Schönreden von Errungenschaften bringen nichts als Gemeinplätze. Wo Licht ist, ist auch Schatten und umgekehrt.

Niemand bestreitet das nichts sagende Klischee: „Es war doch nicht alles schlecht!" Für mich kommen da nur unliebsame Erinnerungen auf, meine Eltern rechtfertigten sich auf ähnliche Weise mit „Kraft durch Freude", „Volksgemeinschaft", Arbeitsbeschaffung, Gemeinschaftssinn, Nationalstolz.

Es ist auch abwegig zu behaupten, die Bewahrung des Friedens habe es nur in der DDR gegeben. Es gab eine sehr aktive Friedensbewegung in der BRD, die sich von Anfang an gegen die Militarisierung, NATO-Mitgliedschaft, Raketenstationierung usw. positioniert hat, und eine sehr rege wirkungsvolle außerparlamentarische Opposition. Beide wären in der DDR verboten und verfolgt worden. Dagegen wurde die gewaltbereite Linke bis hin zur RAF finanziell und ideologisch von der DDR-Regierung unterstützt, weil sie im Westen agierte.

Sechstens

„Freiheit ist immer auch die Freiheit des Andersdenkenden!" Der schon mehrfach zitierte Satz von Rosa Luxemburg galt in der DDR nur zu Propagandazwecken. Ich darf daran erinnern, dass zum 69. Jahrestag der Ermordung von Luxemburg und Liebknecht 1988 Transparente und Plakate mit diesem Satz von Stasi und Polizei herunter gerissen und ca. 120 Personen verhaftet wurden. In seinen Schriften zum Theater hatte der alte Brecht bekannt, sich ein Stück über Rosa Luxemburg verkniffen zu haben, weil er sonst „in bestimmter Weise" gegen seine Partei hätte argumentieren müssen. „Aber ich werde mir doch den Fuß nicht abhacken, nur um zu beweisen, dass ich ein guter Hacker bin", begründete er diesen Verzicht. Für den bekannten Historiker Fritz Stern stand außer Zweifel: „Hätte Rosa Luxemburg weitergelebt, wäre sie zur einflussreichsten Kritikerin und möglicherweise Gegnerin der Leninschen Diktatur geworden."

Siebentens:

Die Bagatellisierung der Stasi durch einen Vergleich mit dem Verfassungsschutz im Westen verdreht die Realität. Ca. 600.000 Mitarbeiter zählte das MfS zuletzt, zum Vergleich: Das Bundesamt für Verfassungsschutz beschäftigt ca. 2.700 Personen. Diese Mitarbeiter sorgten dafür, dass die DDR als Spitzelstaat bezeichnet werden muss, nicht die übliche staatliche Überwachung als solche. Weit über eintausend Menschen wurden aus politischen Gründen („konterrevolutionäre Verbrechen") in der DDR getötet. Mindestens 12.000 politische Gefangene kamen in sowjetische Arbeitslager, Hunderte starben in DDR-Gefängnissen an Misshandlungen oder Krankheiten. 2.220 Sozialdemokraten wurden erneut eingesperrt, weil sie gegen die Zwangsvereinigung mit der KPD gestimmt haben. Obwohl sie gerade erst aus den Nazigefängnissen frei gekommen waren. Weit über einhundert Grenztote sind zu beklagen. Und mindestens 200.000 Menschen wurden aus politischen Gründen zu unterschiedlichen Gefängnisstrafen verurteilt. Nicht zu vergessen, dass der Staat am Freikauf seiner kritischen Bürger gut verdient hat. Ich vermeide das Wort „Menschenhandel". Jedes Unrecht ist dokumentiert und nachprüfbar. Man kann es weder ignorieren noch leugnen. Man muss einsehen, dass es Unrecht gab, man muss es sich allerdings auch nicht ständig vorhalten lassen. Doch es ist unangebracht, eigenes Unrecht mit dem Unrecht anderer zu relativieren.

Achtens:
Die (wenigen) Urteile der Gerichte als „Siegerjustiz" zu bezeichnen, zeugt von mangelndem Unrechtsbewusstsein und antidemokratischem Denken. Eine nachhaltige Auseinandersetzung beginnt mit der Klarheit der Begriffe. Eine unabhängige Justiz ist die dritte Gewalt in einem demokratischen Staat, sie urteilt nicht nach ideologischen Gesichtspunkten. Dass sie sich in der BRD lange Zeit von der Belastung aus der Nazizeit selbst freigesprochen hat, war und ist ein Skandal. Dadurch verhinderte die Justiz eine gerechte Bewertung mit dem fadenscheinigen Motiv: „Was damals Recht war, kann heute nicht Unrecht sein." Dieses Prinzip wird heute wieder angewendet, in beiderseitigem Einvernehmen. Nebenbei: einen Vergleich mit den Nazitätern sollte man schon deshalb unterlassen, weil in den Nürnberger Kriegsverbrecherprozessen die Haupttäter ebenfalls von „Siegerjustiz" gesprochen haben!
Obwohl die Parlamentarische Versammlung des Europarates die Verfolgung der schweren Menschenrechtsverletzungen wie Tötung, Körperverletzung oder Freiheitsberaubung in den kommunistischen Staaten entsprechend der Europäischen Menschenrechtskonvention von 1950 forderte, wurde mit einer folgenschweren Festlegung im deutschen Einigungsvertrag dagegen verstoßen. In der Anlage I heißt es, dass das Einführungsgesetz zum StGB der BRD verändert wird. Der Artikel 315 sollte danach mit den Worten beginnen: „Auf vor dem Wirksamwerden des Beitritts in der DDR begangene Taten findet § 2 des StGB Anwendung."
Der § 2 legt fest, dass eine Straftat nach dem Gesetz geahndet wird, das zur Tatzeit gültig ist. Da die Taten der SED-Kader nach dem StGB der DDR nicht strafbar waren, konnten sie auch nicht geahndet werden. Deshalb haben wir weit über neunzig Prozent Freisprüche zur großen Enttäuschung der vielen Opfer, die sich Wiedergutmachung erhofft hatten. Es ist also völlig abwegig und absurd, hier von „Siegerjustiz" zu sprechen.
Ich will nicht in Abrede stellen, dass der Eindruck entstanden sein könnte, es würde mit zweierlei Maß gemessen. Gerade westdeutsche Bürger mit brauner Vergangenheit forderten strenger und gründlicher, über Stasiverstrickungen zu urteilen, als ihnen selbst bei ihrer Entnazifizierung widerfahren ist. Es gab allerdings auch genau so viele Gegenstimmen.

Neuntens:

Um nicht einseitig zu bleiben, stelle ich jetzt nach meiner Ansicht politische Fehler der BRD zur Diskussion. Warum wurde nach Auflösung der Sowjetunion und des Warschauer Paktes die NATO nicht ebenfalls liquidiert? Sie hatte ihre „Kalte-Kriegs"-Funktion als Verteidigungsbündnis des Westens eingebüßt. Zwar hatte sich die NATO von der Strategie der „Vorneverteidigung" getrennt, beharrte aber auf Bestand und Osterweiterung. Bundeswehreinsätze wären bei einer Auflösung der NATO oder dem Austritt Deutschlands unbegründet und die proklamierte Friedenspolitik der deutschen Außenpolitik, vor allem auch gegenüber Russland, erheblich glaubwürdiger. Hier unterstütze ich uneingeschränkt die Position der Linken.

Zehntens:

Bis heute können westdeutsche Politiker nicht zugeben, dass die Politik Adenauers eine mögliche frühe Wiedervereinigung Deutschlands eher verhindert hat. „Stalin unterbreitete 1952 einen aufsehenerregenden Plan für ein geeintes Deutschland, das neutral und frei von allen Besatzungstruppen sein sollte." Damit versuchte die Sowjetunion die einseitige Westintegration zu verhindern. Die USA machten Adenauer viele Versprechungen, vor allem die Aufhebung der Entnazifizierungspolitik, die Beamte, Richter und Professoren auf ihre alten Posten zurückkehren ließ. Das Angebot Stalins wurde nie überprüft und war der „Ausdruck des Misstrauens Adenauers in die Reife des eigenen Volkes", so der Historiker Prof. Fritz Stern. Die Ablehnung hat zur Verschärfung des sogenannten „Kalten Krieges" und zur Entfremdung der geteilten deutschen Bevölkerung erheblich beigetragen. Leider ist diese Einsicht in der konservativ denkenden westdeutschen Bevölkerung nicht vorhanden. Stattdessen wurde eine unsinnige Angst vor dem „bedrohlichen Kommunismus" geschürt. Viele Probleme und Diskussionen hätten wir uns ersparen können.

Erlauben Sie mir zum Schluss noch eine ganz simple, vielleicht etwas provozierende Frage: Warum hat die DDR-Regierung selbst nach internationaler Anerkennung und dem Austausch ständiger Vertretungen im jeweils anderen deutschen Staat durch bewusst unerfüllbare Forderungen eine Annäherung mit Reiseerleichterungen und Familienzusammenführungen stets verhindert? Zum Nachteil der eigenen Bevölkerung! Sie wusste doch, dass die Forderung nach Anerkennung der DDR-Staatsbürgerschaft aus rechtlichen Gründen abgelehnt werden musste, weil Deutsche in Deutschland nicht Ausländer sein <u>können</u>.

Und selbst leidenschaftliche DDR-Staatsbürger oder DDR-Nostalgiker müssen eingestehen: Die größte Errungenschaft der Einheit ist die persönliche Freiheit, endlich angstfrei leben und reisen zu können.

Wenn Sie jetzt immer noch ablehnend reagieren, muss ich meine Niederlage eingestehen, dann waren meine Bemühungen um Ausgleich leider vergebens. Ich hoffe aber, dass Sie zumindest erkannt haben, dass ich niemanden verletzen wollte und dass ich ein sehr persönliches Bekenntnis hier abgelegt habe, über das man sicher unterschiedlicher Meinung sein kann, auch wenn die historischen Fakten nachprüfbar sind. Wenn wir uns verstehen wollen, müssen wir aufhören, uns gegenseitig Vorwürfe zu machen und die Fehler aufzurechnen. So finde ich nach den vielen Gesprächen, die ich geführt habe, es nicht in Ordnung, dass mit Selbstverständlichkeit von mir erwartet wird, den Teil des Staates, in dem ich gelebt habe, kritisch zu beurteilen, dass ich dagegen selbst bei berechtigter Kritik am anderen Teil des Staates auf Rechtfertigung und wenig Bereitschaft zur Selbstkritik stoße. Diese einseitige Rücksichtnahme ist nicht einzusehen. Ebenso falsch finde ich es, die jetzige finanzielle und politische Krise als Folge der Einheitspolitik zu sehen. Es trifft uns alle gleichermaßen und hat für mich Zustände geschaffen, die mich eine zweite Bewegung wie 1968 herbeisehnen lässt, um die soziale Demokratie (oder den demokratischen Sozialismus, wie Sie wollen) zu retten, und nicht an sozialistischen Diktaturen festzuhalten. Es muss in unser aller Interesse liegen, die weltweite Krise des Kapitalismus nicht zu einer Krise unserer Demokratie werden zu lassen, denn die Diktatur des Kapitals hat auch nichts mit Demokratie zu tun. Wir müssen gemeinsam verhindern, dass unsere Welt durch die Globalisierung und die Entwicklung zu einer mafiosen „Finanzdiktatur" immer unbeherrschbarer wird. Diese Gefahr besteht, wenn wir uns in ideologischem Kleinkrieg selber schwächen statt zusammenzustehen. Wir müssen das Wiederaufleben des sog. „Kalten Krieges" durch strikte Neutralität und Vermeidung einseitiger Sympathiebekundungen verhindern.

Ich wünsche mir heute eine selbstbewusste gesamtdeutsche Streitkultur, ein aufgeschlossenes Gesprächsforum ohne Rechthaberei und ein klares Bekenntnis zur Freiheit. Keine Beleidigung und kein Beleidigtsein, <u>Auf</u>klärung statt <u>Ver</u>klärung!

2. ÜBER DIE MACHT DES WORTES
Zur Pogromnacht am 9. November 1938

Platon hat uns die Weisheit mitgegeben, dass Wissen Erinnerung bedeutet. Wir müssen uns an historische Ereignisse erinnern, um sie zu kennen, zu erkennen und zu nutzen. Nur das Wissen über die Ursachen schützt uns vor der Gefahr einer Wiederholung. Gehen wir also den Ursachen nach. Am Anfang war das Wort, das Wort Martin Luthers, dessen 455. Geburtstag zufälligerweise auf den gleichen Tag fiel. Hier die Predigt Martin Luthers, die er 1543 in der Marktkirche zu Halle hielt.

„Ich wollte die Juden bekehren – nicht unbedingt schonen. So wie ihre Väter schon die Propheten und Lehrer gegeißelt, geschlagen und gesteinigt haben, so tun sie es auch heute noch. Sie sind die Feinde Gottes, oberflächlich, ohne Bewusstsein für Laster und Sünden. Ihrer Sünden wegen sind sie über die Welt verstreut, ihres Reiches und ihrer Synagogen beraubt, tiefstem Elend und allgemeiner Verachtung ausgesetzt. Aber ich habe aufgehört, sie zu bekehren.

Pfui, pfui, pfui, ihr verdammten Juden! Was ihr dieses ernste, herrliche, tröstende Wort Gottes so schändlich auf euren sterblichen madigen Geizwanst zieht. Die Judenmäuler, die ich sehe, haben jeden Sonnabend meinen lieben Herrn Jesus Christus verflucht. Und sollte ich mit einem solchen verteufelten Maul essen, trinken und reden, so würde ich lieber aus Schüssel und Kanne sämtliche Teufel verschlingen, als mit einem Juden speisen. Die Juden haben ihre Rolle als Sprachrohr Gottes preisgegeben. Deshalb schmeißt und spritzt sie auch der Teufel so voll, dass es an allen Orten von ihm ausschwadert und schwemmt. Eitel Teufelsdreck, das ist ihr Leibgericht, da schmatzen sie wie die Säue.

Als Judas Ischariot sich erhängte und ihm Darm und Blase aufplatzte, haben die Juden die Judaspisse samt dem anderen Heiligtum untereinander aufgeteilt, gefressen und gesoffen, und davon haben sie so scharfsichtige Augen gekriegt, dass sie ihrem Gott in den Hintern gucken konnten und in dem selben Loch ihre Schriften gefunden haben.

Die Juden sind nur dazu da, zu lästern, zu fluchen, Gott selber und alles, was Gott ist, zu verspotten. <u>Wir</u> stehlen und zerpfriemen ihre Kinder nicht. Vergiften ihr Wasser nicht. Uns dürstet nicht nach ihrem Blut. Wir fluchen ihnen nicht. Wir heißen ihre Weiber nicht Huren, wie sie Maria, Jesu Mutter, tun. Wir heißen sie nicht Hurenkinder, wie sie unseren Herrn Jesu tun. Womit verdienen wir also ihren grausamen Zorn, Neid und Hass? Darum wisse du, lieber Christ, und zweifle nicht daran, dass du nächst dem Teufel keinen bittereren, giftigeren, heftigeren Feind hast, als einen richtigen Juden. Sie leben bei uns zu Hause, unter unserem Schutz und Schirm, brauchen Land und Straßen, Markt und Gassen. Sie sind uns eine schwere Last, wie eine Plage Pestilenz und eitel Unglück in unserem Lande. Sie halten uns Christen in unserem eigenen Lande gefangen. Sie lassen uns arbeiten und schwitzen. Derweil sitzen sie hinter dem Ofen, faulenzen, braten Birnen, fressen, saufen, leben sanft von unserem erarbeiteten Gut und lachen über uns.

Was wollen wir Christen nun tun mit diesem verworfenen, verdammten Volk der Juden? Wir müssen mit Gebet und Gottesfurcht eine scharfe Barmherzigkeit üben. Rächen dürfen wir uns nicht, denn sie sind gestraft genug. Ich rate euch: <u>Ihre Synagogen und Schulen muss man mit Feuer anzünden, und was nicht verbrennen will, mit Erde überhäufen und verschütten,</u> damit kein Mensch einen Stein oder Schlacke davon sehe. *Das tun wir, damit der Herr sieht, dass wir gute Christen sind.*

<u>Man sollte auch ihre Häuser und Heime zerstören.</u> Denn dort treiben sie dasselbe Schändliche gegen unseren Christus, wie sie es in unseren Schulen treiben. Dafür sollte man sie <u>unter ein Dach oder in einen Stall tun, wie die Zigeuner,</u> damit sie

es wissen, dass sie nicht die Herren sind in unserem Land, sondern <u>im Elend leben und gefangen sind</u>, wie sie es ja auch ständig behaupten. Und man sollte ihnen ihre Betbücher und Lehrbücher nehmen, weil dort solche Abgötterei, Lügen, Fluch und Lästerungen gelehrt werden. <u>Ihren Rabbinern muss man bei Todesandrohung die Lehre verbieten</u>, weil sie den Glauben des armen Volkes missbrauchen in ihrer Willkür gegen das Gesetz des Herrn, und ihnen Gift, Fluch und Lästerung eintrichtern. Man muss dem Juden das Geleit und die Straße wegnehmen. Sie sollen daheim bleiben. Und wenn die Fürsten es nicht per Gesetz beschließen, dann werden sich die Leute gegen die Juden zusammen rotten, weil die Menschen klüger werden aus dem, was ich sage. <u>Man muss den Juden den Wucher verbieten und ihnen alle Barschaft nehmen und allen Schmuck in Verwahrung nehmen</u> für jene Juden, die sich ernsthaft bekehren lassen, denn alles, was sie besitzen, haben sie uns gestohlen und geraubt. Rechnen wir ab mit ihnen, was sie uns abgewuchert haben und treiben wir sie dann zum Lande hinaus! Denn Gottes Zorn ist so groß über sie, dass sie durch sanfte Barmherzigkeit nur ärger und ärger, durch Schärfe aber wenig besser werden. Darum: <u>Nur immer weg mit ihnen!</u>"

In der Nacht vom 9. zum 10. November 1938 wurden diese Worte zur Tat missbraucht. Der Herausgeber des „Stürmer", Julius Streicher, hat die Schrift von 1543 „Von den Juden und ihren Lügen" benutzt, um dem deutschen Volk zu erklären, was bereits ihr idealisierter Reformator vor 450 Jahren gefordert hat.
Der offizielle Anlass war das Attentat auf den deutschen Diplomaten Ernst von Rath in Paris durch den polnischen Juden Herschel Grynszpan am 7. November und der Tod des Botschaftssekretärs einen Tag später, hat zunächst nichts mit Luthers Geburtstag und seiner Schrift zu tun. Es bleibt aber eine bedrückende Tatsache, dass sich die Nazis auf Luther berufen konnten.
Luther ging es, wie man hören konnte, um religiösen Antisemitismus, für ihn waren die Juden die Mörder Jesu, auch wenn die Römer die Tat vollstreckten. Der Verräter trägt den Namen „Judas". Hitler begründete seinen Rassenhass mit einem politischen Antisemitismus, für ihn war der Inbegriff des Bösen und für alles Übel in der Welt „der Jude". Der eine Name so abstrakt wie der andere. Das Motiv „Antisemitismus" ist also nicht ganz vergleichbar, die Wortwahl und Wirkung leider schon. Luther war des Griechischen mächtig, er kannte also das griechische Adjektiv *holókau(s)tos*, das „ganz verbrannt" bedeutet. Er hat gewusst, was er mit seiner Aufforderung zur Brandstiftung auslösen kann. Wir sprechen über die Macht des Wortes. Um Luther zu verstehen, müssen wir kurz den historischen Hintergrund beleuchten.
Seit der Eroberung Jerusalems und der Zerstörung des Tempels 70 n. Chr. durch die Römer leben Juden auf der ganzen Welt verstreut, stets als Minderheit und immer friedlich. Obwohl sie sich besser als alle anderen Ethnien den jeweiligen Gegeben-

heiten und Gesellschaftsordnungen anpassen konnten, behielten sie ihre durch die Religion geprägte Kultur bei und unterschieden sich dadurch in ihrer Lebensweise von der übrigen Bevölkerung. Die Fürsten reagierten auf diesen Umstand, indem sie den Juden getrennte Wohnviertel zur Verfügung stellten, den Ghettos. Fast alle Länder machten den Juden Auflagen und verlangten höhere Steuern. Vor allem hatten Juden keinen Zugang zu Berufen, mit denen eine gesellschaftliche Achtung verbunden war wie in den Zünften oder Innungen. Viele Juden existierten nur durch den von Christen verachteten Pfandhandel und Geldverleih, was wiederum zu Sozialneid führte, da manche Juden plötzlich reicher waren als Christen.

Im Laufe der Zeit änderte sich ständig die rechtliche Situation der Juden, Duldungen wurden von Verfolgungen abgelöst, Privilegien durch Vertreibungen rückgängig gemacht. Im Grunde gab es einen stets latenten Antisemitismus in wechselnder Ausprägung, der den Juden ein Leben in Unfreiheit und Unsicherheit bescherte. Ihr Glaube, die Schrift, ihre Kultur und Bildung bestimmten ihre Kraft und den Zusammenhalt trotz einer 1878 Jahre dauernden Diaspora, eine Standfestigkeit, die Achtung verdient hätte, aber Hass provozierte.

1215, auf dem IV. Laterankonzil, wurden eine Reihe von Beschlüssen gefasst, die in den folgenden Jahrzehnten von der weltlichen Gewalt übernommen und in die Tat umgesetzt wurden. Ihr Ziel war, die soziale Gemeinschaft zwischen Juden und Christen zu verhindern bzw. aufzuheben. Zwei Maßnahmen waren hier von entscheidender Bedeutung: Die Errichtung von obligatorischen Judengassen oder -vierteln sowie Kleiderordnungen für Juden bzw. die Kennzeichnung ihrer Kleidung. Gleichzeitig wurden die Dominikaner mit der Inquisition beauftragt, die die Bekämpfung der Ketzer und die Bekehrung der Juden zum Inhalt hatte. Von da ab war die Judenbekehrung eine vordringliche Aufgabe, die sich auch Martin Luther zu eigen machte. Von 1215 bis zu ihm verschärften sich die Erlasse, es häuften sich die „Judengassenanordnungen", die Kleidervorschriften.

Rabbis und christliche Gelehrte stritten über Bibelauslegungen zum Alten Testament, Synagogen und Talmudschulen wurden gegründet. Die Konkurrenz war vielen Christen ein Dorn im Auge, jüdische Kultur und Wissenschaft gewann an Einfluss. Es entstanden wichtige geistige Zentren der Juden, besonders in Speyer, Worms und Mainz.

Die Juden wurden unter kaiserlichen Schutz gestellt als „servi camerae nostrae" (unsere Kammerknechte), als eine „einheitliche, ständisch geschlossene Masse". Dieses „Privileg" verkam alsbald zur Korruptionsursache. Der Kaiser konnte es verschenken, verpachten, verpfänden, die Schutzsumme nach Belieben erhöhen, die Juden erpressen.

Zu Luthers Zeit waren die Juden in einem ziemlich rechtlosen und wehrlosen Zustand. Jeder konnte Hetze auf sie ungestraft ausüben und ihre Verbreitung wirkungsvoll einsetzen. Luther wusste um die Situation der Juden. Er hat sich lange um die Bekehrung von Juden bemüht. Ihr Festhalten am alten Glauben hat ihn erzürnt. Im Alter brach sich dann aufgestauter Hass gegen die unbelehrbaren Juden Bahn. Er bekämpfte sie offen, und mit zunehmendem Erfolg der Reformation immer heftiger.

Am Anfang war das Wort. Und mit dem Wort die Idee, der Gedanke. Für den Philosophen ist Gott zunächst auch nur ein Wort. Man muss die Sinnfrage stellen, dann ist Gott mehr als ein Wort, dann ist Gott alles: Wort, Idee, Gedanke.

Für den Theologen Luther tritt uns Gott in jedem Wort gegenüber. Das Wort ward geschrieben, die Heilige Schrift liegt vor. Für Luther das wahre Wort Gottes! Er, ein Meister der Sprache, verkündet Gottes Wort.

Aber Sprache kann ausgelegt, umgedeutet, verändert, folglich missbraucht werden. Mit Luthers Wort geschah dies am 9./10. November 1938. Das Wort wurde zur Tat. Wir müssen uns fragen: Wie konnte dies geschehen? Wir müssen uns fragen: Was bewirkt die Kraft eines Wortes? Wir müssen uns fragen: Wusste Luther um die Folgen seines Wortes? Worin liegt die Macht des Wortes?

Ein Wort kann man sagen und schreiben, entsprechend also hören und lesen. Die Verbreitung ist immens. Dementsprechend setzen wir das Wort absichtsvoll in gewünschter Weise ein: Als These, als Erkenntnis, als Rede, als Predigt, als Befehl, als Diktat.

Hier setzt der mögliche Missbrauch ein: Diktieren = Vorsprechen, Vorschreiben, Aufzwingen; aus dem Lateinischen dictare von dicere gebildet (= sagen, sprechen; nachschreiben, niederschreiben). Das *Diktat* ist zunächst eine Nach- oder Niederschrift, vom *Diktierenden* aus gesehen ist es eine Vor-Schrift. Der Mensch leitet daraus einen Macht(an)spruch ab, je höher seine Macht, um so mächtiger, diktatorischer wird das Diktat. Aus dem *Diktierer* wird ein *Diktator*, sein *Diktat* zur *Diktatur*.

Mit der Macht des Wortes kann aber auch Kritik und Widerspruch zum Ausdruck gebracht werden. Nicht umsonst verbieten und verbrennen Diktatoren zuerst die Bücher, sperren die *Dichter* ein und bringen die Sprachgewaltigen zum Verstummen.

Ja, auch das Wort „*dichten*" stammt von *diktieren* ab. Dichter erheben das Wort zur Meisterschaft. Martin Luther beherrschte diese Meisterschaft, wie seine Bibelübersetzung beweist. Er hat die Sprache für weitreichende Einflussnahme überzeugend benutzt. Unliebsame Dichtung gelangt daher schnell auf den Index. Sprachschöpfer sind sich der Wirkung ihrer Worte bewusst.

Nehmen wir Erich Fried:

Meine großen Worte / werden mich nicht vor dem Tod schützen / und meine kleinen Worte / werden mich nicht vor dem Tod schützen / überhaupt kein Wort / und auch nicht das Schweigen zwischen / den großen und kleinen Worten / wird mich vor dem Tod schützen / Aber vielleicht / werden einige / von diesen Worten / und vielleicht / besonders die kleineren / oder auch nur das Schweigen / zwischen den Worten / einige vor dem Tod schützen / wenn ich tot bin.

Die Philosophie hat die Kraft der Sprache durch eine Arbeitsmethode bereichert, die den Mächtigen sehr gelegen kam, die *Dialektik*, die innere Gegensätzlichkeit. *Dialektiker* überzeugen durch geschickte Anwendung von Rede und Gegenrede und sind das Sprachrohr der *Diktatoren*.

Dichtung und Wahrheit beruhen auf dem Wort, das Problem liegt in der Auslegung des Wortes. Wer die Macht hat, hat die Macht über das Wort und damit über die Bedeutung. Ein Beispiel: Es gibt das wunderbare Wort „Frieden". Wer *Frieden* wünscht, ist *friedlich* und *zufrieden*. Diktatoren reden von *Frieden* im Sinne von *Befriedung* und meiner Unterwerfung. Politiker pervertieren Kriegseinsätze zu *Frieden*smissionen. Wer *unzufrieden* mit einer solchen Entscheidung ist, riskiert *Unfrieden*. Oder nehmen Sie „Freiheit". Es ist das Gleiche, wer die Macht über das Wort hat, verkehrt den Sinn ins Gegenteil. „Arbeit macht frei"!

Ein Sprachkünstler wie Martin Luther kannte also die Wirkung seiner Rede. Er benutzte die Macht des Wortes auch gegen die Mächtigen, denn für Luther war Gott im Wort lebendig. Er zog die Mächtigen mit mächtigen Worten zur Rechenschaft, wenn sie das Wort Gottes falsch anwendeten. Er verstand sich auf das Wort, jedem seiner Sätze ging ein Gedanke voraus, eine Überprüfung der Interpretation. Wir dürfen ihn beim Wort nehmen und müssen versuchen, die Gründe für seine Gedanken zu verstehen. Wir dürfen keine *Ausrede* erfinden, denn er hat *ausgeredet*. Seine *Predigt* hatte Gewicht.

Predigen kommt von praedicare = öffentlich aussprechen, verkünden, feierlich aussagen. Die Sprache, der Vortrag oder die Predigt ist die Vermittlung von Wissen und Erkenntnis durch die Gelehrten zu den Unwissenden. Wer sie benutzt, trägt große Verantwortung, und sie gibt ihm Macht über die Zuhörer. Wer die Interpretationshoheit über die Religion hat, richtet sich die Welt zum eigenen Nutzen ein. Die Kirchenväter haben das getan und heute machen Mullahs und Ayatollahs regen Gebrauch davon.

„Luther predigte das Wort Christi. Was bedeutete das Wort Christi ursprünglich? War es der Anfang der Geschichte von der Erlösung der Menschen und damit eines mächtigen Impulses in der Weltgeschichte? Oder war es der Urkeim der Kreuzzüge, Inquisitionen, Ausrottung, des Antisemitismus und der vielen Tragödien in der Weltgeschichte?" So fragte der Dichter Vaclav Havel z. B., dessen Rede ich anlässlich der Verleihung des Friedenspreises des Deutschen Buchhandels 1989 später noch einmal zitiere.

Worte haben ihre Geschichte und ihre verschiedenen Auslegungen.

Auf dem Nürnberger Kriegsverbrecherprozess von 1946 hat sich der Gauleiter von Franken und Herausgeber des antisemitischen Hetzblattes „Der Stürmer", Julius Streicher, mit der Behauptung verteidigt, er habe immer nur das über die Juden gesagt, was bereits Luther geschrieben habe. Es hat ihm nicht geholfen, sich auf Luther zu berufen: Er wurde zum Tode verurteilt. Sein Wort löste aber eine Diskussion unter Historikern aus mit dem Ergebnis, dass Luther eine gewisse Mitschuld am allgemein vorhandenen Antisemitismus zukommt. Folgende Gründe wurden angeführt:

1. Luthers Forderung nach Unterwerfung unter die jeweilige Staatsgewalt, weil diese „von Gott ist". (Obrigkeitsideologie)
2. Luthers Haltung zur Judenfrage und sein Beitrag zur Ausweitung des deutschen Antisemitismus.
3. Luthers Schriften lösten eine sozialgeschichtliche Kontinuität in der deutschen Nationalentwicklung aus, die die Juden als selbstverständlich minderwertig einstufte.

War Luther nun ein Antisemit?

Martin Luther hat die Juden niemals als Juden, sondern allenfalls als Objekte der Bekehrung, als „zukünftige Christen" angesehen. Ihre Diaspora hat er als Beweis für die Macht eines zornigen Gottes und als heilsgeschichtliches Pfand für die Wiederkunft Christi dargestellt. Ihre „Verstocktheit" und die Nichterfüllung seiner Hoffnungen auf eine Bekehrung und ihre Anerkennung Jesu als Messias hat ihn erzürnt und radikalisiert. Noch drei Tage vor seinem Tode hat der enttäuschte Luther seine Vorschläge zur völligen Vernichtung der religiösen, sozialen und physischen Existenz des Judentums wiederholt. Luther war überzeugt, dass Gott die Juden „verworfen" hat. Er hat den mittelalterlichen Antijudaismus nicht reformiert, sein Angebot bedeutete, dass sich die Juden nur retten könnten, wenn sie Christen würden, um sich wieder an Gott orientieren zu können.

Es muss aber auch gesagt werden, dass Luther als Kirchenpolitiker genau so radikal dachte wie als Theologe. Nachdem Luthers reformierte Kirche in den protestantischen Territorien zur Landes- bzw. Staatskirche geworden war, wollte er keine religiösen Minderheiten wie z. B. die Wiedertäufer u. a. mehr dulden. Luther hat zumindest zugelassen, dass die Juden auf diese Weise zu den ersten Opfern gehörten. Als sich die Reichsstände im Augsburger Religionsfrieden von 1555, also nach seinem Tode, zu dem Prinzip cuius regio eius religio (wes das Land des der Glaube) bekannten, tolerierten sie nur die Konfessionsunterschiede innerhalb der christlichen Kirche, die Juden blieben außen vor. Wer nicht das Glaubensbekenntnis des Fürsten teilte, sollte rücksichtslos des Landes verwiesen werden können. Diese Entwicklung hat er, möglicherweise unfreiwillig, mit befördert. Hinzu kam zu seinen Lebzeiten noch eine wirtschaftliche Krise, die zu den bekannten Bauernaufständen führte. Luther machte auch hier die Juden dafür verantwortlich, weil sie durch „ihren wuchersüchtigen Zinskauf" und den „Geldhandel" die „ganze Welt aussaugten".

Die Juden wurden also zu Sündenböcken für Missstände gemacht, die die Christen selber verursacht haben. Luther scheute sich nicht, zutiefst judenfeindliche Beleidigungen zu verbreiten. Er benutzte in seiner bildreichen Sprache die karikierende Darstellung der Judensau an der Wittenberger Stadtkirche als Beleg für ihre Verachtung. Wasser auf die Mühlen seiner Zeit. Deshalb war der ansonsten so starke Reformator denkbar ungeeignet dafür, die seit dem Mittelalter verbreitete Judenfeindschaft zu überwinden.

Luthers Reden und Schriften zeitigten Folgen. Die „Geldjuden" wurden zu Finanziers der Fürsten, den armen Juden aber erging es wie den Zigeunern, sie wurden vertrieben. Luthers Ansicht, die Juden würden nicht arbeiten und auf „unsere Kosten" leben, brachte den Juden keinen Zugang zu bisher „verbotenen" Berufen, sondern machte aus Arbeit Zwangsarbeit.

Die Denkweise Luthers findet sich über Jahrhunderte in der protestantischen Kirche. Sie führt dazu, dass die politischen Bestrebungen zur Verbesserung der Lebensbedingungen und rechtlichen Situation der Juden, die immer wieder versucht wurden, von Verantwortlichen beider Kirchen verhindert wurden. Die latente Judenfeindschaft beider Kirchen zieht sich durch die gesamte Kirchengeschichte bis heute und hat zur Beseitigung des Antisemitismus in Deutschland wenig beigetragen. Zu dieser Schuld muss man sich bekennen und haben sich beide Kirchen inzwischen auch uneingeschränkt bekannt. Trotzdem hätte es nicht zu den Pogromen kommen müssen.

Während der Kaiserzeit waren die antisemitischen Prediger noch in der Minderheit, aber sie fühlten sich schon stark genug, eine gezielte Hetzkampagne zu starten. 1883 rief der kaiserliche Hofprediger Adolf Stoecker auf einer Massenversammlung aus: „Man sagt, wir hetzen. (...) Ich weiß wohl, dass die liberale Presse, die Juden wie die Judengenossen, uns als Judenhetzer ausschreien, mich voran. Aber ich bin glücklich darüber, dass ich hier in Berlin habe den Anfang machen dürfen, um dem jüdischen Übergewicht ein Halt zuzurufen. (...) Die antijüdische Bewegung lässt nicht nach (...) nein, sie rollt um die ganze Erde. (...) Überall, wo das Übergewicht der Juden unerträglich wird, erhebt sich das Volk und sucht das Joch abzuschütteln. (...) Wir bieten den Juden den Kampf an bis zum völligen Siege, und wir wollen nicht eher ruhen, als bis sie hier in Berlin von ihrem hohen Postament, auf das sie sich gestellt haben, heruntergestürzt sind in den Staub, wohin sie gehören."

Weiß man aber auch, dass die Nazi-Organisation der deutschen Christen im Dritten Reich, die sich selber „SA Jesu Christi" nannte und die bereits im September 1933 freiwillig den Arierparagraphen innerhalb der evangelischen Landeskirchen einführte, dass diese Christen sich auf Martin Luther und seine antijüdischen Schriften beriefen, dann kann man nachvollziehen, dass Hitler leichtes Spiel bei der Überzeugung der Bevölkerung hatte. Die Worte Luthers hat die innere Einstellung seiner Anhänger geprägt, die Worte Goebbels brauchten nur den vorhandenen Resonanzboden zum Schwingen zu bringen. So erklärten diese Deutschen Christen bereits im Juni 1932: „Wir sehen in Rasse, Volkstum und Nation uns von Gott geschenkte und anvertraute Lebensordnungen, für deren Erhaltung zu sorgen uns Gottes Gesetz ist (…) In der Judenmission sehen wir eine schwere Gefahr für unser Volkstum. Sie ist das Eingangstor fremden Blutes in unseren Volkskörper. Sie hat neben der äußeren Mission keine Daseinsberechtigung. Wir lehnen die Judenmission ab, so lange die Juden das Staatsbürgerrecht besitzen und damit die Gefahr der Rassenverschleierung und Rassenbastardisierung besteht. Die Heilige Schrift weiß auch etwas zu sagen von heiligem Zorn und sich versagender Liebe. Insbesondere ist die Eheschließung zwischen Deutschen und Juden zu verbieten."

Nachdem sich etliche Juden so assimiliert hatten, dass sie ganz im Sinne Luthers konvertierten und sich als Christen bekannten und fühlten, hat ihnen das nichts genützt. Die Nazis erkannten dieses Bekenntnis nicht an, Jude bleibt Jude. Ein Denunziant wie der Pfarrer Karl Themel aus Jüterbog dient mir als Beweis und Beispiel. Als Mitarbeiter bei der Reichsstelle für Sippenforschung, dem späteren Reichssippenamt in Berlin, erfasste er bei der Auswertung der Kirchenbücher die Christen jüdischer Herkunft und meldete 2612 konvertierte Juden an NS-Organisationen weiter, die sonst unentdeckt geblieben wären und überlebt hätten.

Heute konnte die Genforschung eindeutig erklären, dass der Mensch über kein Gen zur Bestimmung seiner Rasse verfügt, also ganz im Sinne der christlichen Ethik, dass alle Menschen vor Gott gleich sind. Die erwähnten Äußerungen der „Nazichristen" muss man um so mehr für sehr verwerflich halten. Sie beziehen sich allerdings auf eine Theorie, die vor 150 Jahren aufgestellt wurde. Der Franzose Graf von Gobineau (1816–1882) verfasste 1853–55 das dreibändige Werk „Über die Ungleichheit der Rassen" und entwarf eine wissenschaftlich unhaltbare Rassentheorie. Darin bezeichnete er die in Nordwesteuropa lebenden, langköpfigen germanischen „Arier" als Eliterasse, der die Beherrschung aller anderen zukomme. Obwohl er in den heutigen Deutschen keltisch-slawische Mischlinge sah, fand seine Lehre gerade in Deutschland größten Widerhall. Der englische Kulturphilosoph und Rassetheoretiker H. S. Chamberlain

(1855–1927) glich das Manko für die Deutschen dahingehend aus, dass er die Kelten und Slawen ebenfalls zur germanischen Rasse zählte und auf den verderblichen Einfluss der Juden hinwies. Kaiser Wilhelm II. bemerkte dazu: „Es war Gott, der dem deutschen Volk Ihr Buch sandte." So entwickelte sich parallel ein politischer und rassistischer Antisemitismus.

Nebenbei: Sowohl Gobineau als auch Chamberlain waren Verehrer von Richard Wagner und eng mit ihm befreundet. Chamberlain heiratete in zweiter Ehe die Tochter von Cosima Wagner, Eva, und lernte Hitler 1924 in Bayreuth kennen. Er wurde zum geistigen Vordenker für Hitlers Antisemitismus. Hitler hat dessen Thesen in „Mein Kampf" aufgegriffen, in denen es um den physischen und geistigen Kampf der Germanen gegen den römisch-katholischen Imperialismus und die jüdische Theokratie geht. Das Judentum stelle eine Gefahr für jede Kultur dar, die „Judenfrage" müsse einer gewaltsamen Lösung zugeführt werden, heißt es da.

Ein drittes Buch sei noch erwähnt, dass maßgeblichen Anteil an der antisemitischen Haltung hatte: Der Bestseller „Der internationale Jude. Ein Weltproblem", eine Hassschrift von 1918 des amerikanischen Autobauers Henry Ford, der Hitler durch massive finanzielle Hilfe waffentechnisch aufrüstete. Außer auf Luther bezog sich Hitler auf keine deutschen Schriftsteller. Seine kruden Thesen der Rassenideologen unterstützten diese erst später und machten sie dann allerdings populär und hoffähig.

Mit der Bildung der Nationalstaaten erwachte der Wahn, in den Juden und ihrer Verbreitung über die ganze Welt eine internationale jüdische Verschwörung zu sehen. Stalin inszenierte die Furcht vor dem jüdischen Kommunismus und beschuldigte kommunistische Juden des Trotzkismus und Zionismus. Hitler benutzte den Antisemitismus für seine „Dolchstoßlegende", dass Deutschland den Krieg durch Verrat verloren hätte, Juden seien es gewesen, von Rathenau und Erzberger bis Luxemburg und Liebknecht, die jüdischen Novemberverbrecher, die im Namen der „Weltrevolution" Deutschland 1918 in den Rücken gefallen wären. Daneben schürte Hitler den Hass gegen alles „Jüdische" in der Kultur, das er als „zersetzend" empfand. Die mörderischste Ausprägung von Hitlers Antisemitismus war der biologistische Begriff „Jude" in einer obskuren Rassenlehre, deren Anwendung Millionen Menschen aufgrund hanebüchener pseudowissenschaftlicher Wahntheorien ausrottete.

Man kann Luther nicht für die Begriffe Rasse, Volkstum und Nation in die Pflicht nehmen, sie kommen bei ihm nicht vor. Allerdings gibt es Formulierungen bei ihm, die die Juden als bestimmte Menschenklasse ansprechen, also auch biologistisch. Da wird es dann eindeutig antisemitisch. Der geringe Protest evangelischer Christen gegen die antisemitische Politik des Dritten Reiches steht daher auch im Zusammenhang mit Luthers antisemitischen Äußerungen, die immer noch auf Zustimmung stießen. Das muss nachdenklich stimmen. Bei allem Mut und der Opferbereitschaft einzelner kirchlicher Widerstandskämpfer ist der Protest aus den Reihen der evangelischen Kirche sowohl beim Judenboykott vom 1. April 1933, der Verkündung der Nürnberger Gesetze vom September 1935 als auch beim hier thematisierten Pogrom vom November 1938 und anderen Übergriffen leider äußerst gering ausgefallen. Der Massenmord an den Juden ist nur ein einziges Mal, am 16./17. Oktober 1943 in Breslau, offen verurteilt worden.

Die Schriften Martin Luthers unterstützen eine antijüdische Haltung im deutschen Protestantismus, die das Tolerieren antisemitischer Handlungen ermöglichte. Goebbels Missbrauch von Luthers Hallenser Predigt ist gehässig und muss nicht geduldet werden. Es gab zwar vereinzelt vorsichtige Kritik am Pogrom in den Gottesdiensten am Tag danach, aber Angst und Verunsicherung hatten von den noch Distanz haltenden Gemeinden bereits Besitz ergriffen. So kam es vor, dass im Gebet „Versprecher" eingebaut wurden: „Wir bekennen vor Dir, Herr, die „Sendung" unseres Volkes (statt Sünde). Da die Worte im Wesentlichen aber unwidersprochen blieben, deutet das darauf hin, dass sie offenbar auf vorbereiteten Boden trafen. Die Tat konnte ungehindert unter Christen sichtbar ausgeführt werden. Ja schlimmer noch: Viele der Täter gehörten einer der beiden christlichen Kirchen an. Wir sollten diesen Umstand bei der Erinnerung an den 9. November 1938 nicht vergessen.

Trotz der dann folgenden Gräueltaten – der 9. November 1938 war ja nur ein testender Anfang, denn die Nazis rechneten mit Protest der Bevölkerung – hat sich Antisemitismus bei uns unbegreiflicherweise bis heute in den Köpfen der Menschen gehalten und wird immer noch geduldet. Unbelehrbar begann der bis heute lebendige Antisemitismus nach dem Krieg mit der „Auschwitzlüge" und einer pseudowissenschaftlichen Geschichtsklitterung aus verdrängter Scham. Und ganz aktuell unternehmen nationalistisch gesinnte Leute erneut den Versuch, eine 180 Grad-Wende zu fordern, um die in aller Welt bewunderte deutsche Erinnerungskultur wieder auf den Stand der unmittelbaren Nachkriegszeit zu bringen, was einer totalen Verdrängung gleich käme und dort wieder anknüpft, als es hieß: „Die Juden sind selber schuld."

Im Grunde können die Juden machen was sie wollen, sie sind immer schuld am Judenhass. Offenbar hat Sartre recht: „Der Schlüssel zum Antisemitismus ist der Antisemit, nicht der Jude." Nicht nur das Christentum, auch die Muslime tragen durch ihren Fanatismus zum Konflikt mit den Juden bei. Christen wie Muslime neiden den Juden offenbar die Originalität ihrer Religion. Der Jude hat ihnen nicht nur Gott voraus, er kann sich auch überall in der Welt anpassen, integrieren und behaupten, ohne seine Identität, seinen Glauben und seine Kultur zu verlieren. Ein solches „Vorbild" muss vernichtet werden, um sich der eigenen Unzulänglichkeit nicht bewusst zu werden. Nach Sartre ist der Antisemit „ein Mensch, der Angst hat, Angst vor sich selbst, vor Veränderung, vor der Gesellschaft, vor der Welt. Antisemitismus ist die Furcht vor dem Menschsein!" Auch Luther hatte Ängste. Er glaubte wirklich, dass Juden ihm nach dem Leben trachteten.

Wir müssen aus der Geschichte lernen, auch die Kirchen. In zähem Ringen haben die Verantwortlichen der Evangelischen Kirche nach 1945 ihre antisemitische Verblendung und ihre Mitschuld an der Ausgrenzung und Vernichtung jüdischen Lebens bekannt. Die christlichen Kirchen sollen und müssen sich den Fehlern und der Schuld ihrer Vergangenheit stellen und jedem neu aufkeimenden Antisemitismus in ihren eigenen Reihen und in unserer Gesellschaft entschieden entgegentreten. Von den antisemitischen Äußerungen und Schriften Martin Luthers kann sich ein Christ heute nur distanzieren. Hier hat der Reformator eindeutig geirrt.

Unkritisch übernommen sind nämlich die Worte Luthers und die Aufforderungen zur Tat 1938 unangenehm ähnlich. Wenn wir die Dialektik, die eine Verbindung zwischen diesen fast fünfhundert Jahre auseinander liegenden beinahe gleichlautenden Texten herstellt, nicht durchschauen, dann bringt eine bewusst eingesetzte Propaganda, die die Unwissenheit über geschichtliche Ereignisse nutzt, den gewünschten Erfolg. Die Versuche, die Grenzen der Meinungsfreiheit mit Lügen und Geschichtsfälschungen mit der Macht des Wortes zu überschreiten, nehmen zu. Dem können wir nur mit den besseren Argumenten widerstehen, wenn wir die Absichten und Ursachen dafür ergründet haben. Unkenntnis macht anfällig für jedes ideologische und demagogische Wort. Wir müssen den Hass, der dahinter steckt, frühzeitig bekämpfen, denn Antisemitismus basiert nur auf Hass.

Nietzsche hat behauptet, dass der Glaube (an Gott, an die Schöpfung) und eine Religion miteinander unvereinbar sind, sie haben nichts miteinander zu tun. Eine Religion, die durchschaut ist (nämlich in ihrer Absicht), ist tot, meint er. Glaube an Gott ist Glaube an den Menschen, wer einen Menschen tötet, tötet Gott. Dennoch haben deutsche Christen Deutsche jüdischen Glaubens getötet. Eine Religion, die zum Töten aufruft, führt sich selbst ad absurdum. Im Namen Gottes zu töten heißt, einem absurden Wahn zu unterliegen. Einem Wahn, dem die Menschheit immer wieder zum Opfer fällt. Wir erleben das zur Zeit mit muslimischen Extremisten. Mit Recht empören wir uns darüber. Wir dürfen darüber eigenes Unrecht aber nicht vergessen und als Entschuldigung benutzen.

Aus heutiger Sicht ist es unfassbar, dass Christen jüdische Menschen getötet haben, und zwar so viele, dass Paul Celan in seiner Todesfuge dichtete: „Der Tod ist ein Meister aus Deutschland". Das fünfte Gebot lautet für Juden wie Christen gleich: „Du sollst nicht töten!"

Dennoch fanden in der mit deutscher Präzision laufenden Tötungsmaschine sechs Millionen Juden den Tod. Der jüdische Rabbi Jesus von Nazareth stimmt mit den jüdischen Gelehrten aller Zeiten darin überein, dass eines der wichtigsten Gebote lautet: „Du sollst deinen Nächsten lieben wie dich selbst." Trotzdem folgte die

Mehrzahl aller deutschen Christen nicht den Geboten, sondern den Worten nationalsozialistischer Prediger, die sie aufforderten zu hassen und zu töten.

Es werden zu viele Menschen durch Hassprediger zu bedingungslosem Gehorsam aufgehetzt und im Namen Gottes zum Töten angehalten. Hier liegt die Wurzel für den Unfrieden in der Welt. Nur hat diese Unterwerfung nichts mehr mit einem Glauben an Gott zu tun. Untersuchen wir den ursprünglichen Sinn des Wortes: Religion kommt vom lateinischen „relegere", das von Cicero stammt und in seiner „humanitas" im Sinne von „genau beobachten" vorkommt. Genaues Beobachten ist Erkennen. Auch schon ein Lutherwort. Andere deuten den Begriff vom lateinischen „religare" her, was „an sich binden, festbinden" meint. Man schließt sich der Gemeinschaft an und bleibt ihr stets verbunden. Auch beim Aufruf zum Töten?

Daher die Aufforderung, jedes Wort neu zu denken, auszusprechen, genau zu hören und zu verstehen, auch das Wort Gottes und das Wort Luthers sich jeden Tag neu in seiner Bedeutung bewusst zu machen und die gewonnene Erkenntnis auszusprechen. Worte ändern ihre Bedeutung, Sprache unterliegt einer Entwicklung. Unbedachte Wiederholung des Wortes kann zur ungewollten Wiederholung der Tat führen. Luther würde heute vermutlich andere Worte gebrauchen. Für mich ist seine Reformation ein Anfang zur Veränderung. Im Grunde müsste seine Reformation ein steter Prozess in den Kirchen sein. Der beklagte Bedeutungsverlust der Kirche ist auch in der unzureichenden Fähigkeit zur Veränderung zu sehen. Wenn Kirchenworte der Zeit angepasst würden, könnten sie ein Motor für die Gesellschaft sein. So bleibt die Reformation eine fünfhundertjährige Erinnerung.

Unsere eigene Geschichte lehrt uns: Wir müssen gegenüber den Worten der Mächtigen misstrauisch bleiben, um zwischen Gut und Böse unterscheiden zu können. Denn Wissen und Macht können nicht nur zum Guten gebraucht, sondern auch zum Bösen missbraucht werden. Wir müssen die Worte der Volksverhetzer überall, auch in der rechten Szene bei uns im Land, als falsch entlarven und mutig bekämpfen. Wir müssen die Vernunft zum Maßstab unserer Moral und Ethik machen. Eine humanistische Ethik, die den Wert eines jeden Menschen achtet, egal welcher Nation oder Religion er angehört.

Ich möchte mit den Worten des tschechischen Dichters und Politikers Vaclav Havel schließen, der in seiner bereits zitierten Rede über die Macht des Wortes folgendes ausführte: „Es ist nicht schwer zu belegen, dass alle Hauptbedrohungen, denen die Welt heute entgegentreten muss, irgendwo in ihrem Inneren eine gemeinsame Ursache verborgen halten: die unauffällige Wandlung des ursprünglich demütigen Wortes in ein hochmütiges.

Hochmütig begann der Mensch zu glauben, er als Höhepunkt und Herr der Schöpfung verstehe die Natur vollständig und könne mit ihr machen, was er wolle. Hochmütig begann er zu glauben, als Besitzer von Verstand sei er fähig, vollständig seine eigene Geschichte zu verstehen und seine Zukunft in die eignen Hände zu nehmen. In allen Fällen hat er schicksalhaft geirrt. Von all dem belehrt, sollten wir alle und gemeinsam gegen die hochmütigen Worte kämpfen und aufmerksam nach dem Kuckuckseiern des Hochmuts in scheinbar demütigen Worten forschen. Als Aufruf zur Verantwortung für das Wort und gegenüber dem Wort ist dies eine wesenhaft sittliche Aufgabe."

3. HUNDERT JAHRE SOZIALE REVOLUTION
Zum 9. November 1918

„Der Kaiser hat abgedankt." Das waren die Schlagzeilen in großer Aufmachung aller deutschen Zeitungen. Die Abdankung des Kaisers war nicht ganz freiwillig, aber jedermann wusste, dass der Krieg verloren war. Die Soldaten, vor allem Matrosen, meuterten. Im Grunde ging es um Verantwortlichkeiten. Niemand wollte der Bote schlechter Nachrichten sein. In der antiken Tragödie brachte es den Tod.
Die Parteivorsitzenden der SPD, Ebert und Scheidemann, machten Druck auf die Regierung unter Max von Baden. Ihre Forderungen:
– Aufhebung der Versammlungsverbote,
– äußerste Zurückhaltung von Polizei und Militär,
– Umgestaltung der preuß. Regierung im Sinne der Reichstagsmehrheit,
– mehr Einfluss der SPD auf die Politik der Regierung,
– Abdankung des Kaisers und Thronverzicht des Kronprinzen.
Die Forderungen wurden erfüllt. Damit übernahm die SPD auch die Verantwortung, was von den Gegnern der Sozialdemokraten schamlos ausgenutzt wurde. Es kam zu Gegendemonstrationen der Monarchisten und Nationalisten.
„Die Vergeltung", eine Ballade von Annette von Droste-Hülshoff, zeichnet das Schicksal Friedrich Eberts aufs genaueste nach. Am 9. November 1918 wurde Friedrich Ebert (SPD) zum Reichskanzler ernannt. Was erzählt die Ballade? Jemand hat bei einem Schiffbruch einen Mitpassagier ermordet, indem er ihn von der rettenden Planke gestoßen hat. Zufällig hat sich ihm dabei das Fabrikationszeichen der Planke eingeprägt: „Batavia 510". Der Mord wird nie ruchbar. Aber als der Mörder landet, wird er irrtümlich für einen lang gesuchten Seeräuber gehalten, unschuldig zum Tode verurteilt und zur Hinrichtung geführt, überführt durch das Holz, das er am Galgen mit der Aufschrift: „Batavia 510" wiederentdeckt.
Auf genau dieselbe umwegige, aber präzise Art traf Ebert die Vergeltung für das, was er mit der Revolution von 1918 gemacht hatte. Er wurde zu Tode gehetzt mit einer Lüge, mit dem Vorwurf eines Verrats, den er nie begangen hatte. Aber dieser Vorwurf hatte ihn nie treffen können, wenn er nicht einen anderen Verrat tatsächlich

begangen hätte. Er hatte nicht die siegreiche Front, wohl aber die siegreiche Revolution von hinten erdolcht. Und zwar denen zuliebe, die nunmehr ihn von hinten erdolchten – mit der Dolchstoßlüge. Oberflächlich gesehen geschah Ebert bitteres Unrecht, genauer betrachtet geschah ihm recht. Er wurde verraten, wie er verraten hatte; und er konnte nur verraten werden, weil er verraten hatte.

Ludendorff hatte am 29. September 1918 seine Niederlage auf die Sozialdemokraten abgeladen, um sie später als die Schuldigen hinstellen zu können. Die Revolution kam ihnen zu Hilfe; sie setzte dazu an, die Falle, die er ihnen gestellt hatte und in der sie ahnungslos saßen, zu zerschlagen. Sie aber verrieten die Revolution – und die Falle schnappte zu. Das ist in drei Sätzen die ganze Geschichte. Ihre Überschrift könnte auch heißen: „Verdiente Strafe".

Kurt Tucholsky Sozialdemokratischer Parteitag (1921)

Wir saßen einst im Zuchthaus und in Ketten,
wir opferten, um die Partei zu retten,
Geld, Freiheit, Stellung und Bequemlichkeit.
Wir waren die Gefahr der Eisenwerke,
wir hatten Glut im Herzen – unsere Stärke
war unsre Sehnsucht, rein und erdenweit.
Uns haßten Kaiser, Landrat und die Richter:
Idee wird Macht – da fühlte das Gelichter ...
Long long ago –
Das ist nun heute alles nicht mehr so.

Wir sehn blasiert auf den Ideennebel.
Wir husten auf den alten, starken Bebel –
Wir schmunzeln, wenn die Jugend revoltiert.
Und während man in hundert Konvertikeln
mit Lohnsatz uns bekämpft und Leitartikeln,
sind wir realpolitisch orientiert.
Ein Klassenkampf ist gut für Bolschewisten.
Einst pfiffen wir auf die Ministerlisten ...
Long long ago –
Das ist nun heute alles nicht mehr so.

Uns imponieren schrecklich die enormen
Zigarren, Autos und die Umgangsformen –
Man ist ja schließlich doch kein Bolschewist.

Wir geben uns auch ohne jede Freite.
Und unser Scheidemann hat keine Seite,
nah der er nicht schon umgefallen ist.
Herr Weismann grinst, und alle Englein lachen.
Wir sehen nicht, was sie da mit uns machen,
nicht die Gefahren all …
Skatbrüder sind wir, die den Marx gelesen.
Wir sind noch nie so weit entfernt gewesen,
von jener Bahn, die uns geführt Lassall'!

Zunächst sah es nach einem Erfolg der Revolution aus. Was geschah wirklich vor einhundert Jahren? So wie Kriege mit einer Lüge beginnen, so werden auch historische Vorgänge bewusst gefälscht. Wohl über kein Ereignis ist so viel gelogen worden wie über die deutsche Revolution von 1918. Insbesondere drei Legenden haben sich als zählebig bis zur Unausrottbarkeit erwiesen. In aller gebotenen Kürze:
Die erste ist besonders beim deutschen Bürgertum auch heute noch weit verbreitet. Sie besteht ganz einfach in der Leugnung der Revolution. Eine wirkliche Revolution, so kann man immer wieder hören, hat in Deutschland gar nicht stattgefunden, und wird es in Deutschland nie geben. Es sei ein Zusammenbruch gewesen. So wird der 9. November 1989 als „Wende" bezeichnet und politisch vereinnahmt. Anders als 1945, als es wirklich einen totalen Zusammenbruch gab, werden die Erhebungen eines Teiles der Bevölkerung als Revolution überhaupt nicht wahrgenommen, stets als etwas Undeutsches hingestellt. Auf diese Weise werden die Revolutionen in Deutschland, die wirklich stattgefunden haben: der Bauernaufstand von 1524, die Märzrevolution von 1848, die Novemberrevolution von 1918 und letztlich die von 1989, schlichtweg geleugnet.
Was will eine Revolution? Den Sturz einer herrschenden Klasse und die Umgestaltung des Staates! Dies geschah am 9. November 1989 ebenso wie am 9. November 1918: die alte Ordnung stürzte und an ihre Stelle wurden die Anfänge einer neuen gesetzt. Und beide Revolutionen verliefen unblutig. 1918 war die Revolution nicht nur zerstörerisch, sie war auch schöpferisch. Ihre Schöpfung waren die Arbeiter- und Soldatenräte, das Zusammenstehen von Soldaten und Arbeitern, ihre Selbstdisziplin, Gutmütigkeit und Menschlichkeit, das spontane Werk führerloser Massen, ihre Bereitschaft, gemeinsam die Beendigung einer unhaltbaren, unerträglichen Situation herbei zu führen: 1918 die eines längst verlorenen Krieges, 1989 die eines abgewirtschafteten Staates.
In beiden Fällen hat die politische Führung es versäumt, mit den Aufständischen die Zukunft gemeinsam zu gestalten. Ich wundere mich bis heute, dass die Konservativen in unserem Lande sich überrascht zeigen, wenn die betroffenen Bürger damals wie

heute den Eindruck gewinnen mussten, dass die Politik sich gegen sie richtet. Eine Haltung wie diese „Wir machen alles außer mit Kommunisten!" grenzt genau die aus, die die Revolution gemacht haben. Die Verzweiflung der Menschen war 1918 größer als 1989, aber arrogante Ignoranz ihrer erfolgreichen Revolution gegenüber muss auch sie enttäuschen:

Erich Mühsam REBELLENLIED (1918)

Sie hatten uns mit Zwang und Lügen
in ihre Stöcke eingeschraubt.
Sie hatten gnädig uns erlaubt,
in ihrem Joch ihr Land zu pflügen.
Sie saßen da in Prunk und Pracht
mit vollgestopftem Magen
und zwangen uns, für ihre Macht
einander totzuschlagen.
Doch wir, noch stolz auf unsere Fesseln,
verbeugten uns vor ihren Sesseln.

Sie kochten ihre Larvenschminke
aus unserm Blut und unserm Schweiß.
Sie traten uns vor Bauch und Steiß,
und wir gehorchten ihrem Winke.
Sie fühlten sich unendlich wohl,
sie schreckte kein Gewitter.
Jedoch ihr Postament war hohl,
ihr Kronenschmuck war Flitter.
Wir haben nur die Faust erhoben,
da ist der ganze Spuk zerstoben.

Es rasseln zwanzig Fürstenkronen.
Die erste Arbeit ist geschafft
Doch, Kameraden, nicht erschlafft,
soll unser Werk die Mühe lohnen!
Noch füllen wir den Pfeffersack,
auf ihr Geheiß, den Reichen;
noch drückt das Unternehmerpack
den Sporn uns in die Weichen
Noch darf die Welt uns Sklaven heißen –

noch gibt es Ketten zu zerreißen.
Vier Jahre hat die Welt der Knechte
ihr Blut verspritzt fürs Kapital.
Jetzt steht sie auf, zum erstenmal
für eigne Freiheit, eigne Rechte
Germane, Römer, Jud und Russ
– in einem Bund zusammen
der Völker brüderlicher Kuss
löscht alle Kriegesflammen.
Jetzt gilt's die Freiheit aufzustellen. –
Die rote Fahne hoch, Rebellen!

Im Sommer 1918 war den Generälen Hindenburg und Ludendorff klar, dass der Krieg verloren ist. Sie trauten sich nicht, dem Kaiser, der – ähnlich wie Hitler Jahre später – noch immer vom Endsieg träumte, diese Nachricht vorzutragen. Sie brauchten jemanden, dem man diese unangenehme Tatsache in die Schuhe schieben konnte, um sie später dafür verantwortlich machen zu können. Es war Ludendorff selbst, der von einem Tag auf den anderen die Regierung wechselte und die Verfassung gleich noch dazu. Er verordnete dem Land die parlamentarische Demokratie und brachte die SPD in die Regierung und ans Ziel ihrer Wünsche. Er ging dabei bis zur eigenen Selbstverleugnung, aber er drückte dieser Regierung die Niederlage sozusagen in die Hand. Dies geschah am 29. September 1918.

Obwohl die Sozialdemokraten seit fünfzig Jahren eine Revolution proklamierten, kam sie ihnen nun völlig ungelegen. Friedrich Ebert, der als Reichskanzler eingesetzt wurde, war am Erhalt der Monarchie, zumindest an einer demokratischen Monarchie, mehr interessiert als an einer Republik moderner Prägung. Als aus der Meuterei der Matrosen eine Massenbewegung wurde, weil sich Arbeiter und die Soldaten anderer Einheiten mit ihnen verbrüderten, geriet Ebert in Panik.

Kurt Tucholsky AN EINEN BONZEN (1923)

Einmal waren wir beide gleich.
Beide: Proleten im deutschen Kaiserreich.
Beide in derselben Luft,
beide in gleicher verschwitzter Kluft;
dieselbe Werkstatt – derselbe Lohn –
derselbe Meister – dieselbe Fron –
beide dasselbe elende Küchenloch …
Genosse, erinnerst du dich noch?

Aber du, Genosse, warst flinker als ich.
Dich drehen – das konntest du meisterlich
Wir mußten leiden, ohne zu klagen,
aber du – du konntest es sagen.
Kanntest die Bücher und die Broschüren,
wußtest besser die Feder zu führen.
Treue um Treue – wir glaubten dir doch!
Genosse, erinnerst du dich noch?

Heute ist das alles vergangen.
Man kann nur durchs Vorzimmer zu dir gelangen.
Du rauchst nach Tisch die dicken Zigarren,
du lachst über Straßenhetzer und Narren.
Weißt nichts mehr von alten Kameraden,
wirst aber überall eingeladen.
Du zuckst die Achseln beim Hennessy
und vertrittst die deutsche Sozialdemokratie.
Du hast mit der Welt deinen Friueden gemacht.
Hörst du nicht manchmal in dunkler Nacht
eine leise Stimme, die mahnend spricht:
Genosse, schämst du dich nicht –?"

Nachdem die meuternden Matrosen von den Arbeitern aus den Gefängnissen befreit waren, soldatischer Ungehorsam gegenüber der militärischen und politischen Führung um sich griff und eine deutschlandweite Massenbewegung sich erhob, bekämpfte Ebert die Revolution. Er vergaß, dass bei einer Revolution nicht immer alles glatt und ordentlich vor sich geht, dass sie im Augenblick der Schwäche der alten Ordnung ausbricht, und dass man sie lenken, sich die Ziele zu eigen machen und sich an die Spitze der Bewegung setzen muss. Stattdessen verrieten die Sozialdemokraten die Revolution und schlugen sie brutal und später leider auch blutig nieder. Es besteht keinerlei Zweifel, dass es die SPD-Führung war, die gegen die Revolution ihrer eigenen Anhänger vorging. Gustav Noske („Einer muss der Bluthund sein!") machte mit Ludendorff und den Militärs im Auftrag Eberts gemeinsame Sache und verhinderte die große Chance einer wirklich radikalen politischen Veränderung. Ludendorff „dankte" es der SPD mit der Dolchstoßlegende, dass es die Sozialdemokraten und Kommunisten gewesen seien, die durch ihre Beschlüsse die Militärs um den Sieg gebracht hätten. Die Folgen sind bekannt. Mit Hilfe dieser Lüge gelang es Ludendorff, die ungeliebte Weimarer Republik systematisch zu schwächen und die SPD zu spalten.

Erich Mühsam RÄTE-MARSEILLAISE (1919)

Wie lange, Völker, wollt ihr säumen?
Der Tag steigt auf, es sinkt die Nacht.
Wollt ewig ihr von Freiheit träumen,
da schon die Freiheit selbst erwacht?
Vernehmt die Rufe aus dem Osten!
Vereinigt euch zu Kampf und Tat!
Die Stunde der Befreiung naht!
Lasst nicht den Stahl des Willens rosten!
        Refrain: Auf, Völker, in den Kampf! Zeigt euch der Brüder wert!
                Die Freiheit ist das Feldgeschrei, die Räte sind das Schwert!

Der Reiche bangt um seine Renten.
Er kauft der Wähler große Zahl,
und das Geschwätz in Parlamenten
beschützt sein heiliges Kapital.
Verlorne Mühe, auszujäten,
was fruchtbar aus dem Boden schießt!
Schweig, Reicher, still! Das Volk beschließt,
das freie Volk in seinen Räten!

Auf, Arbeitsmann, Soldat und Bauer!
Schafft Räte aus den eignen Reihn!
Und stoßt damit die morsche Mauer
jahrhundertalter Knechtschaft ein!
Längst steht der Russe auf dem Walle.
Ihm folgt der tapfre Magyar.
Wie lange säumst du, Proletar?
Wie lange säumt ihr Völker alle?

Es gilt den letzten Hieb zu führen.
Zu brechen gilt's den Herrscherwahn.
Lasst uns die Glut des Kampfes schüren.
Dem Sozialismus freie Bahn!
Was einst der Lehrer uns verkündet:
In Trümmer sinkt die alte Welt.
Auf ihrer Räte Recht gestellt,
so stehn die Völker frei verbündet!

Die zweite Legende ist die Behauptung, dass die deutsche Revolution eigentlich eine bolschewistische, ein russischer Importartikel, gewesen sei, und dass die SPD Deutschland vor dem bolschewistischen Chaos bewahrt und gerettet habe. Diese Legende haben die Sozialdemokraten erfunden, um ihr eigenes Versagen zu vertuschen. Die Kommunisten stützen indirekt diese These, weil sie gerne das ganze Verdienst an der Revolution für sich in Anspruch nehmen wollen. Sie belügen sich selbst damit, weil sie den Spartakusbund, den Vorgänger der KPD, als Urheber sehen. Das lässt sich nicht beweisen, denn die zahlenmäßig und organisatorisch ganz unzulänglichen Spartakisten waren dazu gar nicht in der Lage. Die Revolution machten Millionen sozialdemokratisch wählende Arbeiter und Soldaten, die von ihrer Partei seit fünfzig Jahren darauf vorbereitet wurden. Und es war ein eindeutig deutsches Eigengewächs, denn die Revolutionäre propagierten nicht die Diktatur des Proletariats, sondern die proletarische Demokratie. Wenn man so will, wiederum eine Parallele zu 1989: mehr Demokratie für die Arbeiterklasse, weniger Staatsdirigismus. Auch der ganze Aufstand, die Methode der Revolution, war kein Abbild der Oktoberrevolution in Russland. Es ging den Aufständischen nicht um die Beteiligung an der Wirtschaftsmacht, sondern an der Staatsmacht, wie es Ferdinand Lassalle, nicht Karl Marx, gefordert hatte, also ureigene Ziele der Sozialdemokraten.

> Erich Mühsam DER REVOLUZZER (1918)
> (Der deutschen Sozialdemokratie gewidmet)
>
> War einmal ein Revoluzzer,
> im Zivilstand Lampenputzer
> ging im Revoluzzerschritt
> mit den Revoluzzern mit.
>
> Und er schrie: „Ich revolüzze!"
> Und die Revoluzzermütze
> schob er auf das linke Ohr,
> kam sich höchst gefährlich vor.
>
> Doch die Revoluzzer schritten
> mitten in der Straßen Mitten,
> wo er sonsten unverdrutzt
> alle Gaslaternen putzt.
>
> Sie vom Boden zu entfernen,
> rupfte man die Gaslaternen

aus dem Straßenpflaster aus,
zwecks des Barrikadenbaus.

Aber unser Revoluzzer
schrie: „Ich bin der Lampenputzer
dieses guten Leuchtelichts.
Bitte, bitte, tut ihm nichts!

Wenn wir ihn' das Licht ausdrehen,
kann kein Bürger nichts mehr sehen.
Lasst die Lampen stehn, ich bitt! –
Denn sonst spiel ich nicht mehr mit!"

Doch die Revoluzzer lachten,
und die Gaslaternen krachten,
und der Lampenputzer schlich
fort und weinte bitterlich.

Dann ist er zu Haus geblieben
und hat dort ein Buch geschrieben
nämlich, wie man revoluzzt
und dabei doch Lampen putzt.

Um so tragischer, dass die sozialdemokratischen Führer dies nicht erkannt haben. Sie benutzten, nachdem sie sich von der Revolution die Staatsgewalt hatten übertragen lassen, diese Gewalt, um ihre eigene, endlich Wirklichkeit gewordene Revolution zu zerschlagen. Sie richteten, was der Kaiser vergeblich mit seinem Heer versucht hatte, die Kanonen und Maschinengewehre auf ihre eigenen Anhänger. Und Ebert ging sogar noch einen Schritt weiter. Als die Räte und Revolutionsführer sich enttäuscht von ihm abwandten, zögerte er nicht, die Feinde der bürgerlichen Demokratie, die extremsten Anhänger der Gegenrevolution, die Vorläufer des Faschismus, zu bewaffnen und gegen seine arglosen Anhänger zu mobilisieren. 1918, auf dem Höhepunkt politischer Macht, hat sich die SPD selbst zerstört und ihre eigene Revolution niedergeworfen.
Es lässt sich anhand der Wahlergebnisse sehr gut nachweisen, dass die SPD geführte Regierung von Jahr zu Jahr schwächer wurde. Im Januar 1919 hatte sie bei den Wahlen zur Nationalversammlung noch zwölfeinhalb Millionen Stimmen bekommen, im März 1920, nach dem sogenannten Kapp-Putsch, hatte sie nur noch fünfeinhalb Millionen. Einerseits verlor sie ihre Anhänger, die sich mit Recht verraten fühlten,

und andererseits wehrte sie sich nicht gegen die stete Zusammenrottung rechtsnationaler Kräfte um Hindenburg und Ludendorff. Als Adolf Hitler seine Bewegung zu einer politischen Partei machte und ihr den geschickt gewählten Namen „Nationalsozialistische deutsche Arbeiter Partei" gab – die Attribute treffen den Nerv der Zeit – verbündeten sich die Monarchisten und Nationalisten. Die rechte Gegenbewegung hielt sich bereits 1923 für so mächtig, dass Hitler den Staatsstreich am 9. November wagte.

Erich Mühsam MIGNON (1925)

Kennst du das Land, wo die Faschisten blühn,
im dunklen Laub die Diebslaternen glühn,
der Moderduft von hundert Leichen weht,
die Freiheit still und hoch der Duce steht?
Kennst du es wohl? – – – Dahin! Dahin
möcht ich mit dir, mein *Adolf Hitler* ziehn!

Kennst du das Haus? Auf Wahlen ruht sein Dach.
Die röm'sche Kammer ist's und drinnen Krach.
Drei Kommunisten sehn mich blutend an:
Was hat man uns, du armes Kind, getan?
Kennst du es wohl? – – – Dahin! Dahin
möcht ich mit dir, o *Knüppel-Kunze* ziehn!

Kennst du des Mussolini Wolkensteg?
Der Maulheld sucht mit Knebeln seinen Weg.
Er würgt die Presse, plagt das Volk aufs Blut
und bebt, dass keiner *ihm* ein Leides tut.
Kennst du ihn wohl? – – – Dahin! Dahin
geht Deutschlands Weg! O *Feme*, lass uns ziehn!

Die Konsequenz aus der Ebertschen Politik führte zur dritten Legende, der Dolchstoßlegende. Es handelt sich um die Behauptung, dass die sozialdemokratische Revolution die deutsche Niederlage verschuldet und „die siegreiche Front von hinten erdolcht" habe. Sie wurde, so wie Ebert und Noske mit der Niederwerfung der Revolution fertig geworden waren, von den Heerführern Hindenburg und Ludendorff öffentlich aufgestellt. Die Herren wollten sich weder mit der Niederlage noch mit der Revolution beschmutzen. Sie wollten auch nicht mit der Abdankung des Kaisers irgendetwas zu tun haben. Diese Version wurde vom deutschen Bürgertum ein Vierteljahrhundert geglaubt. Und, ich füge hinzu, ihnen wurde deshalb auch nie die Verantwortung für den aufkommenden Faschismus angelastet, obwohl beide maßgeblich daran mitgewirkt haben.

Die Dolchstoßlegende ist selber ein Dolchstoß, in den Rücken der SPD. Ludendorff hat ihnen seine Niederlage angehängt und seine Rettung anvertraut („Sie sollen die Suppe jetzt essen."). Ebert hat sich auf die Lüge eingelassen („Kein Feind hat euch überwunden.") und dem deutschen Bürgertum den Leichnam der Revolution apportierend zu Füßen gelegt. Er wurde nach dem „Lohn" in Form der Dolchstoßlegende in den folgenden Jahren mit dem vollkommen unbegründeten, aber unablässig wiederholten und gerichtlich sanktionierten Vorwurf des Landesverrats buchstäblich zu Tode gehetzt.

Man könnte Mitleid mit ihm haben, wenn in der Geschichte nicht eine raffinierte Gerechtigkeit läge, wie sie in dem anfangs vorgetragenen Gedicht der Annette von Droste-Hülshoff zum Ausdruck kommt.

Erich Mühsam Das neue Deutschland (1919)

Sich empfehlend den Genossen / für die nächste Reichstagswahl,
saßen viele deutsche Sozi / jüngst bei Sklarz im Speisesaal.

Grinsend rief der dicke Ebert / von dem Präsidentensitz:
„An mein Volk! Du hältst die Schnauze!" / und gleich schrie man: „Bravo, Fritz!"

Scheidemann, der mit der Glatze, / sprach in überlegnem Ton:
„Ich erwürg zwar nicht die Feinde, / doch die Revolution!"

Erhard Auer sprach aus München: / „Ich bin meines Siegs gewiss.
Mir bestätigt Lindners Kugel, / dass ich Bayerns Volk beschiss."

Aber plötzlich ward es stille. / Noske ballte seine Faust,
und es rollten seine Augen, / dass es den Genossen graust',

und er rief: „Euch lobt der Bürger, / denn ihr meint's ja alle gut,
aber hier, seht meine Hände: / Jeder Finger trieft von Blut.

Ruhe, Sicherheit und Ordnung / tun dem Kapitale not.
Fünfzehntausend Proletarier / schlugen meine Garden tot."

Stürmisch schrien „Prosit Noske!" / Ebert, Parvus Scheidemann.
Bauer, David, Landsberg, Heine / stießen mit dem Sektglas an.

„Heil dir, Justav, Held und Sieger, / dir verneigen wir uns stumm.
Wir betrügen unser Volk nur, / aber du, du bringst es um!"

Die zweite Legende über den jeweiligen Anteil an der Revolution hat Nachwirkungen bis heute. Die Vorbehalte der Sozialdemokraten gegenüber den Kommunisten gehen darauf zurück. Die Spaltungen in USPD und dann KPD, die Zwangsvereinigung zur SED, die von achtzig Prozent der Sozialdemokraten abgelehnt wurde, und der Anspruch auf die „bessere" Vertretung der Arbeiterschaft sind bis heute nicht überwunden. Die Ermordung von Karl Liebknecht und Rosa Luxemburg am 15. Januar 1919 hat eigentlich mit den politischen Ereignissen des 9. November 1918 so gut wie gar nichts zu tun, sie sind allenfalls als eine erste Reaktion der militanten Gegenrevolution zu verstehen. Erstens waren beide den Protestierern nahezu unbekannt, zweitens traten beide handelnd gar nicht in Aktion.
Liebknecht war gewiss einer der mutigsten Männer, die Deutschland je hervorgebracht hat, aber ein großer Politiker war er nicht. Man kannte ihn als den unbedeutenden Sohn des SPD-Parteigründers Wilhelm Liebknecht. Das Buch, das er gegen den Militarismus geschrieben hatte, brachte ihm anderthalb Jahre Festungshaft ein. Danach erst stellte die Partei ihn zur Wahl, so saß er seit 1908 im Preußischen Landtag, ab 1912 im Reichstag. Rosa Luxemburg schrieb über ihn: „Karl ist kaum zu fassen, weil er wie eine Wolke in der Luft herumkutschiert." Man sagte über ihn, er sei ein „hitziger, eigensinniger Rechtsanwalt mit einem guten Herzen und einem Hang zum Dramatischen".
Rosa Luxemburg dagegen war seit der Jahrhundertwende in Deutschland eine politische Figur ersten Ranges. Dreifache Außenseiterin als Frau, als Jüdin und als halbe Ausländerin (sie war in Russisch-Polen geboren und nur durch eine Scheinheirat Deutsche geworden); außerdem ein Bürgerschreck und sogar ein Sozialdemokratenschreck wegen der Radikalität ihrer Ansichten; dazu ein Intellekt von höchster Schärfe und Feinheit, vielfältig Begabte bis fast zum Genialen, glänzende Stilistin, mitreißende Rednerin, Vollblutpolitikerin und zugleich eine originelle, warmherzige, faszinierende Frau.
Der bislang unbekannte Hinterbänkler Karl Liebknecht überholte im Kriege die große Rosa Luxemburg und wurde zur Weltfigur durch 2 Akte ungeheuerlichen moralischen Mutes: Am 2. Dezember 1914 stimmte er im Reichstag als Einziger gegen die Bewilligung einer zweiten Kriegsanleihe, und am 1. Mai 1916 begann er eine Ansprache auf einer Maidemonstration auf dem Potsdamer Platz in Berlin mit den Worten: „Nieder mit dem Krieg! Nieder mit der Regierung!" Weiter kam er

nicht. Er wurde von der Polizei überwältigt und verschwand für zweieinhalb Jahre im Zuchthaus. Man kann das Mutige nur ermessen, wenn man sich in die damalige Stimmung der Zeit versetzt. Als er am 23. Oktober 1918 wieder frei kam, war er weit über Deutschland hinaus bekannt und die Verkörperung der Revolution und des Protestes gegen den Krieg. Rosa Luxemburg kam erst am 9. November 1918 aus dem Gefängnis. Schon aus diesem Grunde waren beide gar nicht in der Lage, an der Revolution aktiv mitzuwirken.

Erich Mühsam POTEMKIN (1926)

Klio, die Muse der Geschichte,
nahm einen Blaustift in die Hand
und färbte damit die Berichte,
die ihr die Wahrheit eingesandt:
    Aus des Volkes Lehranstalten
    muss man, was die Herrscher sündigten,
    ehrerbietig den entmündigten
    Untertanen ferne halten!
Als Klio in Pension ging, erbte
der Muse Blaustift die Zensur,
worauf die Wahrheit sich verfärbte
und still in die Versenkung fuhr.
    Doch in Deutschland ward es helle.
    Die Zensur floh voll Erbitterung,
    übt jetzt nur Geschichten-Klitterung
    noch als Kino-Prüfungsstelle.
Es lief der Wahrheit wuchtiger Schatten
im Film „*Potemkin*" längere Zeit
Als alle ihn besichtigt hatten,
gefährdet' er die Sicherheit.
    Schont die Nerven der Millionen!
    Wasser gießt in die Historie!
    Bliemchen kocht man aus Zichorie;
    Schädlich wirken Kaffeebohnen!
Und sieh, Prometheus greift zur Schere
und schneidet Wut und Strumgebraus
gehorsam aus dem Film heraus
so rettend der Matrosen Ehre.

Fürst Potemkin, wie wir wissen,
zeigte schon vor zwei Jahrhunderten
seiner Herrin, der verwunderten,
Statt der Dörfer nur Kulissen.

Beide, Luxemburg und Liebknecht, hatten jetzt noch gut zwei Monate zu leben, und man weiß sehr genau, was sie in dieser Zeit der Revolution taten. Sie gründeten und redigierten „Die Rote Fahne", schrieben täglich ihre Leitartikel und nahmen an den Sitzungen und Versammlungen der Revolutionären Obleute und der Berliner USPD teil, ziemlich erfolglos. Sie gründeten die KPD und entwarfen das Parteiprogramm, ebenfalls leider nicht mit dem gewünschten Erfolg. Sie arbeiteten beide wie Besessene bis zum Rand ihrer Kräfte, aber sie bewirkten eigentlich nichts. Sie lehnten das Gewaltsame der russischen Revolution ab und plädierten für Agitation und Aufklärung. Ihr Wirken lässt sich erst aus späterer Sicht bewerten, ihre Aufklärung war allerdings eine herausragende journalistische Leistung. Niemand hat die Wirklichkeit der deutschen Revolution und die Gründe ihres Scheiterns, nämlich die Unaufrichtigkeit der SPD, die Zerfahrenheit der USPD, die Konzeptionslosigkeit der Revolutionären Obleute, vom ersten Augenblick an so hellsichtig und so rückhaltlos öffentlich analysiert wie Rosa Luxemburg Tag für Tag in der „Roten Fahne". Damit zog sie den Hass auf sich, der zu ihrer Ermordung führte.
Franz Xaver Kofler aus Südtirol hat eine Munti-Polka komponiert, die auf einen makaberen Text zu singen ist:

Es schwimmt eine Leiche im Donaukanal.
Lang, lang ist's her,
drum stinkt sie auch so sehr.
Sie ist schon ganz glitschig, sie ist schon ganz schwer,
reicht sie her! Ich bitte sehr.

Die Nazis haben daraus ein widerliches Spottlied auf Rosa Luxemburgs Tod gemacht; die menschenverachtende Haltung war damals schon Programm.

Es schwimmt eine Leiche im Landwehrkanal.
Reich sie mir mal her,
aber knutsch sie nicht so sehr.

Hauptmann Waldemar Pabst hatte sich 1919 an der Ermordung Liebknechts und Luxemburgs beteiligt und im Kapp-Putsch 1920 als Gründer der reaktionären sogenannten Nationalen Vereinigung betätigt. Der spätere Abwehrchef Hitlers, Wilhelm

Canaris, war als Beisitzer an dem milden Urteil gegen Pabsts Mordkomplizen Kurt Vogel beteiligt.

Erich Mühsam DER PABST LEBT HERRLICH AUF DER WELT (1929)

Du weißt nicht mehr, wem du es gabst.
Du weißt nur, wer das Geld *bekam*,
o Republik! – Der Hauptmann *Pabst*
war's, der es gerne von dir nahm.

Es zieht im schönen Land Tirol
die Heimwehr auf, wie Anno Kapp,
auf dass dich bald der Teufel hol,
o Republik! – Und du, berapp!

Der deutsche Steuerzahler flucht,
und *Pabst* sackt seine Groschen ein.
Die Republik – sie untersucht.
Doch keiner will's gewesen sein.

Die Republik – sie ist so gut.
Sie grollt selbst ihren Feinden nie.
Wer als Faschist ihr Böses tut,
den streichelt sanft und füttert sie.

Der Steuerzahler zieht den Strick
des Hungers fester um den Bauch.
Den *Pabst* ernährt die Republik
und den *Canaris-Vogel* auch.

Ob *Hitlers* Geld aus Frankreich floss?
Pabst ist ein bessrer Patriot.
Er neppt als treuer Volksgenoss
das eigne Volk – und schlägt es tot.

Neben den bereits angedeuteten Parallelen zur Revolution von 1989 gibt es noch eine weitere interessante Parallele. Obwohl vierzig Jahre lang die deutsche Wiedervereinigung gepredigt wurde, war die Politik nicht vorbereitet, als die ostdeutsche Bevölkerung diese tatsächlich herbeigeführt hat. Sie reagierte hilflos, zögerlich und

unentschlossen. So wie Günter Schabowski die „sofortige" Öffnung der Mauer ver-
kündete, die noch gar nicht beschlossene Sache war, so verlas 1918 Max von Baden
die Abdankung des Kaisers, obwohl sie von ihm selbst noch gar nicht vollzogen war.
Und genau so eigenmächtig wie Schabowski damit das Ende der DDR einläutete, ver-
kündete Scheidemann eigenmächtig die Republik. In beiden Fällen überrannten die
Ereignisse einfach die Entscheidungsträger, und in beiden Fällen blieb der Regierung
nichts anderes übrig, als die verlautbarten Maßnahmen auszuführen. Dies ist auch
der Grund dafür, dass sowohl der 9. November 1918 als auch der 9. November 1989
unblutig und gewaltfrei verlaufen sind.

Erich Mühsam HERZLICHEN GLÜCKWUNSCH (9. November 1925)

Leser, kannst du dich erinnern?
Heute sind es sieben Jahr,
dass den deutschen Kriegsgewinnern
bänglich ums Gemüte war.
Das deutsche Volk erwachte.
Das Maß war voll; es krachte.
Die roten Fahnen flatterten,
die Freudensalven knatterten –
und Wilhelm türmte sachte.

Ja, Geburtstag hat sie heute,
unsre teure Republik,
als worin sich stolz erneute
Deutschlands Geist und Politik.
Die alten Staatsbetreuer
verschwanden blass vom Steuer.
In Mauselöchern staken sie,
und vor dem Volk erschraken sie
als wie vor Pest und Feuer.

Alle waren sie verschwunden.
Doch indem die Zeit verrann,
hat sich wieder eingefunden
tropfenweise Mann für Mann.
Die Junker und Magnaten
nebst Wilhelms Diplomaten,
die Generäle ebenso

sind wieder da und leben so
wie sie auch vorher taten.

Wieder schleppt das Volk die Lasten,
und der Junker hebt den Zoll.
Wer die Arbeit tut, darf fasten –
und die Kittchen berstend voll.
Der „Retter" mit dem Degen
mag unsre Rechte pflegen.
Dann ruhn sie gut und liegen fest.
Stoßt an zum siebten Wiegenfest:
Na prost! Viel Glück und Segen!

Viele Künstler standen auf Seiten der Revolution und stellten ihre Kunst in den Dienst der politischen Veränderung. Der wichtigste und aktivste war Erich Mühsam, den ich nicht zufällig so oft zitiere. Noch einmal:

Erich Mühsam, aus ALLE WETTER (1931)

Sei dankbar, Volk, den Edlen, die dich leiten,
der Obrigkeit, die stets dein Heil bedenkt.
Willst du dir selber dein Geschick bereiten,
bald wär die Karre in den Sumpf gelenkt.
Was weißt denn du, was für dein Wohlsein nötig ist?
Das Volk gehorche, weil es blägenkrötig ist.
Der höheren Einsicht füge dich beizeiten,
und frag nicht lang, warum der Staat dich henkt.

Vertraue, Volk, den Bonzen der Parteien,
geborgen ist dein Glück in ihrem Schoß.
Wenn du sie wählst, wolln alle dich befreien,
wenn sie gewählt sind, melken sie doch bloß.
Stell dir doch vor, wenn niemand dich regieren soll,
wovon dein Bonze dann noch existieren soll?
Der ganze Landtag müsst vor Hunger schreien,
selbst die Abortfrau wäre arbeitslos.

Sie haben nichts im Kopf als Paragraphen.
Die Bonzen sind, oh Volk, die Jungs im Skat,

verhängen Steuern über dich und Strafen –
Und wenn du aufmuckst, dann ists Hochverrat.
Sie merken nie, wenn alles auf der Kippe steht.
Sie sehen nicht, was alles aus Protest entsteht.
Doch du, oh Volk, du kannst geruhsam schlafen:
Die Bonzen wachen ja, es wacht der Staat.

Was aber ist aus dem Kaiser und seiner Familie geworden? Die Zarenfamilie in St. Petersburg wurde brutal umgebracht. Unser Kaiser durfte friedlich emigrieren. Er floh mit seiner Familie ins Haus Doorn in der Provinz Utrecht in den Niederlanden, nahm seinen ganzen Besitz und Hausrat aus dem Berliner Schloss mit, renovierte das Haus Doorn, bis es seinen Ansprüchen entsprach und lebte dort ungestört bis zu seinem Tode. Sie fragen sicher: Wovon? Auch Kurt Tucholsky ärgerte sich 1925 über die Abfindung, die die Weimarer Regierung dem Kaiser im Exil gewährte:

Kurt Tucholsky. 400 000 Invaliden und 1 Gesunder (1925)

Dein eines Bein ist in Flandern,
das andre mit dir in Berlin:
du kannst aber mit dem andern
nicht die Bettelwege ziehn.
Du hast keine Prothese.

Deine Lungen sind dir zerschossen,
du brauchst eine Kur,
auf Inseln, meerumflossen,
und sei es auf Monate nur
Du hast aber kein Geld.

Du tastest dich tappend weiter,
Blinder. Du lachst nie mehr, und
du ersehnst so einen Begleiter –
du hast nur deinen Hund.
Mit dem sprichst du.

Eure Gesundheit, Kuren, Prothesen
frißt einer für sich allein.
Er ist euer Kaiser gewesen
und (von hinten) die Wacht am Rhein.

Hört ihr die Zahl, Verdammte?
Sechshunderttausend im Jahr
zahlen kaisertreue Beamte
dem Feigling mit Kaiseraar!

Er führt sein altes Leben,
er ist der alte Fex
von teuern Nullen umgeben:
Imperator Rex.

Er kann sich Pelze kaufen,
sein Vermögen steigt hoch, hoch, hoch!
Ist einer von euch entlaufen,
der sitzt im Zuchthausloch.

Ihr und eure Frauen,
elender Abfall vom Krieg –
Bedankt euch bei dieser flauen
bei dieser Republik.

4. Das Lied der Freiheit
Zum 9. November 1848

Von den Ereignissen, die an einem 9. November in Deutschland stattfanden, ist die Erschießung des Vorkämpfers für Freiheit und Demokratie, Norbert Blum, am 9. November 1848 das unbekannteste. Und dennoch ist es ein wichtiges Datum, das für das vorläufige Ende eines monatelangen Freiheitskampfes steht. Man kennt das Jahr als das Jahr der Märzrevolution, aber der Freiheitskampf in Europa begann bereits mit der französischen Revolution 1789 und setzte sich verstärkt dann wieder fort, nachdem Metternich auf dem Wiener Kongress 1815 zunächst die alte Ordnung der Obrigkeitsstaaten wieder herstellte und alle Bestrebungen nach Freiheit und Demokratie vorerst erstickte. Poeten rüttelten die politisch denkende Bevölkerung auf, der Widerstand formierte sich neu und gipfelte in einer zweiten Revolution 1848. Führende Dichter dieser Zeit waren Georg Herwegh, Ferdinand Freiligrath und Hoffmann von Fallersleben. Letzterer hat mir mit seinem Gedicht den Titel dieses Vortrages geliefert.

Das Lied der Freiheit

Es lebe, was auf Erden
nach Freiheit strebt und wirbt
von Freiheit singt und saget,
für Freiheit lebt und stirbt.

Die Welt mit ihren Freuden
ist ohne Freiheit nichts.
Die Freiheit ist die Quelle
der Tugend und des Lichts.

Es kann, was lebt und webet,
in Freiheit nur gedeihn.
Das Ebenbild des Schöpfers
kann nur der Freie sein.

Frei will ich sein und singen
so wie der Vogel lebt,
der auf Palast und Kerker
sein Frühlingslied erhebt.

Die Freiheit ist mein Leben
und bleibt es immerfort,
mein Sehnen, mein Gedanke,
mein Traum, mein Lied und Wort.

Fluch sing ich allen Zwingherrn,
Fluch aller Dienstbarkeit!
Die Freiheit ist mein Leben
und bleibt es alle Zeit.

Es waren die Wortmächtigen, die sich den alten Herrschaftsstrukturen widersetzten und die Unterdrückungsmechanismen der Herrschenden anprangerten. Je wortgewaltiger die Poesie, desto mächtiger ihr Einfluss auf die Menschen. Je größer die Unterdrückung durch Zensur und Gesetze, desto stärker der Erfindungsgeist, mit Literatur im Untergrund zu wirken. Die markantesten Beispiele dafür sind die BRIEFE AUS FRANKREICH von Heinrich Heine und Ludwig Börne und der HESSISCHE LANDBOTE „Friede den Hütten, Krieg den Palästen" von Georg Büchner. Aber auch die aufrüttelnden Verse eines Georg Herwegh aus dem Schweizer Exil, die als die ersten sozialistischen Gedichte der deutschen Literatur gelten. Von Herwegh vorab das frühe Gedicht:

WIEGENLIED

Deutschland – auf weichem Pfühle
mach dir den Kopf nicht schwer
im irdischen Gewühle!
Schlafe, was willst du mehr?

Lass jede Freiheit dir rauben,
setze dich nicht zur Wehr,
du behältst ja den christlichen Glauben
Schlafe, was willst du mehr?

Und ob man dir alles verböte,
doch gräme dich nicht zu sehr,
du hast ja Schiller und Goethe.
Schlafe, was willst du mehr?

Es fechten dreihundert *Blätter*
im Schatten, ein Sparterheer;
Und täglich erfährst du das Wetter.
Schlafe, was willst du mehr?

Dein König beschützt die Kameele
und macht sie pensionär.
Dreihundert Taler die Seele.
Schlafe, was willst du mehr?

Kein Kind läuft ohne Höschen
am Rhein, dem freien, umher
Mein Deutschland, mein Dornröschen,
schlafe, was willst du mehr?

Was war geschehen? Was ging voraus? Das 19. Jahrhundert war geprägt von politischen Umwälzungen. An Stelle vieler Kleinstaaten ging die Entwicklung hin zur Bildung von Nationalstaaten mit entsprechend politischem Gewicht. Mit den politischen Umwälzungen veränderten sich die staatlichen Regierungsstrukturen, es bildeten sich nationale Parlamente. Die Industrialisierung machte soziale Reformen notwendig, die gesellschaftlichen Lebensbedingungen änderten sich radikal. Überall in Europa wurden Forderungen nach mehr Freiheit und Demokratie lauter und konkreter. Eine große Volksversammlung in Mannheim am 27. Februar 1848 verabschiedete folgende Petition:

- Pressefreiheit
- Aufhebung der Zensur
- Ende des Parteienverbotes
- Volksbewaffnung
- Demokratisierung der Justiz
- Errichtung eines deutschen Nationalparlamentes.

Der Unwille gegen das Metternichsche System der Restauration mit der allgegenwärtigen, bürokratischen Staatsgewalt, mit Zensur und Parteienverbot, der Unterdrückung freier Meinungsäußerung und jeglicher Form von politischer Aktion nahm überhand. Hinzu kamen die Unruhen und Unsicherheiten beim Übergang von der alten in die moderne Gesellschaft, die Bedrohung des Handwerks durch die Industrie, die Hungerkrise und die Ausbeutung der Arbeiterschaft. Das liberale Bürgertum, das zunächst im sogenannten Vormärz zur gesellschaftlich führenden Kraft aufgestiegen war, litt unter der Bevormundung des wieder erstarkten Adels. Es forderte Teilhabe am politischen Prozess, der abgelebte Deutsche Bund aus 37 souveränen Fürsten und vier freien Städten, der nur als Unterdrückungsapparat wahrgenommen wurde und die bestehenden alten Verhältnisse zementierte, stand der gewünschten freiheitlichen Neuordnung von Staat und Volk im Wege. Zum ersten Male kam der Ruf nach nationaler Einheit auf. Liberale und nationale Bestrebungen traten zu Tage, besonders bei den 1815 gegründeten deutschen Burschenschaften. Sie richteten das Hambacher Fest aus und machten es sich zur Pflicht, „durch Wort und Schrift ihre Ansichten zu verbreiten, politische Klubs gemeinsam mit Bürgern und Pressvereinen zu gründen, Waffen anzuschaffen und sich darin zu üben." 1832 beschloss der Burschentag, dass „der Weg der Revolution als der einzige für jetzt dazu verfolgt werden müsse." August Heinrich Hoffmann von Fallersleben (1787–1862) schrieb dazu das

AUSWANDERUNGSLIED

Unsere Fürsten hatten viel versprochen.
Doch das Halten schien nicht ihre Pflicht.
Haben wir denn nun so viel verbrochen,
dass sie hielten ihr Versprechen nicht?

76

Schlimmer wird es jetzt von Tag zu Tage.
Schweigen ist nur unser einzig Recht.
Untertanen ziemet keine Klage,
und gehorchen muss dem Herrn der Knecht.

Unsre Brüder werden ausgewiesen.
Mehr als alles Recht gilt Polizei.
Heute trifft es jenen, morgen diesen,
jeder, jede Deutsch' ist vogelfrei.

Deutsche Freiheit lebet nur im Liede
Deutsches Recht, es ist ein Märchen nur.
Deutschlands Wohlfahrt ist ein langer Friede
– voll von lauter Willkür und Zensur.

Darum ziehn wir aus dem Vaterlande.
Kehren nun und nimmermehr zurück.
Suchen Freiheit uns am fremdem Strande
Freiheit ist nur Leben, ist nur Glück.

Erste Erfolge werden sichtbar. In Wien kommt es zu einer Art „proletarischer Revolution": Leihhäuser, Steuerämter, Fabriken werden gestürmt, Läden geplündert. Das Volk verlangt lautstark den Abzug des Militärs und den Rücktritt des Fürsten Metternich. Unter dem Druck der Straße gibt Metternich auf und tritt tatsächlich zurück. Er flieht bei Nacht und Nebel nach England. Das Militär wird zurückgezogen, an deren Stelle formiert sich eine bürgerliche Nationalgarde und eine aus Studenten bestehende „Akademische Legion". Mit einem sog. „Sicherheitsausschuss" wird eine Art Nebenregierung installiert und die Regierung selbst demokratisiert.
In Preußen sind die Verhältnisse ähnlich. Seit dem 7. März versammeln sich immer wieder große Menschenmengen im Tiergarten. Am 13. März kommt es erstmals zu Zusammenstößen zwischen dem Militär und Demonstranten, zu Barrikadenbau und Straßenkämpfen und schließlich zu ersten Todesopfern. Unter dem Eindruck des Sturzes von Metternich in Wien entschließt sich der König zu einer Verständigung mit den Demonstranten. Er verspricht Verfassungsreformen und die Aufhebung der Zensur. Neben dem Jubel ertönen einzelne Rufe nach Abzug der Soldaten, da lösen sich ungezielte Schüsse, das Volk fühlt sich verraten, die Kämpfe beginnen von neuem. Die ganze Berliner Bevölkerung gerät in Aufruhr, Hunderte von Barrikaden werden errichtet, am 18. März kommt es zu erbitterten Häuser- und Straßenkämpfen mit mehr als 230 Toten. Unter dem Druck der Ereig-

nisse schwenkt der König um und erklärt in einem Aufruf an die Berliner alles als ein Irrtum. Am 21. März bekennt sich Friedrich Wilhelm zur deutschen Einheit, zur Freiheit und zur Verfassung.

Innerhalb kürzester Zeit kam es zu einem Zusammenbruch der alten Ordnung. Die März-Revolution des Volkes hatte die bisherigen Autoritäten erschüttert, ihr wichtigstes Ergebnis war die schnelle und vollständige Kapitulation der alten Gewalten, und dass die neu eingesetzten Regierungen die liberalen Forderungen umzusetzen begannen. Am 31. März, bis zum 3. April 1848, versammelten sich im schwarz-rot-gold geschmückten Frankfurt 511 Abgeordnete des Vorparlaments, um die Wahlen zu einem Nationalparlament vorzubereiten. Am 18. Mai konstituierte sich das erste frei gewählte deutsche Parlament in der Frankfurter Paulskirche mit 830 Abgeordneten, es gab keinen regionalen Proporz und alle politischen Parteien waren zugelassen, die das Mehrheitsprinzip von vorneherein anerkannten. Es wurde eine handlungsfähige Exekutive geschaffen und ein Ausschuss, der die künftige Verfassung des Reiches und die Staatsform ausarbeiten sollte. Die Paulskirche wollte einen föderativen, konstitutionellen Bundesstaat mit starker Reichsgewalt, eine Machtverteilung zwischen Staatsoberhaupt, Regierung und Parlament. Die Frage der Staatsspitze war eng mit der Frage der Staatsgrenzen verbunden, es existierten die zwei Großmächte Preußen und Österreich. Aber Österreich umfasste Gebiete, die weit über die Grenzen des Deutschen Bundes hinaus reichten. Man einigte sich auf die großdeutsche Lösung, um eine Teilung Gesamtösterreichs zu vermeiden. Hoffmann von Fallersleben feierte den Parlamentsbeschluss mit dem Lied der Deutschen, das später zur deutschen Nationalhymne erkoren wurde. Um den historischen Zusammenhang herstellen zu können, müssen diesmal alle drei Strophen des Liedes vorgetragen werden, um die Grenzziehungen des damaligen Parlamentsbeschlusses verstehen zu können. Dass heute nur noch die dritte Strophe gesungen werden darf, ist eine andere Geschichte.

Das Lied der Deutschen

Deutschland, Deutschland über alles,
über alles in der Welt.
Wenn es stets zu Schutz und Trutze
brüderlich zusammenhält.
Von der Maas bis an die Memel,
von der Etsch bis an den Belt.
Deutschland, Deutschland über alles,
über alles in der Welt.

Deutsche Frauen, deutsche Treue,
deutscher Wein und deutscher Sang
sollen in der Welt behalten
ihren alten schönen Klang
Uns zu edler Tat begeistern
unser ganzes Leben lang.
Deutsche Frauen, deutsche Treue,
deutscher Wein und deutscher Sang.

Einigkeit und Recht und Freiheit
für das deutsche Vaterland!
Danach lasst uns alle streben
brüderlich mit Herz und Hand.
Einigkeit und Recht und Freiheit
sind des Glückes Unterpfand.
Blüh' im Glanze dieses Glückes,
blühe, deutsches Vaterland.

Freiheit und Einheit waren die beiden zentralen Losungsworte der Revolution. Wie und auf welchem Wege man die beiden Ziele erreichen konnte, darüber gingen die Meinungen auseinander. Alle Gruppierungen einte dieses Ziel, über das Wie wurde im Parlament heftig debattiert. Es gab Liberale, Demokraten, Konservative und innerhalb dieser Gruppen noch einmal verschiedene politische Richtungen: „Die Rechte" = gemäßigte Konservative mit föderalistischer und kirchlicher Orientierung, das „rechte Zentrum" = konstitutionelle Liberale, die für die konstitutionelle Monarchie eintraten, das „linke Zentrum" = Vertreter individueller Rechte, die die Souveränität des Parlaments betonten, „gemäßigte Demokraten" = Republikaner, die für Volkssouveränität und die wirkliche Parlamentsherrschaft stimmten, ihr Anführer war Robert Blum, und schließlich noch die „radikalen Demokraten", die jede Vereinbarungsstrategie ablehnten und die Revolution mit Waffengewalt durchsetzen wollten. Die Gruppen schlossen sich zu Fraktionen zusammen, um Mehrheitsbeschlüsse herbeiführen zu können, an die sich alle hielten.
Während die Paulskirche tagte, war die Gegenrevolution in Österreich bereits wieder auf dem Vormarsch. Allen war klar, das Schicksal der Revolution entscheidet sich in Wien. Kurzer Rückblick auf das Wien 33 Jahre zuvor, als zum ersten Mal der Versuch unternommen wurde, das Rad der Geschichte rückwärts zu drehen. Der österreichische Kaiser Franz Joseph I. lud zum Wiener Kongress, der vom 18. September 1814 bis zum 9. Juni 1815 stattfand und nach der Niederlage Napoleon Bonapartes in den Koalitionskriegen Europa neu ordnete. Nachdem sich die

politische Landkarte des Kontinents im Gefolge der Franz. Revolution erheblich
verändert hatte, legte der Kongress wiederum zahlreiche Grenzen neu fest und schuf
neue Staaten. Unter der Leitung des österr. Außenministers Fürst von Metternich
berieten politisch bevollmächtigte Vertreter aus rund zweihundert europäischen
Staaten, Herrschaften, Körperschaften und Städten, darunter alle bedeutenden
Mächte Europas mit Ausnahme des Osmanischen Reiches. Hauptakteure waren
Russland, Großbritannien, Österreich und Preußen. Aber Metternich bestimmte
die Richtung und setzte die Restauration durch, d. h. die Wiederherstellung des
politischen Zustandes von 1792.

Obwohl Metternich gestürzt war, gewannen reaktionäre Kräfte in Wien erneut die
Oberhand. Die Paulskirche wollte Solidarität üben und entsandte den Abgeordne-
ten Robert Blum als Abgesandten der Fraktion der gemäßigten Demokraten nach
Wien. Als Republikaner schien er der geeignetste Mann dafür zu sein, Solidarität
mit den Aufständischen zu zeigen. Als er in Wien ankam, war die Stadt in Hän-
den der Aufständischen. Nach tagelangen, erbitterten Gefechten wurde Wien von
den Truppen des österreichischen Generals Windischgrätz eingenommen, mehr als
zweitausend Revolutionäre verloren ihr Leben. 25 Aufständische wurden hingerich-
tet, unter ihnen Robert Blum. Unter Missachtung seiner Abgeordnetenimmunität
wurde er am 9. November 1848 auf der Brigittenau standrechtlich erschossen. Von
ihm werden die berühmt gewordenen letzten Worte kolportiert: „Ich sterbe für die
Freiheit. Möge das Vaterland meiner eingedenk sein."

Warum messen wir dem Tod von Robert Blum so eine Bedeutung bei? Der Sieg der
Gegenrevolution in Österreich war zugleich Höhe- und Wendepunkt der März-
Revolution auch in Deutschland. Die Gegenrevolution war nicht mehr aufzuhalten,
und der zweite Versuch Freiheitsrechte zu erkämpfen war wiederum gescheitert.
Während die Nationalversammlung in Frankfurt immer noch über die Fragen der
zukünftigen Staatsgrenzen diskutierte – der österreichische Ministerpräsident Fürst
zu Schwarzenberg für die großösterreichische Lösung plädierte, die deutschen Abge-
ordneten für die großdeutsche, weil die österreichische Lösung die Aufnahme vieler
Millionen Nicht-Deutscher bedeutet hätte –, formierten sich die Gegenkräfte.

Am 27. März 1849 wurde die Verfassung von der Frankfurter Nationalversamm-
lung in der Paulskirche verabschiedet. Sie enthielt die großdeutsche Variante und
unterstützte das Erbkaisertum, fiel aber trotzdem wesentlich demokratischer aus
als nach den Kräfteverhältnissen, die bereits herrschten, zu erwarten gewesen wäre.
Dementsprechend war die Reaktion der Gegenseite. Am 28. März wurde Friedrich
Wilhelm von Preußen von der Paulskirche zum deutschen Kaiser gewählt, und
am 3. April wurde ihm in Berlin die Kaiserkrone angetragen und die Verfassung
vorgelegt, um seine Zustimmung zu erbitten. Die verklausulierte Antwort des
Königs lautete, er behalte sich vor, „das freie Einverständnis der gekrönten Häupter,

der Fürsten und freien Städte einzuholen, um zu beraten, ob die Verfassung dem Einzelnen wie dem Ganzen fromme." De facto war dies eine Ablehnung.

Die Parlamentarier haben die Antwort auch in diesem Sinne interpretiert. Was sie nicht wussten: wie weit die Monarchisten schon entschlossen waren, dem Spuk der Demokratisierung ein Ende zu bereiten. In einem vertraulichen Brief hatte Friedrich Wilhelm geschrieben: „Sie haben mir nichts zu bieten. Diese Krone ist aus Lehm und Dreck und kein Diadem von Gottes Gnaden. Sie ist ein Hundehalsband, mit dem man mich an die Revolution ketten will. Ich mache das mit meines Gleichen ab, die Wahrheit zum Abschied: Gegen Demokraten helfen nur Soldaten". Dazu noch einmal Ferdinand Freiligrath (1810–1876):

ABSCHIEDSWORT DER NEUEN RHEINISCHEN ZEITUNG (vom 19. Mai 1849)

1 Kein offener Hieb in offner Schlacht –
 Es fallen die Nücken und Tücken,
 es fällt mich die schleichende Niedertracht
 der schmutzigen West-Kalmücken!
 Aus dem Dunkel flog der tötende Schaft,
 aus dem Hinterhalt fielen die Streiche –
 Und so lieg ich nun da in meiner Kraft,
 eine stolze Rebellenleiche!

2 Auf der Lippe den Trotz und den zuckenden Hohn,
 in der Hand den blitzenden Degen.
 Noch im Sterben rufend: „Die Rebellion!" –
 So bin ich mit Ehren erlegen.
 Oh gern wohl bestreuten mein Grab mit Salz
 der Preuße zusamt dem Zare –
 Doch es schicken die Ungarn, es schickt die Pfalz
 drei Salven mir über die Bahre!

3 Und der arme Mann im zerrissnen Gewand,
 er wirft auf mein Haupt die Schollen!
 Er wirft sie hinab mit fleißiger Hand,
 mit der harten, der schwielenvollen.
 Einen Kranz auch bringt er aus Blumen und Mai'n,
 zu ruhn auf meinen Wunden,
 den haben sein Weib und sein Töchterlein
 nach der Arbeit für mich gewunden.

4 Nun ade, nun ade, du kämpfende Welt,
  nun ade, ihr ringenden Heere!
  Nun ade, du pulvergeschwärztes Feld,
  nun ade, ihr Schwerter und Speere!
  Nun ade – doch nicht für immer ade!
  Denn sie töten den Geist nicht, ihr Brüder!
  Bald richt' ich mich rasselnd in die Höh',
  bald kehr' ich reisiger wieder!

5 Wenn die letzte Krone wie Glas zerbricht,
  in des Kampfes Wettern und Flammen,
  wenn das Volk sein letztes „Schuldig!" spricht,
  dann stehn wir wieder zusammen!
  Mit dem Wort, mit dem Schwert, an der Donau, am Rhein –
  eine allzeit treue Gesellin
  wird dem Throne zerschmetternden Volke sein
  die Geächtete, die Rebellin!

Von Ferdinand Freiligrath stammt übrigens der bis heute verwendete Aufruf: „Wir sind das Volk!" Damals hat es nichts genützt.

Mit der Weigerung des preußischen Königs Friedrich Wilhelm IV., die Kaiserkrone anzunehmen, war die Frankfurter Nationalversammlung gescheitert. Preußen erklärte am 14. Mai die Mandate seiner Abgeordneten für erloschen, viele Österreicher hatten das Parlament bereits verlassen, übrig blieb ein Rumpfparlament ohne Entscheidungsbefugnis. Am 18. Juni wurde es vom Militär aufgelöst, die Paulskirche wurde von der Welle der Gegenrevolution überrollt. Aufstände in Sachsen und der Pfalz wurden von preußischen Truppen niedergeschlagen. Auf der Offenburger Landesversammlung der demokratischen Vereine am 13. Mai 1849 mit immerhin mehr als 40.000 Teilnehmern wurde noch einmal die demokratische Republik gefordert und Wahlen abgehalten. Aber es währte nicht lange, der Großherzog forderte preußische Truppen an, die den Aufstand bekämpften. Angesichts der zahlenmäßigen Überlegenheit der preußischen Truppen war der Kampf von vornherein aussichtslos, am 23. Juli kapitulierten die letzten sechstausend Kämpfer in der Festung Rastatt. Die Gegenrevolution reagierte nun mit unverhältnismäßiger Härte. Preußische Stand- und Kriegsgerichte sprachen mehr als eintausend Verurteilungen aus. In der Festung Rastatt wurde jeder Zehnte erschossen, 80.000 Badener wanderten aus. Die drakonischen Strafmaßnahmen, Standgerichte, Todesstrafen, Hochverratsprozesse und Zuchthausstrafen töteten jeden Widerstand und erstickten ohnmächtige Wut. Die Revolution war auf ganzer Linie gescheitert, eine Demokratisierung auf längere Zeit gestorben.

DER SCHLIMMSTE FEIND – Georg Herwegh (1817–1875)

Das Volk, das seine Bäume wieder
die in den Himmel wachsen sieht
und auf der Erde platt und bieder
am Knechtschaftskarren zieht.

Das Volk, das auf die Weisheit dessen
vertraut, der Ross und Reiter hält
und mit Ergebenheitsadressen
frisch, fromm und fröhlich rückt ins Feld.

Dies Volk, das einst aus Caesars Schüssel
und Becher sich so gern erfrischt
und sich, wie Mommsen, seinen Rüssel
an Caesars Tischtuch abgewischt.

Dies Volk, das gegen Blut und Eisen
jungfräulich schüchtern sich geziert,
um schließlich den Erfolg zu preisen,
womit man Straßburg bombardiert.

Dies Volk, das im gemeinen Kitzel
der Macht das neue Heil erblickt
und als „Erzieher" seine Spitzel
den Unterjochten ‚Brüdern' schickt.

Die Alten, Lieben, Wohlbekannten
von anno Sechsundsechzig her,
Schafott- und Bundesbeil-Votanten,
sie schüfen Deutschland? – Nimmermehr!

Sie werden mit verschmutzten Händen
entreißen euch des Sieges Frucht;
Sie werden euren Lorbeer schänden,
dass euch die ganze Welt verflucht!

Frankreichs gekrönter Possenreißer
wird nach Paris zurückgebracht;

Euch holt man einen Heldenkaiser
aus mittelalterlicher Nacht.

Das Blut von Wörth, das Blut von Spichern,
von Mars-Latour und Gravelotte,
Einheit und Freiheit sollt' es sichern
Einheit und Freiheit? – Großer Gott!

Ein Amboss unter einen Hammer
geeinigt wird Alt-Deutschland stehn;
dem Rausche folgt ein Katzenjammer,
dass euch die Augen übergehn.

Mit patriotischem Ergötzen
habt ihr Victoria geknallt.
Der Rest ist Schweigen oder Lötzen,
Kriegsidiotentum, Gewalt.

Es wird die Fuchtel mit der Knute
die heilige Allianz erneu'n.
Europa kann am Übermute
siegreichen Junker sich erfreun.

Gleich Kindern lasst ihr euch betrügen,
bis ihr zu spät erkennt, o weh! –
Die Wacht am Rhein wird nicht genügen,
der schlimmste Feind steht an der Spree.

Auf die gescheiterte Revolution von 1848/49 folgte eines der dunkelsten Kapitel der deutschen Geschichte des 19. Jahrhunderts, die Ära der Reaktion. „Das Unrecht hat jede Scham verloren!", hieß es nun. Die Revolution wurde gezielt nahezu vollständig verdrängt aus dem Bewusstsein der Deutschen, es begann ein Jahrzehnt entfesselter Polizeistaatlichkeit. Parallel dazu betrieb die preußische Politik ihrerseits eine Strategie der Reichseinigung, sozusagen von oben, kontrolliert geordnet, die in der Reichsgründung von 1871 mündete, die Bismarcksche Reichsgründung mit „Eisen und Blut".

ALLES MIT HOHER OBRIGKEITLICHER ERLAUBNIS
Ein Gassenhauer von Hoffmann von Fallersleben

Wer hindert uns in unseren Zwecken und Entwürfen
– *dideldum, dideldum, dideldum* – und unseren Ideen?
Mit hoher obrigkeitlicher Erlaubnis dürfen
– *dideldum, dideldum, dideldum* – wir immer vorwärts gehn.
Die Obrigkeit will, wie's auch sei,
ja ja, den Fortschritt nur
zum Fortschritt treibt die Polizei
und mahnet die Zensur.

Wer wird in freier Red' uns je beschränken wollen?
– *dideldum, dideldum, dideldum* – Wer wäre wohl so schlecht?
Mit hoher obrigkeitlicher Erlaubnis sollen
– *dideldum, dideldum, dideldum* – wir tadeln, was nicht recht.
Die Obrigkeit, die nimmt es nicht,
ja ja, so akkurat
wer wohlgemeinten Tadel spricht,
wird oft geheimer Rat.

Wer wollte nicht im Kölner Domausbaue hauen
– *dideldum, dideldum, dideldum* – ein Einigungssympton?
Mit hoher obrigkeitlicher Erlaubnis bauen
– *dideldum, dideldum, dideldum* – wir den Einheitsdom.
Die Obrigkeit hat's Beste doch
ja ja, das Best' im Sinn,
wie kämen wir auch anders noch
zur deutschen Einheit hin.

Wer wehrt den Deutschen in Walhalla einzugehen
– *dideldum, dideldum, dideldum* – unsterblich hier zu sein?
Mit hoher obrigkeitlicher Erlaubnis stehen
– *dideldum, dideldum, dideldum* – Deutschlands Verdienst' in Stein.
Die Obrigkeit lässt uns charmant
ja ja, den Lorbeer schaun,
mach dich verdient um's Vaterland,
so wirst du – ausgehaun!

Mit der Reichsgründung einher ging die industrielle Revolution und damit die Ausbeutung der Arbeiterschaft. Viel zu lange Arbeitszeiten, dafür Hungerlöhne, Kinderarbeit, Armut und Not, und keinerlei politische Rechte, das kennzeichnete diese Zeit. Das blieb natürlich nicht folgenlos und führte ebenfalls zu großen Protestdemonstrationen. Der Ursprung der deutschen Arbeiterbewegung wird in die 1830er Jahre datiert wegen der ersten Organisationsgründungen. Zunächst schlossen sich ein paar Arbeiterführer den demokratischen Bewegungen des Bürgertums und der Bildungsvereine an und verbanden ihre Ideen mit deren Forderungen. Der Höhepunkt der bürgerlichen Opposition in der Restaurationszeit war das Hambacher Fest, das vom 27. Mai bis 1. Juni 1832 auf dem Hambacher Schloss an der Weinstraße stattfand. Die Forderungen: Nationale Einheit, Freiheit und Volkssouveränität. Dazu ein Gedicht von Georg Herwegh:

DER FREIHEIT EINE GASSE

Vorm Feinde stand in Reih' und Glied
das Volk um seine Fahnen.
Da rief Herr Struthahn Winkelried:
„Ich will den Weg euch bahnen!
Dir, Gott, befehl' ich Weib und Kind,
die ich auf Erden lasse."
Und also sprengt er pfeilgeschwind
der Freiheit eine Gasse.

Das war ein Ritter noch mit Fug,
der wie ein heiß Gewitter
die Knechte vor sich niederschlug.
O wär ich solch ein Ritter,
auf stolzem Ross von schnellem Huf,
in schimmerndem Kürasse,
zu sterben mit dem Donnerruf:
Der Freiheit eine Gasse!

Doch zittert nicht, ich bin allein,
allein mit meinem Grimme.
Wie könnt' ich euch gefährlich sein
mit meiner schwachen Stimme?
Dem Herrscher bildet sein Spalier,
Wie sonst, des Volkes Masse,

und niemand, niemand ruft mit mir:
Der Freiheit eine Gasse!

Ihr Deutschen ebnet Berg und Tal
für eure Feuerwagen.
Man sieht auf Straßen ohne Zahl
euch durch die Länder jagen.
Auch dieser Dampf ist Opferdampf
Glaubt nicht, dass ich ihn hasse
Doch bahnet erst in Streit und Kampf
der Freiheit eine Gasse

Wenn alle Welt den Mut verlor,
die Fehde zu beginnen,
tritt du, mein Volk, den Völkern vor,
lass du dein Herzblut rinnen.
Gib uns den Mann, der das Panier
der neuen Zeit erfasse.
und durch Europa brechen wir
der Freiheit eine Gasse.

Philosophen, Intellektuelle, Schriftsteller und auch Politiker nahmen sich der Probleme der Arbeiter an. Adam Smith und Friedrich Engels in England, Max Weber und Karl Marx in Deutschland waren die denkenden Vorreiter. Das Jahr 1848 ist noch aus einem zweiten Grund bedeutsam: Karl Marx hatte das „Kommunistische Manifest" verfasst, das am 21. Februar 1848 in London erschien. Warum in London? Karl Marx war wie viele Intellektuelle ein Opfer der Karlsbader Beschlüsse. Unter der Leitung des Fürsten Metternich fand vom 6. bis 31. August 1819 eine Ministerialkonferenz in Karlsbad statt, das Resultat waren die Karlsbader Beschlüsse, die tief in die Rechte der Einzelstaaten des Deutschen Bundes eingriffen. Sie beinhalteten ein Pressgesetz mit dem Verbot öffentlicher schriftlicher Meinungsfreiheit, ein Universitätsgesetz zur Überwachung der Universitäten und einem Berufsverbot für national und liberal gesinnte Professoren, ein Untersuchungsgesetz und eine Exekutionsordnung. Die Beschlüsse traten am 20. September 1819 in Kraft. Aufgrund seiner oppositionellen Haltung wurde Karl Marx an einer Universitätslaufbahn gehindert. Er ging nach England.

Hoffmann von Fallersleben, von dem die berühmten bis heute gültigen Verse „Der größte Lump im ganzen Land, das ist und bleibt der Denunziant" stammen, schrieb ein Spottgedicht:

BEICHTE EINES HOFLAKAIEN

Herr Pfarr', noch eines tut mich quälen
und quälet mich in einem fort;
doch nein – ich kann's euch nicht erzählen,
zwar ist es nur ein einzig Wort.

Ich ging in eine Schenke neulich,
da hört ich – nein, ich sag es nicht,
es klingt so gräulich, so abscheulich,
wenn man das Wort nur leise spricht.

Von einem König so zu sprechen!
wie man es unverhohlen tat:
Das ist ein Majestätsverbrechen,
fürwahr, das ist ein Hochverrat.

Ich wollt', ich wäre nie geboren,
dann hätt' ich nie gehört das Wort.
Ich bring es gar nicht aus den Ohren,
es klingt noch schrecklicher als Mord.

Es bringt mir große Qual und Schmerzen
und macht das Leben mir verhasst,
ich trag es jetzt in meinem Herzen,
ich trag's als eigene Sündenlast.

Herr Pfarr', ich kann es euch nicht sagen,
es ist ein gar zu groß Vergehen.
ich will es Gott im Himmel klagen
und täglich ihn um Gnade flehen. –

„Was war es denn, was du vernommen?
Sag's! Groß ist Gottes Gnad' und Huld.
Nie kannst du in den Himmel kommen,
wenn du nicht beichtest deine Schuld."

Wie müsst' ich an den Ort doch kommen,
o Gott, wie kam ich doch dahin!

Ich wollt', ich hätt' es nie vernommen,
o wäre rein mein Herz und Sinn.

So höret denn mein groß Verbrechen –
ich sag es nur mit Weh und Ach:
Herr Pfarr', ich hörte jemand sprechen
Dem König Schach! Dem – König – Schach!

Noch ein drittes Ereignis macht das Jahr 1848 wichtig: Es entstanden die ersten Gewerkschaften, auch wenn sie so noch nicht hießen. Die Buchdrucker und die Zigarrenarbeiter organisierten sich in Berufsverbänden, 1873 gab es schon den ersten Tarifvertrag, den die Buchdrucker ausgehandelt hatten. Im Zuge der zunehmenden Industrialisierung entwickelte sich in den 1860er Jahren eine Gesamtorganisation nur der Arbeiterschaft mit sozialistischen Zügen. 1863 gründete Ferdinand Lasalle den ADAV (Allg. Deutsche Arbeiter-Verbrüderung), im Jahr 1869 folgte die von Wilhelm Liebknecht und August Bebel gegründete SDA (Sozialdemokratische Arbeiterpartei), aus der die SPD hervorging, 1875 zunächst in SAP (Sozialistische Arbeiterpartei) umbenannt, erhielt sie 1890 ihren heutigen Namen Sozialdemokratische Partei Deutschlands. Alle diese Organisationen waren der Obrigkeit ein Dorn im Auge, sie versuchte mit allen Mitteln, diese Gegenbewegung klein zu halten. Schließlich setzte Bismarck am 22. Oktober 1878 das Sozialistengesetz in Kraft. Das „Gesetz gegen die gemeingefährlichen Bestrebungen der Sozialdemokratie", wie es offiziell hieß, verbot alle sozialdemokratischen und sozialistischen Parteien, Vereine, Verbände usw. in dreißig Paragraphen.
Das Verbot blieb ziemlich wirkungslos, bis es nach der Entlassung Bismarcks 1890 wieder aufgehoben wurde. Ein Erstarken der organisierten Arbeiterschaft durch ihre Organisationen war nicht aufzuhalten, Anfang des 20. Jahrhunderts kamen dann auch die ersten Angestellten-Gewerkschaften dazu. Alle zusammen stellten einen Machtfaktor dar, an dem die Politik nicht mehr vorbei kam.
Während Hoffmann von Fallersleben das Lied der Deutschen schrieb, so war es Georg Herwegh, der die „Hymne" der Arbeiterschaft schuf:

BUNDESLIED FÜR DEN ALLGEMEINEN DEUTSCHEN ARBEITERVEREIN

Bet' und arbeit'! ruft die Welt.
Bete kurz! Denn Zeit ist Geld.
An die Türe pocht die Not –
Bete kurz! Denn Zeit ist Brot.

Und du ackerst und du säst,
und du nietest und du nähst,
und du hämmerst und du spinnst
Sag, o Volk, was du gewinnst!

Wirkst am Webstuhl Tag und Nacht,
schürfst im Erz- und Kohlenschacht,
füllst des Überflusses Horn,
füllst es hoch mit Wein und Korn.

Doch wo ist *dein* Mahl bereit?
Doch wo ist *dein* Feierkleid?
Doch wo ist *dein* warmer Herd?
Doch wo ist *dein* scharfes Schwert?

Alles ist *dein* Werk! O sprich,
Alles, aber nichts für dich!
Und von allem nur allein,
die du schmiedst, die Kette, dein?

Kette, die den Leib umstrickt,
die dem Geist die Flügel knickt,
die am Fuß des Kindes schon
klirrt – o Volk, *das* ist dein Lohn.

Was ihr hebt ans Sonnenlicht,
Schätze sind es für den Wicht.
Was ihr webt, es ist der Fluch
für euch selbst – ins bunte Tuch.

Was ihr baut, kein schützend Dach
hat's für euch und kein Gemach.
Was ihr kleidet und beschuht,
tritt auf euch voll Übermut.

Menschenbienen, die Natur,
gab sie euch den Honig nur?
Seht die Drohnen um euch her!
Habt ihr keinen Stachel mehr?

Mann der Arbeit, aufgewacht!
Und erkenne deine Macht!
Alle Räder stehen still,
wenn dein starker Arm es will.

Deiner Dränger Schar erblasst,
wenn du, müde deiner Last,
in die Ecke lehnst den Pflug,
wenn du rufst: Es ist genug!

Brecht das Doppeljoch entzwei!
Brecht die Not der Sklaverei!
Brecht die Sklaverei der Not!
Brot ist Freiheit, Freiheit Brot!

Obwohl die Revolution der Jahre 1848/49 zunächst gescheitert ist, so hat sie langfristig gesehen, letztendlich doch ihr Ziel erreicht. Alle Errungenschaften der heutigen Zeit gehen auf diese Jahre zurück: Arbeitszeitregelungen, Tarifvereinbarungen, Gewerkschaften, Arbeitsrecht, Stundenlohn u. v. a. m.

Im Namen Gottes (2018) – 400 Jahre Dreißigjähriger Krieg 1618–1648

Voriges Jahr haben wir fünfhundert Jahre Reformation gefeiert. Dieses Jahr jährt sich der Dreißigjährige Krieg zum vierhundertsten Mal. Er ist eine Folge der Reformation. Dazwischen liegen einhundert Jahre Kirchenspaltung, die in diesem schlimmsten Krieg auf europäischem Boden gipfelte. Da kaum fassbar war, was vor vierhundert Jahren im Namen Gottes geschah, haben wir den Krieg weitgehend verdrängt. Erst durch den durchaus vergleichbaren Konflikt im Nahen Osten wird uns wieder gegenwärtig, was es bedeutet, einen sinnlosen, aber erbittert geführten Krieg aus religiösen Gründen im Namen Gottes zu führen. Schiiten und Sunniten kämpfen auf brutalste Weise um die Vorherrschaft im Islam. Und es steht zu vermuten, dass auch dieser Krieg möglicherweise dreißig Jahre dauert, und dass er ähnlich endet wie der christliche, nämlich nicht aus Einsicht und Friedenssehnsucht, sondern wegen Erschöpfung, Hunger, Not, Krankheit, Flucht und dem Tod ganzer Völker. Diesmal sind wir Zeitzeugen, die Berichterstattung in Wort und Bild, das Flüchtlingselend und die Migrantenströme vermitteln uns eine Vorstellung, wie es wohl vor vierhundert Jahren mitten in Europa zugegangen sein mag. Der Krieg rückt uns in bedrückender Weise nah.

Es gibt noch eine weitere Parallele zum Nahost-Konflikt, auch er wird als Stellvertreterkrieg aus machtpolitischen Gründen benutzt. Und er gerät außer Kontrolle, das war auch vor vierhundert Jahren so, und er verändert ebenfalls die Weltkarte. Fronten verschieben sich, Konflikte treten unberechenbar an anderen Stellen auf, Söldner wechseln die Seiten, Freund und Feind sind nicht mehr überschaubar, Fremde mischen sich ein, es kämpft jeder gegen jeden, ein Ende ist nicht absehbar. Es geht nicht mehr allein um religiöse Dominanz, es geht um politischen Einfluss, um Macht. Wir befinden uns erneut im Kalten Krieg der Supermächte, und die Gefahr ist groß, dass daraus wieder ein heißer wird. Die Leichtfertigkeit, mit der wir dieses reale Risiko eingehen, ist höchst beunruhigend. Offenbar darf man nicht müde werden, hartnäckig auf die Folgen und Auswirkungen eines Krieges aufmerksam zu machen. Jedenfalls tut die derzeitige Politik so gut wie nichts, um den Frieden in der Welt zu bewahren. Ich möchte mit der Erinnerung an diesen grausamen europäischen Krieg einen leidenschaftlichen Appell an den Frieden verbinden.

Auf den Umstand, dass der Krieg eine Folge der Reformation ist, hat Friedrich Schiller bereits hingewiesen. In seiner umfangreichen „Geschichte des dreißigjährigen Krieges" hat er die Entwicklung der Kirchengeschichte auf das Genaueste nacherzählt. Es ist sinnvoll, die Abfolge der Ereignisse vom Thesenanschlag bis zum Beginn des Krieges nachzuvollziehen, um zu verstehen, warum die religiösen Auseinandersetzungen eskalierten.

Der Krieg begann am 23. Mai 1618 mit dem zweiten Prager Fenstersturz. Voraus ging der erste Prager Fenstersturz, zweihundert Jahre vor dem zweiten, der auch schon aus religiösen Motiven geschah. Kurz zur Erinnerung: Der erste Prager Fenstersturz steht am Anfang der „Hussitenkriege". Am 30. Juli 1419 stürmten Anhänger von Jan Hus, der vier Jahre zuvor beim „Konzil von Konstanz" auf dem Scheiterhaufen als Ketzer hingerichtet wurde, das Neustädter Rathaus am Karlsplatz in Prag, um dort gefangene Glaubensgenossen zu befreien. Dabei warfen sie zehn Personen aus dem Fenster: den Bürgermeister, zwei Ratsherren, den Stellvertreter des Richters, fünf Gemeindeältere und einen Knecht. Die Gestürzten wurden anschließend mit Hiebwaffen getötet, die die wartende Menge unter der Kleidung verborgen mitgebracht hatte. Ein weiterer Ratsherr starb in der Folterkammer. Der Volksaufstand war von radikalen Reformanhängern mit dem Prediger Jan Želivský an der Spitze vorbereitet worden.

Der zweite wird allgemein als Auslöser des Dreißigjährigen Krieges bezeichnet. Am 23. Mai 1618 zogen zweihundert Vertreter der protestantischen Stände unter der Führung von Heinrich Matthias von Thurn zur Prager Burg, in der die Böhmische Hofkanzlei mit den königlichen Statthaltern ihren Sitz hatte. Nachdem sie sich Zutritt verschafft hatten, trafen sie dort auf die katholischen Statthalter Wilhelm Stavata und Jaroslav Borsita Graf von Martinitz und den Kanzleisekretär Philipp

Fabricius. Sie inszenierten einen improvisierten Schauprozess, schleppten die drei Katholiken mit Gewalt zum Fenster und warfen sie siebzehn Meter in die Tiefe. Mit viel Glück konnten die drei den Sturz überleben.

Die bis dato größte Katastrophe der Menschheitsgeschichte hatte begonnen und währte dreißig Jahre. Das Elend der Menschen ist kaum zu schildern, ich beziehe mich auf Schriftsteller, die eher dazu in der Lage sind, die Gräuel zu beschreiben, die weit über die Vorstellungskraft des Menschen hinausreichen. Ich verweise Sie zuerst auf den Zeitzeugen Hans Jakob Christoffel von Grimmelshausen und seinem Roman: „Der Abenteuerliche Simplicissimus Teutsch".

Es ist erstaunlich, wieviel Literatur zur Zeit über diesen Krieg auf dem Markt ist und wie viele Historiker, Wissenschaftler und Schriftsteller sich mit diesem Thema erneut beschäftigen. Neben Neuauflagen älterer Werke, insgesamt fünf, darunter sogar die Geschichte von Friedrich Schiller, gibt es ein Dutzend Neuerscheinungen, darunter Forschungsarbeiten, soziologische Analysen, Historien und Romane. Eindrucksvoll schildert Daniel Kehlmann in seinem neuen Roman „Tyll" die trostlose Lage der Bevölkerung. Er verlegt die Sage von Till Eulenspiegel in den dreißigjährigen Krieg und lässt den Narren Till als Gaukler und Possenreißer quer durch die Lande ziehen, von Lager zu Lager, von Hof zu Hof, und die Arm- und Hilflosigkeit der Menschen erleben. Es ist kaum anschaulicher darzustellen, Kehlmann ist ein Meisterwerk gelungen, das ich Ihnen nur als äußerst lesenswert empfehlen kann.

Können wir Lehren aus der Geschichte ziehen? Können wir unsere Erfahrungen aus unseren Kriegen an andere weitergeben? Wie schafft man Frieden auf der Welt? Man kann zu ein paar Schlussfolgerungen kommen, aus denen Ratschläge werden könnten. Ob sie angenommen werden, steht auf einem anderen Blatt. Meine Lebenserfahrung sagt mir, Erfahrungen kann man nicht weitergeben, jeder Mensch muss sie offensichtlich selber machen. Überzeugungen und Erkenntnisse gewinnt man nur durch eigenes Erleben. Deshalb wiederholen sich Kriege und auch die Gründe dafür.

Was aber könnte man wirklich tun? Ein Versuch: Wegen der Parallele zum Nahostkrieg wähle ich ein Beispiel aus Israel.

In Israel arbeiten jüdische und muslimische Männer und Frauen für die Lösung des Konfliktes in der Initiative „Zwei Staaten – ein Heimatland" zusammen. Sie entwerfen eine Konföderation von Israel und Palästina mit offenen Grenzen, Freizügigkeit und Bürgerrechten für alle und Jerusalem als gemeinsam verwaltete Hauptstadt. Selbst Siedler aus dem Westjordanland zählen zu den fünftausend Mitgliedern, auch Fatah-Mitbegründer und PLO-Aktivisten. „Zukunft kann es nur gemeinsam geben," sagen sie. Die Vision sieht vor, dass alle in allen Landesteilen leben können. Ihr Credo: "Diese Vision kann der Durchbruch sein. Wir alle gehören in dieses Land, aus historischen Gründen."

Oft ist die Bevölkerung weiter und einsichtsvoller als ihre Politiker. Politische Interessen verschleiern und überwölben angebliche religiöse Konflikte. Religiöse Propaganda leuchtet nirgends greller als im Nahen Osten, wo eine Agglomeration von Sekten im Namen des Islam um Vorherrschaft und Pfründe konkurrieren und die unübersichtliche Lage ausnutzen: Sunniten, Schiiten, Alewiten, Wahhabiten, Salafisten samt Subgruppen und Terrorstaaten bekämpfen einander ideologisch oder militärisch, nicht nur in den Bürgerkriegen in Syrien, im Irak oder im Jemen. Vor dem Krieg lebten dort alle genannten Gruppen seit Jahrhunderten friedlich nebeneinander. Ich habe das auf Reisen in diese Länder selbst erlebt.

Die monotheistischen Religionen liefern durch den Glauben an den allmächtigen Gott den Alleinherrschern ein Modell für ihre Politik als „von Gottes Gnaden" oder als Sonnenkönig oder Kaiser oder Kalif oder Sultan und etablieren so ihre patriarchale Hierarchie durch eine höchste Instanz. Es ist Gottes Wille! Den Herrschern gestatten Pakte mit dem Allmächtigen jede Willkür und jede individuelle Auslegung, und sie verfolgen Widersacher als „Gottlose" oder „Ungläubige". Dieses System wurde in der europäischen „Aufklärung" durchbrochen. Kant verlangte 1775: „Das Recht der Menschen muss heilig gehalten werden, der herrschenden Gewalt mag es noch so große Aufopferung kosten.", und Karl Marx ging noch weiter: „Der Mensch macht die Religion, die Religion macht nicht den Menschen, sie ist der Seufzer der bedrängten Kreatur, sie ist das Opium des Volkes."

Für den Frieden zwischen den Konfessionen, für deren Kompatibilität mit Demokratie benötigen sie historisches Bewusstsein ihrer selbst, das Anerkennen dessen, dass niemand ein Monopol auf metaphysische Wahrheit haben kann. Denn für alle Menschen gilt die Charta der Menschenrechte der Vereinten Nationen, die klarste Schrift im säkularen Tempel der Menschheit. Sich ihr zu unterwerfen ist gelebter Humanismus. Es ist das beste, vernünftigste und gerechteste Vermächtnis, das je von Menschen erdacht und formuliert worden ist.

ERINNERUNG UND TOLERANZ
Zum Auschwitz-Gedenktag 2017

„Toleranz sollte eigentlich nur eine vorübergehende Gesinnung sein. Sie muss zur Anerkennung führen. Dulden heißt beleidigen." (Johann Wolfgang von Goethe) Der am 10. Januar kürzlich verstorbene Ex-Bundespräsident Roman Herzog war es, der 1996 den 27. Januar als „Gedenktag für die Opfer des Nationalsozialismus" einführte. Er wollte, dass wir uns am Tag der Befreiung des KZ Auschwitz am 27. Januar 1945 an die Gräueltaten erinnern, die von den Nazis begangen wurden, mit der Mahnung, dass sich solches nie wiederholen darf. Wir dürfen nicht aufhören uns zu erinnern; denn Antisemitismus ist immer noch vorhanden und verstärkt sich wieder, auch durch islamistische Fanatiker. Die latenten Antisemiten kriechen aus dem Verborgenen hervor, wittern ihre Chance, ihre Parolen wieder salonfähig machen zu können. Politische Schreihälse bieten ihnen ein Forum, man traut sich wieder, überwunden Geglaubtes laut und vernehmlich äußern zu dürfen. Müssen wir das tolerieren? Oder ist das falsch verstandene Toleranz, da es sich um eine Meinungsäußerung handelt, die wir dulden müssen?

Immer wieder gibt es alltägliche Ereignisse, wo wir an die Grenzen unserer Toleranz stoßen. Elke Heidenreich schildert ein solches Beispiel:

Entsetzen

Ich sitze in der S-Bahn von Wiesbaden nach Mainz zu meinem Anschlusszug, ich sitze in der ersten Klasse. Außer mir sind hier nur noch ein alter Mann, der liest, und ein etwa fünfundzwanzigjähriger Rüpel, der die Füße auf den Sitz legt und in sein Handy schreit. Ich sage: „Reden Sie mal bitte etwas leiser." Daraufhin schreit er in sein Telefon: „Hier ist so eine alte jüdische Hexe, die will mir das Telefonieren verbieten. Schade, dass es für solche keine KZs mehr gibt." – Der alte Mann und ich sehen uns sprachlos an, uns fällt nichts ein, was wir auf diesen ungeheuerlichen Satz antworten könnten.

Monate später bin ich mit einem farbigen Freund über Land im Auto unterwegs, und wir haben uns irgendwie verfahren. Er steigt aus und fragt ein paar Jugendliche nach dem Weg. Antwort: „Was suchste denn, die Gaskammer, wo du hingehörst?"

Wie lebt man in einem solchen Land? Was macht ein solches Land mit seiner Jugend, dass sie so spricht? Denkt sie auch so? Denkt sie überhaupt? Wie bleibt man tolerant?

Ja, wie bleibt man tolerant? Ich komme auf die Eingangsworte von Goethe zurück. Was sollen wir also aus Toleranzgründen dulden? Wann müssen wir aufstehen und uns wehren? Das sind die Fragen, die uns heute bewegen. Auch im Dritten Reich wurden sie von Menschen gestellt. Natürlich gab es namenlose stille Christen, die sich auflehnten, die versuchten, selbst unter Einsatz ihres Lebens Juden zu retten oder die Judenpolitik öffentlich anzuprangern, die sich dieser Vernichtungspolitik entgegen gestellt haben. Dazu gehören die Mitglieder der „Bekennende Kirche", und insbesondere Dietrich Bonhoeffer, der sich schon 1933 gegen die organisierten Deutschen Christen engagierte, gegen den Judenhass anpredigte und in den Widerstand ging. Hitler bestand darauf, dass Bonhoeffer zu ermorden sei, was dann im KZ Flossenbürg am 9. April 1945 geschah.

In Berlin gibt es ein Museum der stillen Helden, die wie selbstverständlich den verfolgten Juden jede Unterstützung gewährten, einfach menschlich handelten, ohne Bedenken, ohne ideologischen Ballast, aus reiner Mitmenschlichkeit. An diese Menschen wird zu selten gedacht, weil es viel zu wenige waren.

Jede Erinnerung ersetzt nicht die kritische Auseinandersetzung. Authentisch wird das Grauen, wenn wir die Stimmen Verfolgter sprechen lassen, Worte jüdischer Dichter, die uns an das Erlebte in den Lagern erinnern. Besondere Erwähnung verdient hier Gertrud Kolmar und besonders die vier Dichter aus Czernowitz, was ein bemerkenswerter und ziemlich einmaliger Zufall in der Literaturgeschichte ist.

Czernowitz war die Hauptstadt des österreichischen Kronlandes Bukowina (= Buchenland), eine jener deutschsprachigen Inseln aus Zeiten der Habsburger Monarchie, die mehrheitlich von assimilierten Juden bewohnt waren. Czernowitz war für kurze Zeit zu einem wichtigen Kulturzentrum geworden, heißt heute Cernivci und gehört zur Ukraine. Am Ende des 19. Jahrhunderts zählte die Stadt ca. 70.000 Einwohner: Juden, Deutsche, Rumänen, Ukrainer und Polen lebten einträchtig neben- und miteinander in „Klein-Wien" am Pruth, wie man es liebevoll damals genannt hat. Es gab ein deutsches Theater und eine kleine Universität, auch deutsche Zeitungen, obwohl es sonst dreisprachig zuging. Die vier deutsch-jüdischen Dichter, die ich hier herausstellen möchte, waren Rose Ausländer (*1901), Alfred Kittner (*1906), Paul Celan (*1920) und Selma Meerbaum-Eisinger (*1924). Paul Celan wurde mit der „Todesfuge" berühmt, die heute auf jeder jüdischen Gedenkfeier vorgetragen wird. Häufig wird der Vers zitiert: „Der Tod ist ein Meister aus Deutschland". Die ergreifenden Verse dieser vier Dichter sind die eindrucksvollsten Stimmen, die in den Lagern direkt entstanden sind. Es ist kaum vorstellbar, dass eine solche kunstvolle Lyrik unter den Bedingungen der Lagerhaft überhaupt entstehen konnte. Und für mich ist unverständlich und unbegreiflich, wie man nach der Lektüre dieser eindringlichen Verse immer noch meint, diese Schicksale verharmlosen zu dürfen. Ich kann das nicht tolerieren, und ich glaube, dass Goethe das auch nicht könnte.

In diesem Zusammenhang muss man auch die Literaturnobelpreisträgerin Nelly Sachs erwähnen, die sich zwar in letzter Minute retten konnte, dennoch aber genug Leid erfahren hat, was in ihren Gedichten erschütternd und eindringlich zum Ausdruck kommt, Sie ist mit dem letztmöglichen Flug nach Stockholm ausgeflogen worden. Und nicht zu vergessen Erich Fried, der zunächst aus dem Exil in London geschrieben hat und später mit politischer Lyrik zum Dichter der 1968er Studentenbewegung avancierte. Auch er ein Zeuge für intolerantes Denken.

Kapitalismus

Ich bin wirklich kein Experte, und ich will Ihnen nichts vormachen. Ich habe weder Wirtschaft studiert, noch verstehe ich etwas von Finanzen. Aber ich besitze einen gesunden Menschenverstand und verfüge über humanistisches Denken. Die Schlussfolgerung meines Nachdenkens über die derzeitige Krise lautet: Der Kapitalismus fährt an die Wand. Die Veränderungen in der Welt sind Anzeichen genug für diese These. Es gibt eine Schmerzgrenze, wenn die überschritten wird, wehrt sich der Mensch.

1989 brach der Sozialismus zusammen, der Kapitalismus fühlte sich als überlegener Sieger und breitete sich ungebremst aus. Bis auf wenige wechselten die meisten bis dahin sozialistisch orientierten Staaten die Fahne, aber außer ein paar demokratischen Verbesserungen gerieten sie in die Pleite oder die Fänge der organisierten (Wirtschafts-) Kriminalität. Die Völker erhoben sich. Es fing in Südamerika an. Demokratische Wahlen brachten zum Ärger der USA plötzlich sozialistische Präsidenten an die Macht, die zumindest die Ausbeutung durch die reichen Staaten unterbanden. In Asien, besonders China, versuchten Kommunisten, den Kapitalismus mit ihrer Ideologie zu verknüpfen und ein Gemisch aus beiden Systemen zu realisieren – zumindest in China mit einigem Erfolg. In Afrika setzte die größte Fluchtwelle überhaupt in Richtung der europäischen Fleischtöpfe ein, die bis heute unvermindert anhält. Und in den nicht ölreichen arabischen Staaten befreiten und befreien sich die Menschen von ihren korrupten Herrschern, um für mehr Freiheit und Arbeit, vor allem aber Teilhabe am Wohlstand zu kämpfen. Krieg und Klimawandel tun ein Übriges und verschärfen die Existenzprobleme der Menschen. Und in Europa versuchen Banker, Börsianer und Banden so viel Geld privat beiseite zu schaffen, dass sie die Länder verarmen lassen bis zum Konkurs. Wir haben weit über unsere Verhältnisse gelebt, bis wir die Schulden nicht mehr bezahlen können. Selbst die USA stehen zeitweise vor der Zahlungsunfähigkeit.

Der Aufstand der Armen erschüttert die Welt. Und da die Reichen nichts abgeben, bricht der Geldmarkt irgendwann zusammen, die Staaten gehen bankrott und der Kapitalismus steuert unaufhaltsam seinem hausgemachten aufgeblasenen Chaos entgegen, bis die Blase platzt. Wachstum, Handel, Ausbeutung der letzten Reserven sind das hilflose, kurzsichtige Konzept der Bosse, das auf Dauer scheitern muss, weil jedes Wachstum endlich ist. Auch die weltweite Globalisierung als Antwort der Politik auf die soziale Krise hat eine endliche Entwicklung, weil sie die Schere zwischen Besitzenden und Habenichtsen immer mehr vergrößert. Bald finden die wenigen Reichen, die noch als einzige vom ungebremsten Kapitalismus profitieren, keinen Platz mehr für Ihre goldenen Käfige, weil er von hungernden Flüchtlingen besetzt wird. Die Aussichtslosigkeit, in ihren eigenen Ländern die Zustände verändern zu können, hat die heftigste Fluchtbewegung ausgelöst, die wir bisher erlebt haben. Eine gigantische Völkerwanderung überrennt uns, die Armen und Leidtragenden, die Benachteiligten und Erniedrigten gehen dorthin, wo das Kapital ist. Es steht zu befürchten, dass sich die unübersehbare Menge an flüchtenden Menschen das zurückholt, was die Kapitalisten und Geldhaie ihnen weggenommen haben. Auch auf diese Art gerät der Kapitalismus an seine Grenzen.

Selbst das Ausbeuten und Vergolden der letzten Ressourcen der Erde stoßen an ihr Ende. Die Folgen tragen wir alle. Wenn die geschundene Erde nichts mehr hergibt und die daraus resultierende Klimaveränderung die Erde unbewohnbar macht, trifft es die Reichen in gleicher Weise. Zum Umlenken bedarf es der Einsicht und Vernunft. Aber Profitgier ist nicht in der Lage, über den Tellerrand hinaus zu schauen.

Ich bin sicher, dass viele Verantwortliche wissen, was auf dem Spiel steht und was uns bevorsteht. Aber wir schauen dem entstehenden Chaos ohnmächtig und tatenlos sehenden Auges entgegen. Ich propagiere keinen Weltuntergang, aber ich vermute, dass eine gigantische Umwälzung der Lebensverhälnisse – für uns unvorbereitet – auf uns zukommt. Es scheint mir gewiss, dass die kleinen Umstürze, die wir heute an verschiedenen Orten der Welt bereits erleben, der Vorläufer einer größeren, hoffentlich sozialen Revolution sind, dass der Aufstand der Armen die ganze Welt erfasst. Aber die Reichen wollen es noch immer nicht wahrhaben. Da fällt mir Erich Kästners Gedicht „Ansprache an Millionäre" ein.

WACHSTUMSBESCHLEUNIGUNGSGESETZ (2010)

Bitte sprechen Sie den Namen dieses Gesetzes doch mal ganz langsam aus. Haben Sie die Bedeutung begriffen? Sehen Sie, so wird es den Parlamentariern auch gegangen sein. Bundesrat und Bundestag haben ein Gesetz verabschiedet, das mit dem gesunden Menschenverstand nicht zu fassen ist und das gegen jeden Sachverstand verstößt.

Nehmen wir den Namen nicht nur zur Kenntnis, sondern auch mit dem Verstand auf. Was könnte gemeint sein? Erst einmal klingt es wie Werbung für ein Haarwachsmittel. Doch der Einfluss der Lobby für die Hersteller von Haarpräparaten dürfte wohl bei weitem nicht so gewichtig sein – obwohl die Kahlköpfe und Glatzen zunehmen –, dass die Bundesregierung ihretwegen mit Milliarden um sich wirft.

Sollten es nicht die Haare sein, könnten auch die Schulden gemeint sein. Denn der Staat hat mehr Schulden als Haare auf dem Kopf, aber sie sind im letzten Jahr recht gut gewachsen. Der Bundesregierung genügt dieses Wachstum wohl nicht. Folglich hat sie noch ein paar Milliarden drauf gepackt, um das Schuldenwachstum zu beschleunigen. Außerdem hat sie Steuererleichterungen in das Gesetz hinein geschrieben, für die das Geld fehlt. Damit beschleunigt sich das Schuldenwachstum noch einmal erheblich. Bis Ende 2010 auf 1.800 Milliarden Euro, sagt der Bund der Steuerzahler, jede Sekunde um rund 4.500 Euro.

Inzwischen hat der Staat die Schuldenbremse eingeführt, die „Schwarze Null". Es werden keine neuen Schulden mehr gemacht. Folglich muss es sich doch noch um etwas anderes handeln, dessen Wachstum beschleunigt werden soll.

Möglicherweise haben wir aber auch das falsch verstanden, und die Regierung hat Wirtschaftswachstum im Auge, also mehr Eckkneipen, Raucherräume und neue Wirtschaften in Pensionen und Hotels. Eine Beschleunigungsmaßnahme, die sie mit der Senkung der Mehrwertsteuer auf sieben Prozent ankurbelt. Sie glaubt nach nur einem Monat zwar schon selbst nicht mehr, dass sich damit irgend etwas anderes beschleunigt als die Gewinne der Hotelbesitzer, aber zurück nehmen will sie diese Steuersenkung deshalb trotzdem nicht. Aber vielleicht kommen wir auf das Naheliegendste nicht? Das Bevölkerungswachstum! Die Regierung wollte uns auffordern, in der Neujahrsnacht ein Feuerwerk der Körper zu zelebrieren. Statt Wangenküsschen und Böllerkrach einen Sexknaller zur Nachwuchszeugung. Schade, dass die Nacht so kalt war und das verordnete Vergnügen zur Liebe im Schnee nicht die erforderliche Resonanz fand. So bleibt wohl auch dieser Wachstumswunsch aus.

Ich bin doch sehr gespannt, welches Wachstum sich beschleunigt. Dann wissen wir mehr. Das Wachstum der Renten könnte sich z. B. beschleunigen. Das geht aber nur, wenn wir mehr Kinder, sprich Einzahler in die Rentenkasse, zeugen. Da sind wir wieder bei der kalten Silvesternacht. Falls also jemand von Ihnen noch eine Idee hat, wie das Gesetz zu verstehen sein könnte, möge er es mir bitte mitteilen.

HANDELN

Wenn ich mir die Welt im heutigen Zustand vergegenwärtige, komme ich zu dem Schluss, dass das Wort „handeln" nicht mehr in seiner doppelten Bedeutung vorkommt, sondern nur noch einseitig im Sinne von „Handel treiben". Der Handel bestimmt alle Politik und das gesamte Weltgeschehen und macht aus Politikern keine Handelnden mehr, sondern Händler. Handeln im Sinne von agieren, aktiv sein, findet nicht statt, Politiker re-agieren, sie laufen den Ereignissen hinter her, sie versuchen mit den Gegebenheiten zurecht zu kommen, die der Handel bereits geschaffen hat. Handel ist so alt wie die Menschheit und hatte ursprünglich die positive Eigenschaft, jegliche menschliche Existenz zu sichern. Denn was der eine nicht hatte, hatte der andere, man handelte mit dem, was man hatte, erwarb das, was der andere hatte und glich die Defizite aus. Tauschhandel!

Heute handelt man mit Menschen, Menschenhandel ist der lukrativste Wirtschaftszweig. Handel ist nicht mehr der frühere Tauschhandel Ware gegen Ware, sondern ausschließlich Profitstreben. Wer mit Geld handelt, hat die Macht. Politiker sind die Handlanger der Kapitalinhaber geworden. Sie bestimmen nicht mehr die Handlungen, sondern sind zu Marionetten der Geldgeber geworden. Sie führen aus, was die Geldwirtschaft vorgibt. Deshalb sind sie in der Demokratie tatsächlich die „ausführende Gewalt". Wie in frühkapitalistischen Zeiten herrscht Ausbeutung, selbst mit Hunger verdient man Geld. Und das Kapital konzentriert sich in den Händen weniger, die den Geldhandel kontrollieren. Teilhabe findet nicht statt, der Handel wird an der Politik vorbei über Geldinstitute gemanagt, die die Staatshaushalte nach Belieben beherrschen. Und diese wiederum sind Meister im Verstecken, sie transferieren das Geld in Steueroasen.

Warum wundern sich die Politiker eigentlich, dass eine gigantische Völkerwanderung im Gange ist? Gigantische Geldströme wandern um die Erde und werden dem Geldkreislauf entzogen. Früher suchte man Gold, heute versucht man, das Geld ausfindig zu machen. Folglich wandern die Menschen dem Geld hinterher. Pecunia non olet (Geld stinkt nicht).

VÖLKERMORD

In der griechischen Mythologie sind die Götter durch Völkermord (an den Giganten, den Titanen) an die Macht gekommen. Diese Schöpfungsgeschichte erscheint mir logisch erdacht. Der Verfasser hat die Realität menschlichen Daseins als Ausgangspunkt gewählt, er konnte sich eine Welt ohne Völkermord nicht vorstellen. Er ist der einzige, der die wahrscheinlichste Wahrheit getroffen hat, klar am Verhalten der Menschen erdacht.

Am Anfang war das Wort. Gottes Wort, aufgezeichnet in den Heiligen Schriften (Bibel, Koran), und die Wahrheit, weil von Gott. Auf das Wort folgt die Tat, als Aufforderung zum Handeln nach Gottes Wort. Gott befiehlt wortreich Krieg, Unterwerfung, Vernichtung, Völkermord. Mehrmals sind Verstöße gegen Menschenrechte vorgegeben. Da Gottes Wort gilt, führt der Mensch skrupellos seine Befehle aus. Die Religionen wurden den Menschen durch kriegerische Handlungen aufgezwungen, nicht durch wortreiche Überzeugung. Und so kam zwangsläufig der Völkermord in die Welt. Die ersten Belege für Völkermorde finden wir deshalb folgerichtig in der Bibel.

1250 v. Chr., zur Zeit Mose, vernichten die Israeliten nach dem Auszug aus Ägypten zuerst die Kanaaniter (4. Mose 21, 1–3), danach die Amoriter (4. Mose 21, 34–35) und dann die Midianiter und weitere kleine Volksstämme (4. Mose 31, 3.7.9–10, 14–15, 17–18). Im letzten Fall spielt Sex mit einer Frau eines fremden Stammes eine Rolle, heute würde man das mit Rassenschande begründen, damals war es die Schuld der Frau (Verführungskunst). 1220 v. Chr. unter Josua gehen die Israeliten gegen Andersgläubige vor (5. Mose 31, 3–6). Dann folgt die Vernichtung aller Einwohner Jerichos (Josua 6, 21), danach von Ai mit 12.000 Einwohnern (Josua 8, 22–28). Und schließlich sorgt Josua mit seinem Krieg gegen die große Koalition der verbliebenen Stämme unter Jabin von Hazor für den totalen Völkermord und verbrannte Erde (Josua 11, 8–15) und die Ausrottung der Anakiter (Josua 11, 21–23). Im 11. Jahrhundert v. Chr. unter Juda beseitigen die Israeliten noch einmal Kanaaniter und die Perisiter (Richter 1, 4.9. 17–18. 35). Der letzte Eroberungszug endet 1030–1020 v. Chr. unter Saul mit der totalen Vernichtung der Amalekiter (1. Samuel 15, 7–9.33.35). Weitere Völkermorde sind nicht beschrieben, erst 587 v. Chr. erfahren wir wieder davon bei der Eroberung Babylons. Homer überliefert uns einen ersten vollständigen Holocaust mit der Ilias (Trojanischer Krieg).

Auch der Gott der Bibel selbst betreibt die Ausrottung des Menschengeschlechts. Er vernichtet alle Geschöpfe bis auf ein Pärchen jeder Art (Geschichte der Arche Noah). *
Die römisch-katholische Kirche tritt das Erbe des Alten Testaments an und bekennt sich zu Gottes Wort. Sie setzt die Tradition der Völkermorde und Vernichtungskriege fort, im Namen von Jesus Christus, der Gewaltlosigkeit gepredigt hat, und beginnt sehr früh mit Judenverfolgungen und veranstaltet schließlich die Kreuzzüge.

Die Methoden der Vernichtung von Menschen (Ausrottung, Vertreibung, Aushungerung etc.) hatten sich durchgesetzt und wurden von allen Völkern angewendet, so dass die Geschichte der Völkermorde munter weitergeht:

146 v. Chr. zerstören die Römer die Stadt Karthago, bis nichts mehr von ihr übrig bleibt, 70 n. Chr. schlagen die Römer den Aufstand der Juden in Palästina nieder. 135 n. Chr. werden die Juden von den Römern vertrieben, 622 n. Chr. vertreibt und tötet Mohammed die Juden in Medina und beginnt mit den Vernichtungskriegen zur Verbreitung des Islam.

Es würde zu weit führen, alle Vernichtungskriege aufzuführen, die im Laufe der Zeit zur Ausrottung ganzer Volksstämme geführt haben. Dazu gehören die Kreuzzüge ebenso wie die Eroberungsfeldzüge überall auf der Welt. Ich beschränke mich auf die grausamsten Aktionen: Im Jahre 1636 und den folgenden wurden neunzig Prozent aller Indianerstämme in den USA (vor allem in Connecticut) bei der Eroberung Amerikas vernichtet. Im 15. und 16. Jahrhundert leisteten vor allem die spanischen Eroberer ganze Arbeit bei der Zerstörung hochstehender Kulturen wie z. B. der Azteken, Mayas und Inkas in Mittel- und Südamerika. Auch der Bürgerkrieg in den USA trug zur Ermordung der Ureinwohner bei. In diesem Zusammenhang darf auch der Sklavenhandel von Afrika nach Amerika nicht unerwähnt bleiben. Die Millionen Toten müssen wir als systematisch Ausgerottete mitzählen.

1848 rotteten die USA die Ureinwohner in den Gebieten Nordmexikos aus. Ende des 19. Jahrhunderts begann der Kolonialismus der europäischen Staaten, der zur

Liquidierung der schwarzen Volksstämme führte. 1904 schlugen die deutschen Erobe-
rer den Herero-Aufstand blutig nieder. Die Belgier taten das gleiche im Kongo, die
Franzosen in Algier und die Briten in Zentral- und Südafrika. Aus diesen Grenzver-
schiebungen resultieren weitere Völkermorde unter den afrikanischen Stämmen, z. B.
Biafra, die Apartheid-Politik in Südafrika oder 1994 die Liquidierung der Tutus durch
die Hutus in Ruanda, und heute der Bevölkerung in Darfur durch die Regierung im
Sudan. Weitere Unruhen in Nigeria, im Kongo und anderen Staaten sind in ihren
Folgen noch unklar, ebenso wie die Taten der muslimischen Gotteskrieger in Mali.
1876 bereits wurden die Ureinwohner Tasmaniens durch die in Australien eingewan-
derten Europäer vernichtet, danach die Aborigines und die Maoris in Neuseeland.
Und im 20. Jahrhundert, dem Jahrhundert der Völkermorde schlechthin, ging es
dann Schlag auf Schlag. Es begann wie schon erwähnt:

1904 in Deutsch-Südwestafrika
1915–16 Türken gegen Armenier
1932–33 Auslöschung durch Hungertod von Millionen ukrain. Bauern durch Stalin
1937–38 die Bevölkerung von Nanking und Umgebung durch Japan
1940–45 Judenvernichtung durch die Nazis, Mord an Sinti und Roma u. a.
1947–48 indische Muslime durch Hindus in Indien
1950–60 Chinesische Kulturrevolution durch Mao
1965–73 die Vietnamesen durch die USA
1966 Biafra (Abspaltung der Provinz von Nigeria)
1975 die Bewohner von Ost-Timor durch Indonesien
1975–78 ca. 2 Millionen Kambodschaner durch die Roten Khmer unter Pol Pot
1984 die Sikhs in Delhi durch Hindus
1994 800.000 Tote Tutsis durch Hutus in Ruanda
2001 Vernichtung von Kaschmiris durch die indische Armee
2002 Genozid an Muslimen im indischen Bundesstaat Gujarat

Gegenwart: Unterdrückung der Tibeter und der muslimischen Iguren durch China,
die Vertreibung der Rohingyas aus Burma, die Bürgerkriege in Darfur und Südsudan
durch den Sudan. Die mörderischen Brutalitäten von Islamisten im Irak, in Syrien,
in Lybien, in Mali, in Nordnigeria. Assads Giftgasanschläge in Syrien. Das Ausmaß
der kriegerischen Auseinandersetzungen in diesen Ländern im Hinblick auf Völker-
mord ist noch nicht absehbar. Ebenso die Konflikte der Türkei gegen die Kurden,
die Kämpfe in Palästina und der Krieg in Afghanistan.
Dazu zählen möchte ich auch die Aushungerung der eigenen Bevölkerung in Nord-
korea und die Ermordung von Regimekritikern im Iran. Zur Zeit sterben arabische
Aufständler von der Hand ihrer eigenen Despoten in Lybien und Syrien. Und in

den mittelasiatischen Staaten Kirgisien, Usbekistan und Tadschikistan werden die jeweiligen Minderheiten der anderen Staaten wegen unsinniger überholter Grenzziehungen getötet, vertrieben oder ausgerottet. Und die religiösen Minderheiten in fast allen Staaten werden ständig mit dem Leben bedroht. Ein Ende des Mordens auf der Welt ist nicht absehbar.

Der Ursprung der Welt in der altgriechischen Mythologie, die Welt als Chaos darzustellen, das die Götter durch totale Vernichtung der Titanen geschaffen haben, also die Herrschaft durch einen Völkermord errungen zu haben, scheint mir immer noch, betrachtet man die Welt aus heutiger Sicht, die zutreffendste Beschreibung zu sein.

*In meinem Buch „Einer trage des anderen List" habe ich meine Deutung dieser Geschichte im Kapitel „Demeter" (ab S. 64) ausführlich dargelegt.

Separatismus (2014)

Der Duden erklärt: 1. Das Bestreben nach Loslösung und Abspaltung eines bestimmten Gebietes aus dem Staatsganzen. 2. Streben nach religiöser oder geistiger Unabhängigkeit von einer bestimmten weltanschaulichen Richtung.

Die Salamitaktik (Aktion – Reaktion) ist offenbar gar keine Taktik, sondern entspricht dem menschlichen Bedürfnis. Denn es ist auffällig, dass nach zwei Schritten vorwärts tatsächlich einer zurück erfolgt. Wie kommt das?

In der zweiten Hälfte des 20. Jahrhunderts hat es viele großartige Entwicklungen, Ideen, Veränderungen gegeben, die die Menschheit weit voran gebracht hat: Ein einheitliches Europa, Abbau von Grenzen, Anerkennung von Minderheiten, Gleichberechtigung der Geschlechter, Auflösung feindlicher Blöcke, um nur die wichtigsten zu nennen, ohne die vielen kleinen Fortschritte im alltäglichen Zusammenleben außer Acht zu lassen. Das setzt Denken im Großen voraus, Toleranz im weitesten Sinne, Großzügigkeit. Es ist der Versuch, den Menschen zum Kosmopoliten zu formen, die Erde als Einheit zu verstehen. Wir sind alle voneinander abhängig und deshalb gezwungen, uns zu verständigen. Der Klimawandel zeigt das am deutlichsten. Was nützt es, wenn der eine umweltverträglich agiert und der andere ohne Rücksicht darauf die Luft verpestet. Nur wenige Menschen sind in der Lage, in diesen Dimensionen zu denken und zu leben.

Jetzt setzen die Gegenreaktionen ein. Individualismus und Egoismus widersetzt sich dem „angeblichen" Fortschritt, der nicht als solcher erkannt wird und viele Menschen überfordert. Nationalismus und Populismus feiern fröhliche Urständ. Die Welt wird unübersichtlich, die Machtverhältnisse unüberschaubar, rätselhafte politische Kräfte ziehen im Hintergrund die Fäden, undurchsichtige finanzielle Raffgier bestimmt das

Leben, die Welt erscheint diffus, unheimlich, bedrohlich. Das verursacht Angst, und Angst macht den Menschen verstockt, verzagt, kleinmütig, beschränkt. Separatisten stehen auf und maßen sich an, für ihre Mitmenschen zu sprechen. Sie nutzen das Unwohlsein des Menschen aus und wollen die Entwicklung zurückdrehen. Ihre Forderungen sind gestrig, reaktionär, rückwärtsgewandt, kleinkariert, werden aber als fortschrittlich und reformerisch verkauft. Wenn wir diese Leute nicht stoppen, wird aus der globalen Welt eine Welt der Mikrokosmen, eine Kleinstaaterei aus vergangenen Zeiten, eine Zersplitterung mit völkischen, religiösen, kulturellen Grenzen und Gesetzen, eine Ansammlung von Wohlfühldörfern.

Schauen Sie sich die separatistischen Bestrebungen an: Schottland, Bayern, Korsika, Katalonien, Baskenland, Lombardei, Kosovo, überhaupt die Balkanstaaten, Zypern, die Kaukasusregion, die Islamistenkämpfe in Syrien, Irak, Afghanistan, Pakistan, Indien, China, die afrikanischen Stammesgebiete, selbst so unbedeutende Sprachstreitigkeiten wie in Belgien und Kanada oder Religionszugehörigkeiten zwischen Katholiken und Protestanten in Nordirland und Irland. Und neuerdings in der Ukraine.

Die neu entstehenden Staaten sind nicht lebensfähig und auf Hilfe von außen angewiesen. Aber das sehen die Separatisten nicht, ihnen gilt die persönliche Freiheit als heilig. Der Mensch ist aber nicht frei, wenn er wirtschaftlich abhängig ist. Die großen Wirtschaftsräume wie z. B. die EU haben den Menschen Freiheit, Frieden, Wohlstand und den Abbau der Grenzen gebracht. Der Rückschritt, der heute erkennbar ist, zerstört diese Errungenschaften und stürzt viele Menschen, gerade auch die selbst ernannten Separatistenführer ins Elend. Aber die Populisten sterben nicht aus und gewinnen mit primitiven Argumenten. Der Mensch bleibt ein Nestbauer mit übersichtlichen Mauern und heimischer Wärme.

Auch die wunderbare Idee eines Europas ohne Grenzen, schon kurz vor der Realisierung, geht verloren. Großbritannien steigt ganz aus, Rechtsradikale und Antieuropäer sind in fast allen europäischen Ländern im Vormarsch und mindern systematisch demokratische Rechte. In vielen EU-Staaten werden von großmäuligen Nationalisten bereits vorhandene Strukturen rückgängig gemacht, sie begründen das mit der Angst vor dem Verlust eigener Identität. Wie so häufig nach fortschrittlichen Entwicklungen geht es in der Geschichte wieder rückwärts. Und so werden wieder mal die alten Vorurteile aus den Schubladen geholt und die üblichen Propagandamittel wie Fremdenfeindlichkeit, Antisemitismus, Nationalismus, Überfremdung, Plünderung der Sozialkassen und die altbekannten Klischees der Dummheit und Unwissenheit bemüht. In Ungarn wurden Verfassungsänderungen inzwischen mehrheitlich durchgesetzt, in Polen ist die Justiz gleichgeschaltet, Gesetze passieren mit Zwei-Drittel-Mehrheit ohne juristische Überprüfung das Parlament, in Frankreich und anderen Ländern sind die konservativen Nationalisten bereits zweitstärkste Kraft, und auch in Deutschland haben Populisten immer mehr Zulauf. Sie schüren die Ängste vor Verlust des vorhandenen Wohlstandes mit großem Erfolg, obwohl es bei einigem Nachdenken völlig unverständlich ist. Denn das Gegenteil tritt ein.

In fast allen europäischen Ländern gibt es europafeindliche Parteien, deren Wähleranteil ständig zunimmt. Einige bilden bereits die Regierung, andere sind an der Regierung beteiligt.

Belgien	Vlaams Belang
Bulgarien	Partija Ataka
Dänemark	Dansk Volksparti
Deutschland	NPD 1,3%, REP 0,2%, AfD 10–14%, inzwischen bis zu 24% in einigen Bundesländern
Finnland	Perussuomalaiset (Wahre Finnen)
Frankreich	Front National 13,6%, teilweise bis zu 25% (regional)
Griechenland	Goldene Morgenröte, Unabhängige Griechen, bis zu 15%
Großbritannien	UKIP, BNP
Italien	Lega Nord in der Regierung
Lettland	LNNK (Nat. Vereinig. f. Vaterland u. Freiheit)
Litauen	Tit (Ordnung und Gerechtigkeit)
Niederlande	Partij voor de Vrijheid
Österreich	FPÖ in der Regierung, Bündnis Zukunft (BZÖ)
Polen	PiS stellt die Regierung mit absoluter Mehrheit
Schweden	Sverigedemokraterner, Zünglein an der Waage
Schweiz	SVP (über 30%) regiert mit
Slowakei	Slowakische Nationalpartei
Ungarn	Jobbik (Die Besessenen), Regierung von Viktor Orban
Türkei	AKP, Regierung von Erdogan

Der Separatismus kostet Geld und mindert die Freiheiten. Grenzen behindern und machen unfrei. Jede Reform, jede Veränderung wird benutzt, um überholte Vorurteile zu pflegen. Geschichte wird verfälscht. Tendenz steigend.

PS: Die Flüchtlingskrise befördert die nationalen Bestrebungen, so dass zu befürchten ist, dass Europa auseinanderbricht.

DATENSCHUTZ

Die Datenschutzgesetze sind lächerlich, weil sie von der Bevölkerung selbst ad absurdum geführt werden. Auf den diversen Internet-Foren geben wir unaufgefordert selber unsere sämtlichen Daten preis. Die Spionageinstitutionen aller Staaten wissen ohnehin alles vom anderen und spionieren sich ständig gegenseitig weiter aus. Es gibt keine Geheimnisse mehr.

Aus Sicherheitsgründen werden wir videoüberwacht. Ich glaube nicht, dass sich irgendein Bürger, der auf den Internet-Plattformen mit der ganzen Welt kommuniziert, sich wirklich darüber aufregt, dass irgendwer irgendwann irgendwo gegen den Datenschutz verstößt. Die Benutzer geben naiv und freiwillig ohnehin alles preis, sogar ihre Codewörter.

Der Verlust der eigenen Identität durch Medien, Trends, Internet, Geltungssucht und Mitteilungsbedürfnis ist inzwischen total und wird widerspruchslos hingenommen. Das Bedürfnis „gleich" zu sein, dazu zu gehören, ist viel entscheidender. Es stört nicht einmal, dass Uniformität entsteht. Inzwischen verhalten sich in diesem Punkt alle Menschen auf der Erde gleich. Das kann man beobachten, wenn man reist. Blendet man für einen Moment die Umwelt aus, in der man sich gerade befindet, und sieht nur den Menschen zu, kann es passieren, dass man nicht mehr weiß, in welcher Stadt, welchem Land man sich gerade aufhält. Alle beschäftigen sich nur mit ihren Smartphones und nehmen ihre Umwelt nicht mehr wahr. Alles ist austauschbar geworden.

GEDANKEN ZUR ASYL- UND FLÜCHTLINGSPOLITIK

Der Begriff „Wirtschaftsflüchtlinge" ist zynisch.

Wir unterscheiden zwischen Facharbeitern und Sozialhilfeempfängern. Wenn wir nur die Elite aufnehmen, die anderen wieder zurückschicken, fehlt die Elite in ihren Heimatländern. Wer soll dann den wirtschaftlichen Aufbau dort vollziehen? Also kommen wieder nur die sog. „Sozialhilfeempfänger", die Elite ist ja schon da. Ob man nun erschossen wird, im Mittelmeer ertrinkt oder den Hungertod stirbt, darüber können diese Menschen nicht entscheiden. So gesehen sind alle, die zu uns kommen, Wirtschaftsflüchtlinge, auch die Facharbeiter, Asylsuchende aus existenzieller Not. Auch bei den Kriegsflüchtlingen dürfen wir diesen Unterschied nicht machen, Mensch ist Mensch.

Wenn wir die vielen potenziellen „Wirtschaftsflüchtlinge" nicht aufnehmen wollen oder können, müssen wir die hier bereits lebenden Migranten zu Facharbeitern ausbilden und sie mit den neu Asyl suchenden Eliten beim wirtschaftlichen Aufbau ihrer Heimatländer unterstützen. Nur so können wir den weiteren Zuzug von sog. „Sozialhilfeempfängern" stoppen, wenn wir dafür sorgen, dass sie im eigenen Land Arbeit finden. Abgesehen davon, dass es vermutlich genügend deutsche Staatsbürger gibt, die „Sozialhilfeempfänger" sind und zu Facharbeitern ausgebildet werden könnten, die dann den Migranten wiederum zur Hand gehen könnten oder deren frei werdende Plätze besetzen. Das gilt natürlich nur für Länder, in denen kein Krieg tobt. Die auf diese Weise eingesparten Sozialleistungen können wir in Bildung und die Aufnahme von Kriegsflüchtlingen investieren.

Die Politik nennt das: Die Ursachen bekämpfen! Davon redet sie seit Jahren, handelt aber nicht. Also strömen weiter Menschen aus existenziellen Nöten zu uns und werden als sog. Wirtschaftsflüchtlinge wieder abgeschoben. Der Zynismus ist nicht zu überbieten.

Über Freiheit (2015)
70 Jahre „Tag der Befreiung" – 110. Todestag von Friedrich Schiller

Am 8. Mai jährt sich das Ende des Zweiten Weltkrieges zum siebzigsten Mal, der Todestag Schillers am 9. Mai zum 110. Male. Gibt es einen Zusammenhang?

Die bedingungslose Kapitulation der deutschen Wehrmacht am 8. Mai 1945 führte zum Friedensschluss. Es war der kürzlich verstorbene Bundespräsident Richard von Weizsäcker, der vor dreißig Jahren diesen Tag zum Tag der Befreiung erklärte. In seiner berühmten Rede vor dem westdeutschen Bundestag in Bonn sprach er zum ersten Mal von der Befreiung von den Nationalsozialisten und nicht mehr nur vom Tag der Niederlage Deutschlands, und er erinnerte daran, dass ebenfalls am 8. Mai, im Jahre 1955 zehn Jahre nach Kriegsende, das Grundgesetz in Kraft trat, das seit 1949 formal galt, die freieste Verfassung, die jemals in Deutschland formuliert worden war. Von dieser Rede aus gesehen dauerte es nochmals fünfeinhalb Jahre, bis das Grundgesetz die Verfassung für das gesamte deutsche Volk wurde. So betrachtet ist die heutige Bundesrepublik Deutschland erst seit dem 3. Oktober 1990 ein freier souveräner Staat.

Was bedeutet Freiheit? Nach dem Gesetz sind wir frei und gleich, aber fühlen wir uns frei und gleich? Es gibt sicher manche, die das unterschiedlich interpretieren, aber im Vergleich zu vielen anderen Menschen auf der Welt genießen wir eine Freiheit, von der diese Menschen nur träumen. Der Philosoph Rüdiger Safranski hat einmal gesagt: „Freiheit kann man nicht erklären. Freiheit kann nur gelebt werden." Leben wir Freiheit? Heute mehr denn je.

Die Gefolgschaft und Sympathie für ein diktatorisches System trotz Einschränkungen fast aller persönlichen Freiheiten zeigt, dass wir Freiheit bis zum Tag der Befreiung nicht gelebt haben. Wenn wir den Satz von Safranski wörtlich nehmen, dann ist Freiheit vermutlich eine Utopie. Dann können wir Freiheit nur denken.

Der Brockhaus definiert den Begriff der Freiheit ganz allgemein so: „Die Unabhängigkeit von äußerem Zwang und fremder Gewalt. Freiheit gilt als einer der obersten Werte des Menschen; das Postulat der Freiheit hat im Zeitalter der deutschen Klassik und in der Philosophie des deutschen Idealismus eine zentrale Rolle gespielt." – Also um 1800.

Es war vor allem Friedrich Schiller, der am 9. Mai 1805, also vor 210 Jahren, gestorben ist, der den Gedanken vom „Idealismus der Freiheit" zum Thema seiner Dichtungen und Schriften gemacht hat. Seine Figuren unterliegen in ihrer Pflicht und Verantwortung zu eigener Entscheidung in der inneren (sittlichen) und der äußeren (handelnden) Freiheit des Willens, wie sie seit alters her die religiöse und philosophische Ethik behandelt. Die Fähigkeit des Menschen zur Willensfreiheit ist abhängig von der Einsicht in Werte und der Wahl zwischen Wert und Unwert. Er beschäftigte sich mit der bis heute zentralen Frage: Wie frei ist der Mensch in seinem Willen und seinen Entscheidungen? Schiller beruft sich im Wesentlichen dabei auf die Philosophie der Aufklärung von Kant. Nochmal der Brockhaus: „In der Politik bedeutet Freiheit sowohl die äußere Unabhängigkeit und Gleichberechtigung eines Staates (Souveränität), wie das Recht eines Volkes, über seine staatliche Einheit und Ordnung selbst zu entscheiden (Selbstbestimmungsrecht), wie auch das Recht aller Staatsbürger an der Ausübung der Staatsgewalt (Demokratie)."

Politisch gesehen sind gerechte Gesetze ein Mehr an Freiheit, denn Gesetzlosigkeit schafft Unfreiheit und willkürliche Macht. Im Sinne dieser politischen Definition ist der 8. Mai 1945 eindeutig ein Tag der Befreiung. Und was das Selbstbestimmungsrecht des Volkes betrifft, war auch der 9. November 1989 ein Tag der Befreiung. Denn „nach Freiheit sehnt sich nur, wer sie nicht hat." (Pavel Kohout)

Konsequenterweise hätte die Politik dies durch eine Volksabstimmung dokumentieren sollen. Ich bin sicher, dass eine Volksabstimmung nach dem 3. Oktober 1990 zugunsten der staatlichen Einheit ausgefallen wäre und zu einem anderen Gefühl von Freiheit geführt hätte. Eine vollständige politische Freiheit ist nämlich nur durch Volksentscheid möglich und gültig. Im Artikel 146 des Grundgesetzes wird verlangt, dass die Verfassung durch das Votum des Souveräns, also des Volkes, bestätigt werden muss, wenn das gesamte deutsche Volk in Frieden und Freiheit darüber abstimmen kann. Das war 1990 der Fall, ist aber nicht geschehen.

Die persönliche Freiheit des Einzelnen gegenüber der Staatsgewalt galt schon in alter Zeit als hohes Rechtsgut. Schiller lebte zur Zeit des Absolutismus. Er konnte Freiheit nur denken, Freiheit leben war der Willkür der Herrscher unterworfen. Eine Aufforderung an einen Regenten wie „Sire, geben Sie Gedankenfreiheit", die Schiller seinen Marquis (Markgraf) Posa an den spanischen König richten lässt, war zu seiner Zeit ein mutiger, ein revolutionärer Akt (siehe Don Carlos, Dritter Akt, Zehnter Auftritt).

Die absolutistischen Herrscher untermauerten ihren Machtanspruch mit dem Gottes Gnadentum, von der Kirche gestützt behaupteten sie, ihre Macht wäre von Gott verliehen und damit unangreifbar und verlange unbedingten Gehorsam und absolute Gefolgschaft. Selbstherrlich übertrieben sie Unterdrückung und Unfreiheit bis zur Ohnmacht, bis zu dem Moment, wo zwangsläufig verzweifelter Gegendruck entstehen muss. Die Philosophie der Aufklärung formulierte die Gedanken der Freiheit durch den Appell an die Vernunft des Menschen und schuf die theoretischen Voraussetzungen für politische Veränderungen durch die Trennung von Staat und Kirche und damit die Befreiung vom Gnadentum Gottes. Praktische Folge war die Französische Revolution von 1789.

In Deutschland begann der Prozess der Trennung von Staat und Kirche 1803 mit dem Reichsdeputationshauptschluss, also zwei Jahre vor Schillers Tod. Schiller hatte sich mit dem Thema ausführlich beschäftigt, er hatte bereits eine große Abhandlung über den „Dreißigjährigen Krieg" geschrieben und erkannt, dass religiöse Auseinandersetzungen in europäischen Staaten weder durch den Augsburger Religionsfrieden von 1555 noch den Westfälischen Frieden von 1648 zu Freiheit geführt haben. Wie Religion zur Machtfrage werden kann, hat Schiller in seinem Trauerspiel „Maria Stuart" gezeigt. Wichtigstes Beispiel ist der Dialog zwischen der anglikanischen Elisabeth und der katholischen Schwester Maria Stuart im England des 16. Jahrhunderts (siehe Maria Stuart, Dritter Aufzug, vierter Auftritt).

„Politik in der Kirche gibt den denkbar übelsten Missklang und verbreitet die widerlichsten Gerüche" (Gerhart Hauptmann). Wohin das führt, wenn Religion zur Staatsräson wird, in die Gesetzgebung und Rechtsprechung eines Staates einfließt, erleben wir heute in islamischen Staaten. An diesen Beispielen können Sie sehr gut ermessen, unter welchen Bedingungen die Menschen damals auch bei uns leben mussten. Zwischen der Anwendung der Scharia mit Steinigungen, Stockhieben und Hand abhacken und den Hexenverbrennungen und der Inquisition scheint mir kein so großer Unterschied zu sein. Und wie die Bilderstürmer damals hauen heute Fanatiker assyrische Statuen in Mossul nieder. Religion als staatliche Gewalt macht unfrei und stellt einen Missbrauch von Religionsfreiheit dar. Religionsfreiheit ist Glaubensfreiheit oder, wenn Sie so wollen, Gedankenfreiheit, ist folglich nur in säkularen Staaten lebbar. Religion wie Ideologie sind per se befangen, Religion gibt vor, den wahren Gott zu vertreten, Ideologie beruft sich auf eine philosophische Auslegung, beide sind also nicht frei von Vor-Urteilen und beschränken damit die Freiheit des Denkens, denn sie möchten ihre vorgefasste Meinung bestätigt haben.

„Die Freiheit der Meinung setzt voraus, dass man überhaupt eine hat", sagt Heinrich Heine. Aber ist ideologiefreies Denken und Handeln überhaupt möglich? Und wenn man es so sieht wie Stepháne Hessel: „Tatsächlich empfinde ich sogar Demokratie als eine aufrichtige Ideologie", dann muss man fragen, ob es überhaupt politische Freiheit gibt. Die Forderung der SED z. B.: „Die Freiheit des einzelnen ist die Freiheit aller!" konnte von ihr nicht realisiert werden. Andererseits gilt auch ihr Satz: „Die politische Freiheit hat das Volk nicht vor sozialer Ungerechtigkeit bewahrt." Freiheit kollidiert stets mit dem Machtanspruch der Herrschenden. Meinungsfreiheit benötigt ein Höchstmaß an Toleranz.

Mit der Macht des Wortes kann Meinungsfreiheit sowohl behauptet als auch „diktiert" werden, die Mittel sind Demagogie und Propaganda. Geschickte dialektisch geschulte Rhetoriker drehen die Worte so lange, bis sie überzeugen und geglaubt werden. Verschwörungstheoretiker beherrschen das meisterhaft. Die Neigung des Menschen, seinen Vorurteilen eher zu glauben als nachweisbaren Fakten, kommt den Mächtigen bei der Manipulation und Propaganda ihrer Politik entgegen. Wissen hat dann keine Chance, wenn man etwas glauben <u>will</u>.

Schiller zeigt im „Fiesco", wie diese Art der Dialektik funktioniert. Fiesco strebt die Alleinherrschaft an und erläutert seinem Volk im republikanischen Genua die Schwächen der Demokratie so lange, bis das Volk ihn in demokratischer Überzeugung zum Führer wählt und nicht bemerkt, wie es die eigenen Rechte damit aufgibt (siehe „Die Verschwörung des Fiesco zu Genua", Zweiter Aufzug, achter Auftritt).

Wie oft müssen wir noch heute zugestehen, dass demokratische Wahlen auch Alleinherrscher hervorbringen können, wenn die staatlichen Systeme nicht gefestigt sind. Und wir rechtfertigen es sogar mit der Begründung, dass die Wahlen legal vonstatten gingen und den Willen des Volkes wiedergeben, statt misstrauisch zu bleiben, die Umstände zu hinterfragen und unsere Vorurteile und vorgefassten Meinungen zu überprüfen.

Unser Fiesco oder Fiasko heute ist das Internet und das Kapital. Wir haben unsere persönliche Freiheit freiwillig an Banken, Wirtschaftsunternehmen und Internetdienste abgegeben. Die Manipulationen jeglicher Informationen werden gar nicht mehr durchschaut. Lügen und sog. fake news werden so formuliert, dass sie durchaus glaubwürdig erscheinen.

Freiheit ist ein sehr gefährdetes, höchst fragiles Gut. „Ich fürchte mich so vor der Menschen Wort." Rilkes Vers klingt wie ein aktueller Stoßseufzer. Die Mächtigen benutzen zwar die Macht des Wortes zu ihren Gunsten, fürchten aber auch die Rede- und Meinungsfreiheit. Sie wird zur Waffe, wenn Paranoia Angst erzeugt. So wird die westliche Freiheit dort verteufelt, wo sie den Moralvorstellungen nicht entspricht (in allen islamischen Staaten). Oder wenn Freiheit ein Mehr an Wissen bedeutet (Chinas Personenkult und das Verbot westlicher Werte. China steht kurz vor der zweiten Kulturrevolution). Oder wenn Machtverlust droht (Erdogans systematische Islamisierung der Türkei). Immer bedeutet es ein Rückfall in Zeiten vor der Aufklärung. Nur freier Meinungsaustausch bringt Fortschritt, geistige Freiheit lässt sich auf Dauer nicht unterdrücken.

Schiller musste erleben, dass die Macht seiner Worte ebenfalls gefürchtet war. Zu seiner Zeit hatten sich die Herrscher gut abgesichert. Der Brockhaus erklärt: „In der älteren deutschen Rechtssprache bedeutet Freiheit die Zugehörigkeit zu dem Stande der Freien, also denen, die durch Tradition oder Privileg zustehende Sonderrechte genießen." Zwei dieser Sonderrechte bestehen übrigens noch heute: Bei Einzelpersonen die Immunität der Abgeordneten, bei Staaten die Exterritorialität, z. B. ihrer Botschaften. Schiller konnte sich durch die Flucht aus Württemberg in die kurpfälzische Residenzstadt Mannheim der staatlichen Gewalt seines Herrschers entziehen, viele deutsche Bürger taten das gleiche 1989 durch die Besetzung der Botschaften in Prag, Budapest und Warschau. Vielleicht könnte man heute das Sonderfreiheitsrecht der Immunität von Einzelpersonen generell aufheben, aber auf das Recht staatlicher Exterritorialität sollten wir nicht verzichten. Das könnte noch viel Nützliches in der Welt bewirken.

Wie sein Thema „Die Freiheit des Denkens" für Schiller zum Problem in seiner Heimat wurde, kann man an der Entstehung seines ersten Dramas „Die Räuber" verdeutlichen. Schiller war gezwungen, „Die Räuber" außerhalb seines Landes im Nationaltheater Mannheim uraufzuführen. Der Herzog von Württemberg verbot Schiller auch nur ein einziges Wort ohne seine Genehmigung zu veröffentlichen. Schillers Landesvater stellte ein Musterbeispiel für den Kleinstaatabsolutismus im 18. Jahrhundert dar: ein prachtliebender, zügelloser und gewalttätiger Herrscher, der viele Freigeister in seinem Land einkerkerte, u. a. auch den Pfarrer Moser, den Erzieher Schillers. Der setzte ihm daraufhin ein großartiges Denkmal in den „Räubern" als Widerpart des Tyrannen Franz Moor, der Züge des Herzogs trägt. Und auch Karl Moor hat ein Vorbild, das der Herzog auf dem Gewissen hat. Ein anderer Freigeist nämlich, sein Freund, war der Organist Christian Friedrich Daniel Schubart, der Dichter der „Forelle". Schubart, ein Gerechtigkeitsfanatiker wie Karl Moor, wurde ohne Anklage und Urteil zehn Jahre lang auf der Festung Hohenasperg wegen angeblicher Verunglimpfung seines Landesherrn festgehalten. Er hatte in seinen Schriften angeprangert, dass der Herzog seine Landeskinder als Soldaten an fremde Staaten, vor allem nach Nordamerika, verkauft. Sein satirisches Gedicht „Die Fürstengruft" brach ihm endgültig das Genick. „Die schönsten Träume von Freiheit werden im Kerker geträumt", sagt Schiller. Er war vom Schicksal seines Freundes Schubart tief berührt und hat den von ihm dokumentierten Menschenhandel seines früheren Landesherrn in „Kabale und Liebe" aufgegriffen und in einer kurzen Kammerdienerszene verewigt (siehe „Kabale und Liebe", Zweiter Akt, zweite Szene).

Der Verkauf von Menschen für Kriege ist geblieben, wir erleben es fast täglich: Gotteskrieger, Söldner, Kindersoldaten. Menschenhandel ist bis heute ein einträgliches

Geschäft. Und auch Zensur ist uns nicht unbekannt. Ich möchte daran erinnern, dass am 10. Mai 1933, also vor 82 Jahren, noch alle Parteihäuser, Zeitungsbetriebe, Druckereien und Bibliotheken nach „hochverräterischen Schriften" durchsucht und Bücher verbrannt wurden. Und dass manche DDR-Autoren bis 1989 nur im Westen publizieren durften, sollte auch nicht verschwiegen werden. Denken ohne Stimme ist tot.

Als vier Jahre nach Kriegsende, am 8. Mai 1949 Freiheitsrechte im Grundgesetz der BRD formuliert und vom Parlamentarischen Rat beschlossen wurden, verkündet am 23. Mai, galten sie wegen der militärischen Besetzung zunächst nur formal. Wie schon erwähnt trat das Grundgesetz erst zehn Jahre später endgültig in Kraft. Es konnte allerdings zunächst nur in den Westzonen umgesetzt werden, weil nur dort die drei Besatzungsmächte bereit waren, ihre Souveränität weitgehend abzugeben.

Unsere politische Freiheit war also eingeschränkt. Die West-CDU proklamierte: „Die Westintegration bringt den Deutschen die Einheit in Frieden und Freiheit", sie brachte statt Freiheit Teilung und Trennung. 1952, als die Sowjetunion anfing, Entgegenkommen zu signalisieren, verweigerte Adenauer dem ganzen deutschen Volk die Freiheit. Ich zitiere aus britischen Geheimdokumenten, die 30 Jahre später veröffentlicht wurden: „Ich habe kein Vertrauen in das deutsche Volk. Deshalb betreibe ich die Integration Westdeutschlands ins westliche Bündnis. Das ist wichtiger als die Wiedervereinigung. Deshalb bitte ich die britische Regierung, auf keines der sowjetischen Angebote zur Wiedervereinigung einzugehen."

Auch über die wirtschaftliche Freiheit durften wir nicht entscheiden. Mit der Währungsreform 1948 wurde im Westen die soziale Marktwirtschaft eingeführt. 1,3 Mrd. Dollar Marshallplan-Hilfe brachte die Wirtschaft zum Blühen. In der SBZ wurde den Deutschen die Annahme dieser Gelder von den Sowjets verweigert. Da auch weit über eintausend Betriebe demontiert und außerdem 66 Mrd. Mark Reparationszahlungen nach Moskau flossen, waren die Voraussetzungen für einen wirtschaftlichen Aufschwung in der DDR ungleich schlechter. Mit der Einführung der Planwirtschaft konnte der Vorsprung der Westzonen nie mehr aufgeholt werden. Es lag nahe, dass die Ostdeutschen am 18. Mai 1990 mit dem Staatsvertrag zur Währungs-, Wirtschafts- und Sozialunion eine Entscheidung pro DM zugunsten des Kapitalismus nachholten. Ob damit wirtschaftliche Freiheit für jeden erreicht ist, bleibt Ansichtssache. Die Angleichung der konträren Wirtschaftssysteme durch die Treuhandgesellschaft ist zumindest nicht ganz unproblematisch verlaufen.

Es ist bemerkenswert, dass führende deutsche Politiker ein tiefes Misstrauen hegen, dem deutschen Volk Freiheiten zu gewähren, von Bismarck über den Kaiser, Hitler sowieso, Adenauer, Ulbricht, Honecker bis heute. Sie gestatten uns keine Volksentscheide. Wir müssen uns die Frage gefallen lassen, ob ihr Misstrauen berechtigt ist. Nutzen wir unsere gewonnenen Freiheiten sinnvoll? Gibt es überhaupt ein objektives Recht auf Freiheit? Heinrich Heine meinte: „Die so genannte Objektivität, wovon heute so viel die Rede, ist nichts als eine trockene Lüge. Es ist nicht möglich, die Vergangenheit zu schildern, ohne ihr die Färbung unserer eigenen Gefühle zu verleihen."

Unser Grundrecht auf Freiheit wird immer wieder auf eine harte Probe gestellt. Freiheiten werden auch von außen bedroht. Die Politik versucht ständig, die Balance zwischen Sicherheit und Schutz ihrer Bürger und der Gewährung von Freiheiten zu halten. Das gelingt nicht immer: Das Asylrecht ist bereits eingeschränkt worden, über die Auslegung des Demonstrationsrechts wird nachgedacht und die Freiheit der Kunst steht immer häufiger zur Disposition. Apropos Kunstfreiheit: So lange Islamisten im Namen Gottes wertvolle Kunstwerke aus vorislamischer Zeit in Babylon, Mossul, Ninive, Nimrud und Palmyra mutwillig und sinnlos zerstören, lasse ich mir als Kunstschaffender von Islamisten nicht vorschreiben, was Satire darf oder nicht. Für mich stellt sich da die Frage: Was darf Religion? Der Missbrauch von Religionsfreiheit kann ebenso wenig gerechtfertigt werden wie der Missbrauch von Meinungsfreiheit. Wenn Gedenkveranstaltungen überhaupt einen Sinn machen sollen, dann den, dass wir uns die Zustände bewusst machen, an die wir erinnern wollen. Wenn wir heute über den Tag der Befreiung sprechen, dann müssen wir wissen, wovon wir befreit wurden. Die Last der Verantwortung für Raubkunst, Massenmord, Zerstörung usw. müssen wir tragen. Das darf uns aber nicht hindern, die gleichen Gräueltaten woanders auf der Welt zur Sprache zu bringen und wenn möglich zu unterbinden. Freiheit setzt Kreativität, Wachsamkeit und Informiertsein voraus. Freiheit hat nichts mit Egoismus zu tun, persönliche Freiheit findet ihre Grenze am Gemeinwohl. Freiheit ist auch Rücksichtnahme, auf soziale Belange, auf die Not anderer. Freiheit ist Mitarbeit an der Gestaltung des friedlichen Zusammenlebens, Freiheit ist Menschenrecht und Menschenwürde.

Freiheiten zu verteidigen erfordert Mut. Schiller schuf mutig Dramenfiguren, auch weibliche, die unermüdlich Freiheitsrechte einforderten. Obwohl Frauen, auch die Gattinnen und Mätressen der Herrscher, zu seiner Zeit keine Rechte und Freiheiten besaßen, nahm sich Schiller die Freiheit, einen Bruderkrieg um die Erbfolge und Macht durch eine Frau zu entschärfen. Der Versuch von Isabella, der Fürstin von Messina, den Machtkampf ihrer beiden Söhne mit den Mitteln der Diplomatie beizulegen und sie vor dem Ältestenrat, nur Männer, sprechen zu lassen, musste damals wie ein Affront, wie eine unerhörte Einmischung in die herrschaftlichen Strukturen gewirkt haben (siehe Eingangsmonolog von Isabella aus „Die Braut von Messina").

Schiller war ein großer Anhänger der Französischen Revolution und hielt ihre Ziele in Ehren. Als er die Bekanntschaft mit Herzog Karl August von Weimar machte, las er ihm den ersten Akt des „Don Carlos" vor. Obwohl der Herzog den Thesen nicht zustimmte, ernannte er Schiller daraufhin zum Weimarischen Rat. Schiller hatte sich freigeschrieben. Aus dem Dichter des Sturm und Drang wurde nun der akribische Geschichtsforscher und Lehrer mit hohen ethischen Forderungen, was ihm den – leider unbesoldeten – Lehrstuhl für Geschichte in Jena einbrachte. Sein intensives Studium der Schriften Kants machte ihn zum Interpreten des Philosophen, dessen Thesen nahm er zum Motiv für seine weiteren Dichtungen und Schriften, und er gründete seine berühmte Monatsschrift „Die Horen", für die er geistesverwandte Mitarbeiter um sich sammelte wie Goethe und Wilhelm von Humboldt. Der kantische Gedanke, „das Schöne sei das Symbol des Guten" führte zu den bedeutenden Abhandlungen „Über Armut und Würde", „Über die ästhetische Erziehung des Menschen", „Über naive und sentimentalische Dichtung" und zur Gedankenlyrik, in der die sittlichen Forderungen des Idealisten Niederschlag fanden.

Seit 1794 entwickelte sich die Freundschaft zu Goethe und mit ihm gemeinsam die klassische Kunstlehre. 1799 zog Schiller nach Weimar, und es begann der Höhepunkt der klassischen deutschen Dichtung. Jetzt entstanden die großen Dramen beider Dichter. Schiller behauptete sich als der wichtigste „Freiheitsdichter" deutscher Sprache, seine Dramen beherrschten die Bühnen deutscher Theater und entfalteten eine große Wirkung. Leider starb er viel zu früh, bereits 45-jährig an einem alten Brustleiden.

Vom Fragment gebliebenen „Demetrius" abgesehen, ist „Wilhelm Tell" sein letztes vollendetes Theaterstück, ein Freiheitsdrama par exzellence. Verlegt in die freie Schweiz nimmt es die Gedanken der französischen Revolution auf, ohne eine revolutionäre Volkserhebung zu proklamieren, der er skeptisch gegenüber stand. Freiheit, Gleichheit, Brüderlichkeit als Wiedereinsetzung alten Rechtes, das von oben gebrochen wurde. Die Mittel, die Schiller rechtfertigt: Tyrannenmord und gewaltfreier Volksaufstand. Die Schweizer lässt er eine freie Republik konstituieren und klare politische Freiheitsrechte proklamieren. Damals wie heute eine Horrorvorstellung für jeden deutschen Fürsten oder autoritären Kleinstaat. „Wilhelm Tell" durfte daher weder im Dritten Reich noch auf einer staatlichen DDR-Bühne gespielt werden. So gefürchtet waren Schillers Worte. Lesen Sie den Rütli-Schwur:

> Wir wollen sein ein einzig Volk von Brüdern,
> in keiner Not uns trennen und Gefahr.
> Wir wollen frei sein wie die Väter waren,
> eher den Tod, als in der Knechtschaft leben.
> Wir wollen trauen auf den höchsten Gott
> und uns nicht fürchten vor der Macht der Menschen.

Und aus den vielen Freiheitsszenen des Stückes möchte ich eine weniger bekannte auswählen, nämlich die 2. Szene im III. Aufzug, wo während der Jagd die Favoritin des Tyrannen Gessler, Berta von Bruneck, auf den Neffen des alten Attinghausen, Rudenz, trifft, der sich dem Freiheitskampf seines Volkes entziehen will, u. a. weil er Berta für sich gewinnen möchte. Das ungewöhnliche Verhalten von Berta sagt viel über das Frauenbild Schillers aus. Er hat ähnlich wie Lessing für seine Zeit starke, selbstbewusste, mutige Frauentypen geschaffen, wie Sie bereits bei Isabella von Messina erkennen konnten (siehe „Wilhelm Tell", Dritter Aufzug, Zweiter Auftritt und die Schlussverse des Dramas).

Nach Schillers Überzeugung ist das höchste Ziel des Menschen seine Selbstbestimmung, die ihn zwingt, sich einer sittlichen Weltordnung freiwillig einzufügen. Der Wille als Weg zur Freiheit, der freie Wille als schöpferischer Aspekt der Freiheit, Menschenliebe als das Vortrefflichste der Freiheit, diese „Freiheitsabenteuer" waren Schillers Leidenschaft und begründeten seinen Idealismus in der Überzeugung, dass es möglich ist, die Dinge zu beherrschen statt sich von ihnen beherrschen zu lassen. Dazu der Philosoph J. P. Sartre: „Es kommt darauf an, etwas aus dem zu machen, wozu man gemacht wurde." Diese moralische Forderung bringt Schiller mit schöpferischer Freiheit in die Welt, und er hat sie unerschöpflich tief und einfach zugleich in den edelsten Gestalten der deutschen Dichtung vorgetragen und von bleibendem Wert geschaffen.

Mit der angestrebten Vereinigung der Staaten Europas wird nationale Souveränität bedeutungsloser, geben wir Entscheidungsfreiheiten ab, gewinnen aber auch persönliche Freiheiten hinzu, z. B. die Befreiung von Grenzen. Wird das Ideal der Freiheit dadurch immer realer? Kann der Mensch so viel Freiheit ertragen? Wie viel Freiheit braucht der Mensch? Warum macht der Mensch so wenig Gebrauch von der Freiheit, die er hat? Ist Freiheit dem Menschen zumutbar? – Freiheit ist dem Menschen zumutbar. Das setzt allerdings einen mündigen und kreativen Bürger voraus, einen freien Geist, einen Freigeist wie Schiller. Die Entdeckung der Freiheit gibt dem Menschen Würde. Er selbst ist die Freiheit, Freisein und Menschsein ist dasselbe. Für Sartre ist diese existenzielle Freiheit die eigentliche Zumutung, denn sie bedeutet, sein Leben in die eigene Hand zu nehmen, Verantwortung für sein eigenes Leben zu übernehmen. Sie bedeutet nicht, tun und lassen zu können, was man will, sondern sein eigenes Leben zu entwerfen. Gewaltfrei und dem Gemeinwohl der Gesellschaft unterworfen.

Hier liegen die Grenzen der Freiheit, deshalb werden einige Freiheiten immer eingeschränkt bleiben. Verletzung der Persönlichkeitsrechte durch Anwendung von Gewalt wird weiterhin bestraft werden. Dennoch zu versuchen, Freiheit zu leben, über Staatsgrenzen hinweg, das entspricht dem Freiheitsideal Schillers. Dazu ist zuerst die Überwindung von Angst erforderlich, die Befreiung von Fremdenangst und Engstirnigkeit, von der Angst vor Zivilcourage und Obrigkeit. Wir Deutschen müssen unseren Minderwertigkeitskomplex überwinden und endlich eine selbstbewusste Nation werden, um wirklich frei zu sein, frei von falschem Nationalismus, frei von Ideologie, frei von ängstlicher Intoleranz, idealistisch frei im Sinne Schillers. Es ist nicht verwunderlich, dass eines der besten Gedankengedichte, die je geschrieben wurden, zur Hymne Europas, des <u>freien</u> Europa, ausgewählt wurde. Es ist aber überraschend, dass sowohl die Verse wie die Musik von Deutschen stammen. Schillers „An die Freude" in der Vertonung von Ludwig van Beethoven. Das sollte uns befreien von unserer kleingeistigen Nabelschau. Freiheit angstfrei leben muss das Ziel sein. Zum Schluss ein Zitat von Jean Paul: „Ein Deutscher ist mit Vergnügen alles, nur nicht er selber."

FRIEDEN

Das größte Hindernis für einen Weltfrieden sind die Religionen. So lange niemand bereit ist, den Gott des Andersgläubigen als gleichwertig anzusehen, ist ein Frieden nicht möglich.

Tyrannei und Machtstreben einiger ist gefährdend, führt auch zum Krieg, bleibt aber zeitlich und lokal begrenzt. Religionskriege sind aber von Dauer und unabhängig vom wechselnden Führungspersonal. Religion bleibt ein Massenphänomen. Statt Liebe entsteht Hass, Hass auf den „Ungläubigen", der stärker ist als der Hass auf den Menschen als politischen Gegner. Warum die „angebliche" Liebe zu Gott den barbarischen Hass erzeugt, ist mit dem Verstand nicht zu erklären. Die Verführbarkeit des Menschen läuft entweder über Ideologie oder Religion, wobei die Religion nachhaltiger ist. Glaube ist durch nichts, auch nicht durch die schlagkräftigsten Argumente zu erschüttern. Ideologie zerfällt bei Machtverlust. Wenn ein Volk aufgrund verfehlter Wirtschaftspolitik beispielsweise in Not gerät, entsteht allenfalls ein Aufstand gegen die Regierung, oder der Hunger treibt die Menschen in die Flucht. Religiöser Fanatismus erzeugt aber immer Krieg. Selbst wenn Dir alles genommen ist und Du wirklich nichts mehr hast, haderst Du mit deiner Umwelt, aber nicht mit Gott, sondern bist immer noch bereit, Gott mit Deinem Leben zu verteidigen und für Deinen Gott zu morden. Und nur religiöse Überzeugungen versetzen den Menschen in die Lage, sinnlos wehrlose Kulturschätze einer anderen Religion zu zerstören, den Hass an Sachen und Gegenständen auszutoben.

Wenn Menschen schon nicht auf ihren Gottesglauben verzichten können, dann hilft nur, den Glauben so stark zur Privatangelegenheit zu erklären, dass man kein Unrecht mehr damit anrichten kann. Religion darf nicht als Mittel der Politik eingesetzt werden, sie darf in keinem Staat politische Bedeutung haben, kein Staat sollte Geld für religiöse Zwecke ausgeben. Jeder Mensch darf glauben, was er will, darf seinen Glauben privat leben wie er möchte. Aber der Staat muss Hassprediger verhindern und rechtliche Dinge frei von religiöser Moral handhaben. Keine Religion besitzt das Monopol auf moralische Standards. Jeder Mensch kommt ohne Kirche, Moschee, Synagoge oder Tempel aus, ohne seinen Glauben aufgeben zu müssen oder keine Gemeinschaften bilden zu können. Wenn der Staat religiöse Initiativen nicht mehr fördert, mit Predigten oder religiösen Berufen kein Geld zu verdienen ist, jeder sich selbst um seinen Glauben kümmern und für sein eigenes Seelenheil sorgen muss, fällt zumindest ein wichtiger Grund für Hass auf den anderen weg. Es könnte zum Frieden auf der Welt führen.

RELIGIONSFREIHEIT

Im Grundgesetz ist Religionsfreiheit verankert. Trotzdem darf Religion nicht alles, es gibt ganz natürliche Grenzen dieser Freiheit. Ich meine nicht nur die Konflikte, die durch die Trennung von Staat und Kirche entstehen. Wir sind ja selbst nicht konsequent in unserem Laizismus. Darauf gehe ich im nächsten Artikel ein.
Mir geht es zum einen um Dinge, die einen Eingriff in „Gottes Schöpfung" bedeuten würden, um es religiös auszudrücken. Dazu gehört die Beschneidung, besonders die der Mädchen, die auch in Deutschland in unerträglicher Häufigkeit vorgenommen wird. Oder wenn verschiedene Sekten Kindern z. B. bestimmte medizinische Versorgung aus Glaubensgründen verweigern, ihre Kinder nicht zur Schule schicken wegen Sexualunterrichts oder anderweitig sich dem notwendigen Bildungsangebot verschließen. Diesen Kindern bleibt die Chancengleichheit verwehrt. Glaube mag in bestimmten Fällen Berge versetzen, aber Krebs z. B. heilt er nicht.
Zum anderen, wenn sie mit dem Staat kollidiert. Die katholische Kirche besteht immer noch auf ihrem eigenen Kirchenrecht. Sie bestraft z. B. nicht angemessen den sexuellen Missbrauch von Geistlichen an Jungen. Auch die Verwendung von Steuergeldern (Kirchensteuer) ist intransparent und verschwenderisch und dient nicht immer dem eigentlichen Zweck, für den der Staat zahlt.
Am schlimmsten ist es, wenn eine fremde Religion sich nach dem Artikel der Religionsfreiheit behaupten will. In diesem Sinne ist der Satz: „Der Islam gehört zu Deutschland" (Christian Wulff, ehem. Bundespräsident) eine absolute Falschaussage. Den Islam gibt es in Deutschland und muss auch wie jede andere Religion behandelt werden, aber er gehört keineswegs zu Deutschland, denn er kollidiert in mehrfacher Hinsicht mit den Gesetzen und Regeln in unserem Land. Wenn der Koran mehr gilt als das Grundgesetz, ist der Islam nicht in Deutschland integrierbar. Muslime erkennen deutsche Gerichte nicht an, weil sie anders als die Scharia Recht sprechen.

Muslime sondern sich ab, weil bestimmte gesellschaftliche Gepflogenheit (Gleichberechtigung von Mann und Frau z.B.) nach ihrem Verständnis mit dem Koran nicht vereinbar sind. Muslime nennen uns Ungläubige, die Intoleranz ist also auf ihrer Seite. Die Bibel ist in der Gesetzgebung ja auch nicht Maßstab aller Dinge, was von der jüdischen Religion beispielsweise voll akzeptiert wird. Die Muslime müssen lernen, dass der Koran in Deutschland keine Gültigkeit hat, wenn sie in diesem Land leben wollen. Allen Forderungen nach Änderungen in diese Richtung muss eine entschiedene Absage erteilt werden und hat mit der Freiheit der Religion nichts zu tun. Staatsrecht steht über Gottes Gesetz!

Zur Religion

Was darf Religion?

Religionsfreiheit ist Glaubensfreiheit. Das bedeutet, jeder kann glauben, was er will. Religionsausübung ist folglich Privatsache und darf frei und ungehindert zu Hause oder in den dafür vorgesehenen Räumen ausgeübt werden. In einem säkularen Staat bedeutet Religionsfreiheit nicht, Gewalt anzuwenden, zu indoktrinieren, Recht nach religiösen Gesetzen auszuüben und andere Religionen zu unterdrücken. Die Trennung von Staat und Kirche muss allerdings konsequent eingehalten werden. Diese Feststellung hatten wir im vorigen Artikel bereits getroffen. Ich halte sie für Konsens in unserer Gesellschaft.

In Deutschland geschieht das leider nicht. Wir haben den Gottesbezug bereits in der Präambel des Grundgesetzes verankert. Der Staat sammelt die Kirchensteuer ein, lässt Religion als Schulfach zu, finanziert konfessionell geprägte Schulen, Kindergärten und soziale Einrichtungen und lässt kirchliche Symbole in staatlichen Einrichtungen zu. Bisher bezog sich dieser Umstand nur auf das Christentum und störte niemanden. Jetzt, wo „der Islam zu Deutschland" gehört, wie wir jeden Tag erfahren, klagen andere Religionen, besonders der erwähnte Islam, Gleichbehandlung ein. Kopftuch gleich Nonnenhaube, Muezzin gleich Kirchenläuten, Gebetsraum gleich Kapelle. Der Staat hat keine Möglichkeit Verbote auszusprechen, so lange er seine eigenen christlichen Symbole nicht abschafft. Gleiches Recht für alle.

Nur bei Gewaltanwendung und Rechtsverstößen kann und muss er eingreifen. Das größte Hindernis für den Islam ist die Anerkennung der Gleichbehandlung von Frauen. Mord und Terror im Namen Gottes dürfen niemals geduldet werden. Problematisch wird es, wenn Religionsfreiheit und Meinungsfreiheit kollidieren. Muss der Staat z. B. Hetzpredigten zulassen? Und wie weit darf Kunstfreiheit gehen, ist die Verunglimpfung religiöser Symbole oder Gotteslästerung mit ihr vereinbar?

Als der Anschlag in Paris auf die Redaktion des Satiremagazins „Charlie Hebdo" geschah, löste das eine Debatte über die Freiheit der Kunst aus. Was darf Satire? Es waren Muslime, die ein Verbot der Zeichnungen forderten und die Urheber töteten. Zur Zeit werden Kulturdenkmäler im Irak mutwillig zerstört, weil sie aus vorislamischer Zeit stammen. Es sind Muslime, die brutal mit Vorschlaghämmern Weltkulturerbe vernichten. Wenn Kunstfreiheit überhaupt einen Wert haben soll, dann nur, wenn sie sich frei von Religion, Ideologie oder verordneter Meinung äußern darf.

Der Stammvater der drei Schriftreligionen, Abraham, soll aus Ur im Irak stammen, dem Ursprungsort aller religiösen Kultur, die für uns bedeutsam ist. Ur war ein kulturelles Zentrum in Mesopotamien wie Babylon, Ninive, Nimrud und viele andere, ihre Kunstwerke entstanden nach der Denkweise ihrer Zeit, wie alle Kunst zu jeder Zeit. Sie kann gar nicht der Denkweise entsprechen, die wir Tausende Jahre später haben. Darf man sich deshalb die Freiheit nehmen, sich von dieser Kunst zu befreien?

Die Vorgehensweise des Islamischen Staates ist an Brutalität kaum zu überbieten. Wir schämen uns für unsere Barbarei während der Nazizeit und sind bereit, Raubkunst zurück zu geben. Im Irak sind die Kunstschätze unwiederbringlich verloren. Ich bin daher nicht bereit, mir von einem Islamisten vorschreiben zu lassen, wie weit Kunstfreiheit gehen darf. Ich bin nicht bereit, seine religiöse Befindlichkeit zu tolerieren, so lange er im Namen Gottes die für ihn fremde Kultur sinnlos zerstört. Wir sind verpflichtet, das universelle Erbe der Menschheit auf der ganzen Welt zu bewahren, unabhängig davon, ob es unserer Kultur entspricht oder nicht. Für mich stellt sich nicht die Frage: „Darf Satire alles?" Für mich heißt die Frage: „Darf Religion alles?" Freiheit ist Verantwortung, nicht nur in der Kunst.

J'ACCUSE – ICH KLAGE AN

Ich, Gott der Herr, klage das deutsche Volk und die europäische Christenheit des Ungehorsams, Pazifismus und Humanismus an. Das Fass zum Überlaufen brachte die Verleihung des Friedensnobelpreises an die Europäische Union. Erst erhebe ich einen Polen zum Papst, um den Kalten Krieg zu einem heißen eskalieren zu lassen, aber er trägt zur Versöhnung bei. Dann lasse ich einen Deutschen zu meinem Stellvertreter auf Erden wählen, um die alten Tugenden der Bibel gegen die weltlichen Errungenschaften des Zweiten Vatikanischen Konzils durchzusetzen, aber er erweist sich als zu alt und zu schwach. Zwar deckt er den sexuellen Missbrauch der Priester und holt die antisemitischen Opus Dei – Mitglieder wieder in den Schoß der Kirche, doch sonst müht er sich vergebens, den Rückschritt zum ursprünglichen Glauben an mich wieder einzuführen. Selbst seine hartnäckige Verteidigung der Sexualmoral und der anderen gottgewollten moralischen Prinzipien werden von euch schlichtweg ignoriert.

Kein Christ liest mehr in den Heiligen Schriften, niemand hört auf meine Jahrtausende alte Wahrheit, Gottes Wort hat keine Bedeutung mehr. Habe ich euch nicht schon im 1. Gebot verkündet: „Du sollst dich nicht vor anderen Göttern niederwerfen und dich nicht verpflichten, ihnen zu dienen. Denn ich, der Herr, dein Gott, bin ein eifersüchtiger Gott." Und was tut ihr? Lasst den Islam in euren Ländern zu, lasst euch von Imamen beschimpfen und von Muslimen terrorisieren. Oder werdet Buddhisten und glaubt an deren Wiedergeburt. Reicht euch mein Versprechen auf das ewige Leben im Paradies nicht mehr? Und heißt es nicht weiter im 2. Buch Moses in

Kapitel 20: „Bei denen, die mir Feind sind, verfolge ich die Schuld der Väter an den Söhnen, an der dritten und vierten Generation ..." Warum habt ihr 1945 aufgehört, die Juden zu vernichten? Ihr habt ihnen sogar einen eigenen Staat zugestanden. Habe ich euch nicht vorgemacht, wie ihr zu verfahren habt? Warum lest ihr nicht mein Wort im 1. Buch Moses, Kapitel 6 und 7: „Ich will den Menschen, den ich erschaffen habe, vom Erdboden vertilgen... Gott vertilgte also alle Wesen auf dem Erdboden". Ich habe euch Beispiele genug gegeben, unzählige Völkermorde habe ich angerichtet, euch vorgemacht, wie man die grausamsten Todesarten anwendet, gnadenlos foltert und tötet, selbst meinen eigenen Sohn habe ich geopfert. Und jetzt seht ihr zu, wie es euch die Islamisten vormachen, Un- und Andersgläubige brutal umzubringen statt es ihnen gleich zu tun.

Was macht ihr? Schließt Frieden, als ob ihr mich verhöhnen wollt. Ihr habt das 5. Gebot völlig missverstanden: Ihr sollt nicht morden. Das Wörtchen „mich" habt ihr überhört. Ihr sollt „mich" nicht morden, aber jeden religiös Abtrünnigen, Hexen, Ehebrecher*innen, Homosexuellen, alle Feinde sollt ihr töten ohne Gnade, ich habe es ausführlich dargelegt, und ihr habt es früher befolgt.

Alle meine angeordneten Strafen werden von euch missachtet, es fürchtet sich niemand mehr vor mir. Warum erschlug Kain den Abel, wenn es euch nicht zum Vorbild dient? Warum habe ich euch meinen Sohn geschickt, wenn ihr ihm nicht folgt? Matthäus hat aufgeschrieben, was Jesus zu euch gesagt hat: „Denkt nicht, ich sei gekommen, um Frieden auf die Erde zu bringen. Ich bin nicht gekommen, um Frieden zu bringen, sondern das Schwert. Denn ich bin gekommen, um den Sohn mit seinem Vater zu entzweien und die Tochter mit ihrer Mutter und die Schwiegertochter mit ihrer Schwiegermutter; und die Hausgenossen eines Menschen werden seine Feinde sein." (Kapitel 10, Vers 34–36) Wie falsch habt ihr den Text interpretiert, indem ihr die Schwerter zu Pflugscharen gemacht habt.

Oh, wie lange ist es her, dass ich eine Hexenverbrennung erleben durfte! Auch die vielen unschuldigen Ketzervernichtungen zur Zeit der Inquisition sind leider längst Vergangenheit. Frauen und Homosexuelle leben in Gleichberechtigung unter euch. Die gut organisierten Völkermorde, perfekt nach meinen Vorgaben durchgeführt, finden kaum noch statt.

Nehmt Euch ein Beispiel an den Islamisten. Obwohl diese Religion viel rückständiger ist und ihr Prophet ein skrupelloser Gewalt- und Machtmensch war – im Gegensatz zu meinem friedliebenden Sohn – kämpfen die muslimischen Anhänger treu und ergeben für ihren Glauben und tun alles, um ihrem Gott gefällig zu sein. Stattdessen greift ihr schon bei den dilettantischen Versuchen der unzivilisierten Völker in Afrika oder anderen unterentwickelten Gegenden der Erde zu deren Gunsten ein, wo ihr doch einst in meinem Auftrag gewaltsam missionieren solltet. Ihr scheut die kriegerischen Auseinandersetzungen, weil ihr den Tod fürchtet. Wie sehne ich die herrlichen Zeiten herbei, als ihr noch 30 Jahre lang für mich gekämpft habt. Ihr seid abtrünnig geworden, ich finde kein Gefallen mehr an euch. „Wer aus Gott ist, hört die Worte Gottes; ihr hört sie deshalb nicht, weil ihr nicht aus Gott seid." (Johannes Evangelium, Kap. 8, Vers 44–47). Und dafür klage ich euch an.

(Alle Bibelzitate nach der Einheitsübersetzung.)

Der Irrglaube von der Schöpfung

Das Universum ist ewig, zeitlos, unendlich und war schon immer da und wird immer bleiben. Es gibt keine Schöpfung, und es gibt keinen Schöpfer. Das Universum kann man nicht erschaffen. Die Astrologen und Astrophysiker erforschen die unendlichen Weiten des Weltalls und entdecken eine Galaxy nach der anderen. Unser ohnehin schon unüberschaubares Sonnensystem ist nur ein winziger Teil des ewigen Universums, und unsere Erde ist in unserem Sonnensystem nur ein Sandkorn. Jeder Schöpfer wäre nicht nur überfordert, sondern müsste vor dieser gigantischen Aufgabe kapitulieren.

Diese Sätze habe ich bereits vor Jahren geschrieben. 2018 erfahre ich, dass Stephen Hawking in seinem Nachlass formuliert hat: „Meiner Ansicht nach lautet die einfachste Erklärung, dass es keinen Gott gibt. Niemand hat das Universum geschaffen und niemand lenkt unsere Geschicke. – Es gibt keinen Himmel und kein Leben nach dem Tod. Ich nehme an, der Glauben an ein Jenseits ist lediglich Wunschdenken." Die Unfehlbarkeit Gottes wurde schon sehr früh in Frage gestellt, da seine Schöpfung durch die Forschung und Weitsicht kluger Menschen ständig revidiert werden musste. Mit zunehmender Erkenntnis musste das Weltbild laufend verändert werden, was die Fehlbarkeit belegt. Da halfen weder Ketzerverbrennungen noch Leugnung und Widerruf.

Die endgültige „Entmachtung" der Religion begann im 19. Jahrhundert mit der Evolutionstheorie von Charles Darwin, in der eine natürliche Erklärung für das Werden des Lebens auf der Erde dargelegt wird und das Hauptargument für die Existenz Gottes beseitigt wird. Die weiteren Erkenntnisse der Wissenschaft bekräftigen Darwins These. Nebenbei bemerkt gab es ähnliche Gedanken bereits im Jahre 60 v. u. Z., da schrieb ein gewisser Lukrez das Poem „De rerum natura" (Über die Natur der Dinge), eine Vorwegnahme der Darwinschen Evolutionstheorie (s. S. 142). Lukrez seinerseits bezog sich auf gedankliche Anregungen, die in der Philosophie von Epikur (341–270 v. u. Z.) angelegt waren.

Wir wissen heute mehr als wir glauben dürfen. So lange die Religionen – ich schreibe bewusst Plural – an ihrem überholten Weltbild festhalten, um so mehr entfernen sie sich von den Menschen. So lange sie die heiligen Schriften als Gottes Wort und damit ultima ratio verstehen, entfremden sie sich von denkenden Menschen. Das Beharren auf dem, was einst verkündet worden sein soll, demontiert Gott als Allmächtigen. Denn wenn er angeblich allwissend ist, dann hat er eine Schöpfung propagiert, die dem Wissensstand vor über 3.000 Jahren entsprach. Vom heutigen Wissen hat er offensichtlich keine Ahnung. Das Verkünden von Gottes Weisheit in unveränderter Form geht ins Leere. Gottes Wort erreicht die Menschen nicht mehr. Da Gott also nicht mehr dem entspricht, was uns über ihn gesagt wird, sind Zweifel an seiner Existenz durchaus angebracht. Wo also ist Gott? Wo soll er in diesem unendlichen Weltraum sein? Es ist klar: Es gibt ihn nicht. Er diente uns als Metapher für die Entstehung der Erde, als wir noch nichts wussten vom Weltall. Heute sollten wir diese Metapher ersetzen und von der Unendlichkeit sprechen. Gott abzuschaffen bedeutet auch Friede auf Erden, denn über Unendlichkeit kann man nicht streiten. Und wer unbedingt Gebote benötigt, studiere den Humanismus. Dort findet man alles, was man für ein friedliches Zusammenleben braucht.

LAIZISMUS

Unter Laizismus versteht man die verfassungsmäßige Trennung von Staat und Kirche, die strikte Neutralität staatlicher Organe in religiösen Fragen. Religiöser Glaube wird ins Private verlegt. Es gibt nur wenige Staaten, die diese konsequente Säkularisierung durchgeführt haben. Deutschland ist dies nur zum Teil gelungen, schon in der Präambel des Grundgesetzes finden wir den Gottesbezug, und Politiker dürfen bis heute ihren Eid auf Staat und Verfassung mit der Formel beenden: „So wahr mir Gott helfe."
Vorbildlich in der Anwendung des Laizismus ist das katholische Frankreich. Im Vergleich der beiden Staaten können wir sehen, wo die Defizite in Deutschland vorhanden sind. Seit 1905, seit der offiziellen Trennung von Staat und Kirche, mischt sich der französische Staat nicht mehr in die religiösen und die Religion nicht mehr in die staatlichen Angelegenheiten ein. Alle öffentlichen Schulen und Institutionen sind zu absoluter Neutralität verpflichtet: es gibt z. B. keine christlichen Kreuze in ihren Räumen, der Staat entlohnt die Pfarrer nicht und finanziert auch nicht die kirchlichen Einrichtungen (Schulen, Kindergärten etc.) und deren Angestellten. Der Staat unterhält nicht den Kirchenbesitz und zieht auch keine Steuern für die Religionen ein. Der Religionsunterricht in den Schulen ist untersagt, die katholische Kirche hat keine Möglichkeit, erzieherisch auf die Schüler einzuwirken. Alle dürfen ein selbstbestimmtes Leben führen, Abtreibungen und Sterbehilfe sind erlaubt. Alle

Angelegenheiten des Glaubens gehören in den privaten Bereich, dort darf jeder frei und ungehindert glauben, was er will.

Seit islamische Migranten vermehrt nach Frankreich gekommen sind, wurden die laizistischen Regeln auch auf den Islam ausgeweitet. In Frankreich ist das Tragen von Kopftüchern in Schulen kein Thema mehr, Musliminnen, die in den Staatsdienst eintreten wollen, dürfen keine religiösen Symbole tragen, die Vollverschleierung wie Burka ist in der Öffentlichkeit grundsätzlich verboten. Weil die Gesetze konsequent und gleichberechtigt auf alle Religionen angewendet werden, also auch auf jüdische Kippa-Träger oder Nonnenkleidung z. B., ist eine Akzeptanz eingetreten, die dem Staat unnötige Prozesse vor Gericht erspart. Davon sind wir in Deutschland noch weit entfernt.

Bei uns gelten bestimmte Dogmen der Kirchen nach wie vor, z. B. Leben ist gottgewollt, der Mensch darf nicht korrigieren. Sterbehilfe wird uns vorenthalten und über Abtreibungen darf nicht informiert werden. Das Problem besteht in Deutschland darin, dass viele christliche Politiker argumentieren, dass mit dem Verschwinden christlicher Symbole auch die christliche Kultur verschwindet. Es wird also das Kreuz nicht nur als christliches Symbol gedeutet, sondern auch als Bestandteil der abendländisch-christlichen Kultur angesehen. Folglich wird der Kritik der katholischen Kirche nachgegeben, die das Kreuz als Ausdruck der Kultur, der Freiheit und des Respekts vor der Menschenwürde definiert. Prompt argumentieren die islamischen Vereinigungen in Deutschland, auch das Kopftuch bedeutet einen wesentlichen Ausdruck islamischer Kultur. Das Bundesverfassungsgericht hat dieser Argumentation zugestimmt und das Neutralitätsgebot aufgeweicht.

WAHRHEIT?

Gibt es die Wahrheit? Jede Religion behauptet, die wahre zu sein, den wahren Gott zu besitzen und zu verehren, die Wahrheit über Gott zu wissen. Weil alles Wort direkt von Gott kommt. Aber ist Gott denn überhaupt die Wahrheit? Selbst hier sind Zweifel angebracht.

Die Philosophen sagen, es gibt keine allgemein gültige oder absolute Wahrheit. Es gibt Wissen, das sich einer absoluten Wahrheit annähert. So lange kein Gegenbeweis möglich ist, gilt sie zumindest vorläufig als allgemein gültige Wahrheit. Forschung verfährt nach dem gleichen Prinzip. Religion behauptet einfach, die Wahrheit zu kennen. Diese muss man glauben ohne Wenn und Aber, wenn man sich der Religion zugehörig fühlen möchte.

Die Wirklichkeit, die wir erleben, ist unsere subjektive Wahrnehmung. Diese ändert sich ständig. Die Philosophen und Mystiker haben uns dafür viele Beispiele gegeben, ihre Weisheit in Gleichnissen dargestellt. Die vielleicht berühmtesten stammen von Platon (Höhlengleichnis) und Rumi, dem Sufi oder Derwisch aus Konya. Das Gleichnis von Rumi geht so: Vier Menschen (bei Rumi sind es Inder), die noch nie zuvor einen Elefanten gesehen haben, betreten einen dunklen Raum, auch bei ihm könnte es eine Höhle sein, in dem ein Elefant unsichtbar steht.

Die vier Menschen können das Tier nur ertasten. Einer nach dem anderen geht hinein und betastet Teile des Elefanten und beschreibt dann den anderen, wie ihrer Meinung nach ein Elefant aussieht. Der erste hat den Rüssel angefasst und erzählt, der Elefant gleiche der Spitze eines Bootes. Der zweite berührt hauptsächlich die beiden großen Ohren und meint, es müssten Fächer sein. Der dritte berührt den Fuß und versichert, der Elefant sei eine Säule. Der vierte, der den Rücken streichelt, behauptet, der Elefant müsse die Gestalt eines Thrones haben. Vier Sichtweisen auf den gleichen Gegenstand. Ein Weiser bringt nun Licht ins Dunkel und schickt alle vier erneut in den Raum, einer nach dem anderen kann das Tier bei Licht besehen. Alle vier kommen nun mit der gleichen Beschreibung des Elefanten heraus. Und dennoch ist nicht sicher, ob wirklich alle haargenau das gleiche gesehen haben, ihre Beschreibungen ähneln dem, was wir für einen Elefanten halten. Das Gleichnis erzählt anschaulich, dass wir uns mit dem, was wir gesehen haben, zufrieden geben und für wahr halten.

Platons Höhlengleichnis demonstriert eine sehr ähnliche Wahrnehmung. Die Wissenden haben das Licht (die Sonne) gesehen und kennen die Wirklichkeit, aber sie können sie denen, die im Dunkeln (in der Höhle) stehen und stets nur Schatten von der Wirklichkeit wahrnehmen, nicht vermitteln. Diese glauben den anderen nicht, weil sie keine Vorstellung von der Wirklichkeit haben.*

Wir lernen daraus, dass die Realität immer nur begrenzt erfasst werden kann. Das Denken der Menschen ist zeitgebunden und immer eine enge Sichtweise aus der eigenen Erkenntnis. Deshalb ist der Anspruch der Religionen, ihre heiligen Schriften sind die immer gültige Wahrheit, schlichtweg Unsinn, ein Widerspruch. Auch Gottes Wort, wem auch immer offenbart, ist das Werk eines Menschen, der stets Kind seiner Zeit ist und nur die Erkenntnis seiner Zeit vermitteln kann. Der größte Fehler der Religionsführer ist, Menschen, die versuchen über ihre Zeit hinaus zu denken oder bisherige „Wahrheiten" in Zweifel zu ziehen, als „Ketzer" zu verdammen. Bis heute gibt es Leute, die behaupten, alles was in der Bibel steht ist wahr. Und islamistische Fundamentalisten beschwören nach wie vor, dass Mohammed die Worte unmittelbar und ganz direkt von Gott erhalten hat, die er bereits bei der Schöpfung in sich trug, und diese göttliche Wahrheit ist unerschütterlich. „Man muss endlich Abschied nehmen von der Behauptung, der Koran ist das ‚ungeschaffene Wort Gottes', das Heilige Buch, das schon bei der Erschaffung der Welt in Gott geruht hat. Geht man mit historischer Perspektive an den heiligen Text heran, zeigt sich, dass Gott keinesfalls den Koran selbst im Wortlaut verfasst und auf ewig unveränderbar an die Menschheit gegeben hat. Mohammed ist der Autor und als solcher hat er ewige Wahrheiten des Koran nur in zeitgebundener Form verfassen können. Deshalb enthält der Koran auch Widersprüchlichkeiten, die auf die damaligen politischen, kulturellen und sozialen Verhältnisse zurückzuführen sind. Was für den quellenkritischen Historiker ohnehin selbstverständlich ist, sollte endlich auch für den Korangelehrten selbstverständlich werden: sich an der historischen Realität zu orientieren, anstatt an unüberprüfbaren und angeblich unabänderlichen Dogmen. Der Westen hat mit seiner wissenschaftlichen Kultur dieses Stadium längst erreicht und ist daher schon seit Jahrhunderten den islamischen Staaten an Dynamik, Originalität und schöpferischer Vielfalt überlegen." Auch das ist eine Stimme des Islam, zitiert nach Sadik al-Azm aus seiner „Kritik des religiösen Denkens". Der Titel seines Buches erinnert nicht zufällig an Kant und seine aufklärerischen Schriften.

„Die Spielregeln unserer heutigen Welt werden in Europa, Nordamerika und Japan festgelegt. Entweder orientiert man sich an dieser Realität, oder man landet im Mülleiner der Geschichte. Letztlich werden sich auch die Fundamentalisten damit abfinden müssen, dass Religion eine Frage der inneren Beziehung zu Gott ist, im weitesten Sinne der politischen Sinnstiftung, aber nicht eine Frage der politischen Praxis und der staatlichen Ordnung." Auch das sagt al-Azm.

Für fundamentalistische Christen gilt dies genau so. Wenn die Menschheit sich weiter nach den Vorgaben der Bibel und des Koran verhält und Recht nach der menschenfeindlichen Scharia spricht, kann es ein friedliches Zusammenleben auf dieser Welt nicht geben. Die Fundamentalisten sollten anfangen, auf ihre Philosophen zu hören.

* Platon: Politeia (Der Staat), 7. Buch

DIE HERKUNFT RELIGIÖSER SYMBOLE

Judentum und Christentum leugnen gerne die Herkunft und Entstehung ihrer religiösen Symbole, weil sie auf heidnische Kulte zurückgeführt werden müssen. Beide Religionen stehen in Beziehung zu astralmythischen Kulten der Babylonier und der Zahlenmystik des Pythagoras. Die von Nebukadnezar nach Babylon verschleppten Juden verbreiteten nach ihrer Freilassung und Rückkehr nach Israel die in Babylon vorherrschende monotheistische Lehre des Zarathustra aus Persien und die Erkenntnisse der Sumerer. Mythologie und griechische Philosophie, vor allem Humanismus und Idealismus bildeten den Ursprung der entstehenden Religion.

Aus den sieben Planeten (die man zu dieser Zeit kannte) wurden in der Bibel die sieben Erzengel, aus den vier Elementen des Vorsokratikers Empedokles wurden die vier Evangelisten, und die zwölf Jünger Jesu versinnbildlichen die zwölf Tier-kreiszeichen. Die Geburt Jesu fällt mit dem Beginn des Fischezeitalters zusammen. Nach alter Vorstellung begann damit eine neue Epoche der Weltgeschichte, mit der Geburt Jesu im Tierkreiszeichen der Fische ein neues Aion (Zeitalter), weswegen man ihn auch den „großen Fisch" nannte, und eine neue Zeitrechnung begann. Auch Petrus war „Fischer".

Das neue Zeitalter sollte, wie jedes herbeigewünschte neue Zeitalter, die Welt voll-ständig verändern. Oberflächlichkeit, Gedankenlosigkeit, Machtgier und Lieblosig-keit in der Welt wollte Jesus überwinden und seine Lehren fielen auf fruchtbaren Boden (wie alle Verheißungen). Es scheint allerdings, dass die Lehre Christi vom neuen Reich, das da kommen sollte, schon früh profanisiert wurde. Das Jenseits, das Reich Gottes, das nach Jesu Worten jeder Mensch in sich trägt, wurde vielfach aufgefasst als eine Art Paradies (= Garten), das jedem offen stünde, der dem Herrn blind folgte. Damit aber schloss sich der Kreis, und die Gedankenlosigkeit des Ein-zelnen hatte sich wieder durchgesetzt. Der namenlose Gott der Juden, Jahwe (= eine Buchstabenkonstellation, die keinen Sinn ergibt), hatte sich inkarniert in der Form eines gewöhnlichen Menschen („Gottes Sohn"!).

Die ‚fünf Wunden Christi', die Stigmata an beiden Händen und Füßen und in der Brust symbolisieren den Tod der fünf Sinne, mit deren Hilfe der Mensch die Verbindung zur materiellen Welt herstellt. Sie können auch gedeutet werden als die fünf Finger der Hand, die die Welt begreifen wollen. Das Kreuz selbst symbolisiert die Vereinigung der Gegensätze, die Überwindung der dualen Weltsicht. Die hori-zontale Linie des Kreuzes steht für das Weibliche, die Erde, die Materie, die vertikale deutet auf die schöpferische Kraft des Männlichen, den Himmel und den Geist. Die Gegensätze können auch gefasst werden als Einheit von Zeit als waagerechter Linie und Ewigkeit als senkrechter Linie, wobei die Ewigkeit die Zeit in jedem beliebigen Punkt schneidet. Der Schnittpunkt der beiden Linien, in dem sie Eins werden, ist zugleich der Kraftpunkt, aus dem die ganze Welt sich entfaltet in die vier Himmelsrichtungen.

Die Trinität kommt in allen asiatischen, ägyptischen und hellenistischen Denkweisen vor und ist als eine Dreifaltigkeitsvorstellung eingegangen, die es zu entwirren gilt. Die hinduistische Trinität umfasst Brahma als abgrenzenden Schöpfer, Vishnu als Erhalter und Shiva als Zerstörer, als Konstellation auf das Christentum übertragen: Gott als Schöpfer, Jesus als Vermittler und der Teufel als Zerstörer. Die ägyptische Fassung besteht aus Osiris, Isis und Horus, in christliche Terminologie übersetzt: Osiris, der Gott der untergegangenen Sonne als Gott Vater, Gottesmutter Maria als Isis, die die in alle Welt zerstreuten Glieder ihres Bruders und Gatten aufsammelt und mit ihm Horus, die aufgehende Sonne, oder Jesus Christus zeugt. Bekehrte griechische Juden setzten schließlich eine dem hellenistischen Gedankengut eng verbundene Fassung der Trinität durch: Gott, der Vater wurde begriffen als der unendliche Geist (vgl. Platon = Idee), der Sohn Jesus Christus als das Bild der besonderen, endlichen Erscheinung und der Heilige Geist als die Einheit beider in einem alles umfassenden Prinzip der Liebe und der Versöhnung. Offensichtlich hatte man auch hier Anleihen bei Pythagoras aufgenommen, dessen Zahlenmagie die ersten drei Zahlen ungefähr in diesem Sinne bestimmt hatte. Die christlichen Kirchenväter, die das Problem der Trinität zu lösen hatten, mussten sich außerdem sowohl von der jüdischen monotheistischen Lehre wie auch von der dualistischen Lehre Zoroasters = Zarathustra, nämlich Gut – Böse, Gott – Teufel, abheben.

Alle Lehren formulieren ethische Grundsätze. Dass sich Religionen, vor allem die katholische Kirche, als Hüter der Moral aufspielen, ist eine von den vielen Irrlehren, die verbreitet werden. In der griechisch-römischen Mythologie sind die humanistischen Ideale (und damit die moralischen Prinzipien) vorweggenommen. Religion ist immer menschliche Interpretation von Glauben, Vorstellungen, Einbildungen, Wahrscheinlichkeiten, und damit Manipulation des Menschen.

HUMANISMUS

Der Humanismus ist eine Weltanschauung, die auf die antike griechische Philosophie zurück reicht bis ins 5. Jahrhundert vor Christus, und vor allem von Heraklit und Protagoras entwickelt wurde. Humanität sollte sich an den Interessen, Werten und der Würde jedes einzelnen Menschen orientieren, Toleranz, Gewalt- und Gewissensfreiheit gelten als wichtige Prinzipien menschlichen Zusammenlebens. Sie stellten den Menschen in den Mittelpunkt, die Gesamtheit der Ideen von Menschlichkeit und das Streben danach, das Dasein und Miteinander zu verbessern. „Der Mensch ist das Maß aller Dinge". Die Fragen, die der Humanist sich stellt, sind: „Was ist der Mensch? Was ist sein wahres Wesen? Wie kann der Mensch dem Menschen ein Mensch sein?" Die Antworten beruhen auf den Grundüberzeugungen:

1. Das Glück und das Wohlergehen des einzelnen Menschen und der Gesellschaft bilden den höchsten Wert, an dem sich jedes Handeln orientieren soll.
2. Die Würde des Menschen, seine Persönlichkeit und sein Leben müssen respektiert werden.
3. Der Mensch hat die Fähigkeit, sich zu bilden und weiter zu entwickeln.
4. Die schöpferischen Kräfte des Menschen sollen sich entfalten können.
5. Die menschliche Gesellschaft soll in einer fortschreitenden Höherentwicklung die Würde und die Freiheit des einzelnen Menschen gewährleisten.

Für die praktische Umsetzung dieser Ideen bedarf es der Vernunft, Güte, Freundlichkeit, und ein Mitgefühl, heute sagt man Empathie, für die Schwächen der Menschen. Es genügt, sich seiner selbst bewusst zu sein, Verantwortung für sich selbst zu übernehmen, sich im Mitmenschen selbst wiederzufinden. Pathetisch ausgedrückt: Gott in sich selbst zu finden, sich seiner selbst inne zu werden.
Überflüssig zu sagen, dass Humanismus jede christliche Moral ersetzt.

OH MEIN GOTT!

Es steht geschrieben: „Und Gott schuf den Menschen ihm zum Bilde, zum Bilde Gottes schuf er ihn; (…)" So heißt es in der Bibel. Es steht dort nicht, welcher von den Göttern es war, die es in der Welt gibt und an die geglaubt wird. Der Verfasser dieses Teils der Bibel setzt einfach voraus, dass es der einzige war, sein Gott. Und in der Tat gleicht der Mensch auffallend dem Gott, wie er im weiteren in der Bibel beschrieben wird. Gott verfügt tatsächlich über alle menschlichen Eigenschaften, positive wie negative, die Ähnlichkeit ist so verblüffend, dass man zwangsläufig auf den Gedanken verfällt, ob es nicht richtiger heißen müsste: „Und der Mensch schuf den Gott ihm zum Bilde, zum Bilde des Menschen schuf er ihn:" Vielleicht wird so ein Schuh daraus.

In der Tat wird es immer schwieriger, sich den biblischen Gott als Menschen vorzustellen. Die Erkenntnisse des Menschen erschüttern in zunehmendem Maße das herkömmliche Gottesbild, die Naturwissenschaften zertrümmern zusehends die tradierte Vorstellung davon. Mit dem Fortschritt menschlicher Forschung wird immer deutlicher, dass Gott eben doch eine Erfindung des Menschen ist. Deshalb ist es keineswegs verwunderlich, dass er menschliche Züge trägt, denn die kühnste Fantasie des Menschen wird dennoch nicht in der Lage sein, ein höheres Wesen zu erfinden, dass dem Menschen nicht ähnelt.

Ein weiser Rabbi hat mal auf die Frage, welcher Gott der drei monotheistischen Religionen denn nun der wahre sei, geantwortet: „Wenn es Gott gibt, ist es immer der gleiche, der nämliche. Wenn es ihn nicht gibt, dann sind es drei." Die Antwort beweist die Absurdität, sich über den wahren Gott zu streiten, sogar sich deshalb zu bekämpfen und Kriege um ihn zu führen. Jeder Mensch, der an Gott glaubt, sieht sich Gott ähnlich, glaubt folglich an seinen eigenen Gott.

Das Gebet an Gott ist ein Dialog mit sich selbst, ein Gespräch mit seinem Gott, der ihm ähnlich ist und den er in sich trägt. Gott ist also eine raffinierte Erfindung des Menschen, um sich selbst Klarheit über sich selbst zu verschaffen, und die Seele ist seine raffinierteste Erfindung, weil er mit ihr seinen Glauben an Gott, an sich selbst, begründet.

Die Selbstüberschätzung des Menschen drückt sich darin aus, dass er die Seele für unsterblich und sich selbst für das Ebenbild Gottes hält. Dieser Wunschtraum ist schlichtweg Hybris.

Aufgrund dieser Hybris des Menschen halten wir uns für was Besseres als andere Lebewesen, führen Kriege und bringen Zerstörung und Vernichtung. Wie leicht wäre es, den selbst erfundenen Gott wieder abzuschaffen, schlicht für den Ausbund menschlicher Fantasie zu erklären, und auf diese Weise Frieden mit- und untereinander zu schließen.

Atheisten werden häufig gefragt, was sie denn an Stelle von Gott setzen wollen. Die Antwort ist denkbar einfach: Den Humanismus, der sich auf die simple Regel reduzieren lässt, nämlich als Mensch dem Menschen nichts weiter als ein Mensch zu sein. Vor Gott sollen doch alle Menschen gleich sein, heißt es. Für den Humanisten, der den Menschen achtet, ist dies eine Selbstverständlichkeit, die er auch von jedem Gottgläubigen erwartet.

Eine kleine Schlussbemerkung, die nicht unbedingt mit diesen Gedanken zu tun hat. Das obige Zitat aus der Lutherbibel (Das erste Buch Mose, 1. Kapitel, Vers 27) endet nach dem Semikolon wie folgt: „(…) und schuf sie(!) einen Mann und ein Weib." Gott ist plötzlich weiblich, zumindest bei der Erschaffung des Weibes. Da jubeln die Feministinnen, die schon immer der Meinung waren, dass Gott eine Frau ist. Schade nur, dass der Mensch trotzdem nicht besser gelungen ist. Vielleicht ist es nur ein Übersetzungsfehler.

Fragen an die Christenheit

„Der Gott des Alten Testaments ist [...] ein kleinlicher, ungerechter, nachtragender Überwachungsfanatiker; ein rachsüchtiger, blutrünstiger ethnischer Säuberer; ein frauenfeindlicher, homophober, rassistischer, Kinder und Völker mordender, ekliger, größenwahnsinniger, sadomasochistischer, launisch-boshafter Tyrann."
(Richard Dawkins in „Der Gotteswahn")

Diese Behauptungen werden in allen Einzelheiten durch die Bibel belegt. Fragen:
- Was ist an diesem Gott verehrungswürdig?
- Wie kann sich eine Religion diesen Gott zum Vorbild wählen?
- Jeder Mensch mit den gleichen Eigenschaften würde verachtet. Warum verachten wir den biblischen Gott nicht für das gleiche Tun?
- Warum hat Gott den Menschen nach seinem („fürchterlichen") Ebenbild geschaffen?
- Warum hat er den Menschen überhaupt erst sündig und so unvollkommen erschaffen, wo er doch unfehlbar ist?

- Warum hat er ihn dann in seinem Zorn vernichtet (Sintflut)? Und warum ist der Mensch nach der „2. Schöpfung" bzw. seiner Auslese (Arche Noah) nicht besser gelungen?
- Warum glaubt der Mensch, der unschuldig geboren wird, an die Erbsünde?
- Warum hält man die Erbsünde nicht für eine unverschämte Anmaßung?
- Wer hat das Recht, mich für sündig zu erklären, und die angeblichen Sünden zu vergeben?
- Wieso musste Gott seinen Sohn durch Folter und Tod opfern, um uns zu erlösen?
- Wie konnte er den tausendfachen Kindermord zulassen, nur um seinen Sohn zu retten?
- Weil Gott alle menschlichen Eigenschaften hat, könnte es nicht sein, dass der Mensch Gott nach seinem Bilde geschaffen hat und nicht umgekehrt?
- (Auf diesen Gedanken kam interessanterweise schon der Aphoristiker Georg Christoph Lichtenberg: „Gott schuf den Menschen nach seinem Bilde, das heißt vermutlich, der Mensch schuf Gott nach dem seinigen.")
- Warum verstößt menschlicher Fortschritt gegen die Schöpfung? (Wissenschaftler stehen kurz davor, einen neuen Menschen zu schaffen!)
- Warum hat Gott eine Moral geschaffen, die von seinem Menschen gar nicht gelebt werden kann?
- Wenn Gott den Menschen erschaffen hat, dann hat der Mensch alle seine Eigenschaften von Gott, also auch Homosexualität, Polygamie, Transgender …
- Wenn alle Menschen vor Gott gleich sind, warum sind dann Anders- und Nichtgläubige nicht gleich?
- Wenn die Bibel Gottes Wort ist, warum widerspricht sich Gott?
- Wenn Gott allwissend ist, warum macht er so viele Fehler und Irrtümer?
- Warum erkannten wir Gott nicht, als er auf Erden wandelte?
- Es heißt, der Mensch hat Gott getötet. Wie kann er dann immer noch zu uns sprechen?
- Warum beten wir einen Gott an, der nichts hört, sieht und spricht? Der sich für seine Menschen nicht interessiert und schweigt und schweigt und schweigt? (Der Schweizer Theologe Hans Küng)
- Wenn Gott für Liebe und Frieden steht, warum hassen die Menschen und führen Krieg um ihn?
- Warum hat Gott uns aus dem Paradies verstoßen, nachdem wir vom Baum der Erkenntnis gegessen hatten, also wissend wurden? Hat Gott Angst vor uns, weil wir mehr wissen als wir glauben dürfen?
- Wie kann jemand (Petrus), der Gottes Sohn dreimal geleugnet hat, Begründer der christlichen Kirche werden?

– Warum verlangt Gott von uns die Opferung der Söhne, um ihm gefällig zu sein? Warum hat er seinen eigenen Sohn geopfert? Wieso benötigt Gott Opfer?
– Warum gehört der Mensch erst durch einen Eingriff in Gottes Schöpfung, die Beschneidung, zu den Gläubigen?

Zum Verständnis der beiden letzten Fragen: Ursprünglich wurde die Beschneidung wohl als Kennzeichnung zur Stammeszugehörigkeit bei diversen Naturvölkern eingeführt. So steht in der Genesis 17, Vers 10–14, dass Abraham, der seinen Sohn Isaac opfern sollte, die Beschneidung forderte, um den Bund mit Gott einzugehen. Erst wenn der Knabe am 8. Tag beschnitten wird, gehört er zur jüdischen Gemeinde. Der Grund für diese Sitte bleibt ungeklärt und provoziert die Frage: Warum muss dieser Eingriff in Gottes Schöpfung sein, um Gott zu gefallen? Es bedeutet doch, dass man Gottes Schöpfung nicht für vollendet hält. Welche Anmaßung!

Die Einverleibung des Alten Testamentes in die christliche Lehre, die Annexion der älteren Religion durch die jüngere ist der Grundirrtum des Christentums. Die weiterführende „Wahrheit" über das Alte Testament hinaus in das Neue ist nicht haltbar.

MACHT EUCH DIE ERDE UNTERTAN

Gehorsam wie gläubige Menschen nun einmal sind, haben sie Gottes Wort wörtlich genommen und sich die Erde unterworfen. Das haben sie so gründlich getan, dass Gott die Erde, als er sie erschaffen hatte und den Menschen darauf aussetzte, nicht mehr wiedererkennen würde. Die Menschen fühlten sich privilegiert, weil sie Gott am nächsten und ähnlichsten waren, nach seinem Bilde geschaffen, im Gegensatz zu den anderen Lebewesen, die die Erde bereits bewohnten. Selbstherrlich begannen sie ihr Werk, den Befehl Gottes auszuführen und sich die Erde vollständig und radikal untertan zu machen.

Sie rotteten die wilden Tiere aus, fischten die Meere leer, bohrten tiefe Löcher in die Erdkruste, um die Schätze des Erdinneren auszubeuten, betrieben Raubbau mit der Erdoberfläche, verschandelten die Natur, holzten die Regenwälder ab, vertrieben die Vögel mit ihren immer größer werdenden Flugmaschinen, verwüsteten die Landschaft durch Kriege, verseuchten Flüsse, Seen und Meere, vergifteten die Nahrungsmittel, veränderten das Klima und brachten den natürlichen Kreislauf völlig durcheinander.

Als die Erde ächzend fast nichts mehr hergab, entwickelten sie Technologien, die die Natur ersetzen sollten, aber die die Atmosphäre erwärmten und ihren Schutz durchlöcherten. Im Vorfeld führten sie Versuche durch, die ganze Landstriche unbewohnbar machten, dann bauten sie Kraftwerke und verstrahlten die Umgebung, bis dort kein Leben mehr möglich war. Die Sonne verbrannte ungehindert unsere Haut und die Auswirkungen erwiesen sich als gesundheitsschädlich. Und die Erde ward wüst und leer.

Aber die alte Erde wehrte sich, besann sich auf ihre Urkräfte und bewies dem Menschen, dass er sie nicht mehr beherrschte. Es ereignen sich gewaltige Naturkatastrophen, die Erde spielt ihr gesamtes Potenzial an Gegenmaßnahmen aus. Unvorstellbar heftige Erdbeben erschüttern die Erdkugel und lösen gigantische Flutwellen und Brände aus. Die Bauten der Menschen fallen wie Kartenhäuser zusammen, ihre Errungenschaften purzeln wie Spielzeug durcheinander, die schädliche Technologie wird freigesetzt, die Menschen schauen hilflos zu, sterben oder müssen erkennen, dass sie wieder am Anfang stehen, nackt und bloß und verstoßen aus dem Paradies, das sie selbst zerstört haben. Sie müssen erleben, dass ihre „Schöpfung" nicht mehr dem lebenswerten Paradies entspricht, das sie vorgefunden haben.

Dabei handelt es sich nur um ein Missverständnis, ein Übersetzungsfehler, ein Irrtum. Die Menschen sollten untertänig im Sinne von Ehrfurcht und Demut die Erde bevölkern. Sie sollten sie hegen und pflegen, wie man Eigentum hegt und pflegt. Eigentum verpflichtet! Tatsächlich meint Gottes Wort: Macht euch die Erde zu eigen.

MEIN TIERLEBEN

Nach christlichem Verständnis sind Tiere wie Menschen Geschöpfe Gottes. Lebewesen also, die sich nach ihrer Natur, ihrem Instinkt, verhalten. Das Tier Mensch ist als die am weitesten entwickelte Spezies zusätzlich mit Vernunft ausgestattet. Er ist als einziges Lebewesen auf der Welt in der Lage, über sich selbst und seine Handlungsweisen nachzudenken, über den natürlichen Instinkt hinaus. So hat er sich Verhaltensmaßregeln für ein geordnetes Zusammenleben gegeben, selbst geschaffene Gesetze, eine selbst gewählte Ordnung, Grundsätze und Religionen, um sich seinen eigenen Prinzipien zu unterwerfen und sich nicht unkontrolliert seinen instinktiven Trieben zu überlassen.

Mit dieser Überlegenheit zu glauben, gottgleiche Geschöpfe zu sein, rechtfertigen wir unsere Instinktlosigkeit gegenüber anderen und den Tieren, unsere Misshandlungen und Überheblichkeiten. Aber die Wahrheit und der Glaube, dass etwas wahr sei, sagt Nietzsche, sind zwei gegensätzliche Interessenwelten. Man muss zwischen Glaube und Religion unterscheiden. Religion ist der Machtmissbrauch des Glaubens, ihre Interessenvertreter manipulieren den Menschen zu einem fremd gesteuerten Wesen, das einem Popanz gehorchen soll statt nach den eigenen Instinkten und Gesetzen zu leben.

Der Mensch ist das Maß aller Dinge, hat Pythagoras definiert. Und die humanistische Philosophie des Aristoteles hat unser Menschenbild als geistiges Wesen, als die höchste Stufe der Intelligenz, geprägt. Das war vor Erfindung der christlichen Religion, als der Mensch noch auf sich selbst gestellt war, Verantwortung für sich selber übernahm und diese nicht auf einen ausgedachten Schöpfer übertrug. Er musste sich sein Weltbild selbst erfinden, über seine Entstehung und Fortentwicklung nachdenken, Zukunft und Fortschritt gestalten. Seitdem stehen Humanismus und Religion in ständiger Auseinandersetzung, und die Interpreten von Religionsgemeinschaften entmenschlichen den Menschen durch ihre verlogene, nicht lebbare, unmenschliche Moral. Die Entwicklung des Menschen zeigt, dass wir wieder zu Tieren werden, von unserer Vernunft immer weniger Gebrauch machen und auf dem besten Wege sind, uns und die Welt auszurotten. Fazit: Der Mensch ist eine Fehlmutation der Natur.

Vielleicht hätte Gott sich doch mehr Zeit und Sorgfalt nehmen sollen, besonders bei der Erschaffung des Menschen, statt dieses gewaltige Werk unbedingt in sechs Tagen vollenden zu wollen.

Es gibt Menschen, die sich aus der Masse hervorheben. Ihre Kreativität, ihr Forscherdrang, ihr Wissen bringen den Menschen voran, sie erschaffen Neues, sie sind Gott ähnlich. Ihnen verdanken wir die Erkenntnisse über uns selbst. Ihre Weisheit lässt uns ahnen, was es bedeuten könnte, dass uns ein Gott nach seinem Bilde geschaffen haben soll. Wissen ist Macht, ist göttlich, und trotzdem glaubt der Mensch mehr den Instanzen des Glaubens als der Wissenschaft, folgt nicht den Geistigen, sondern den Geistlichen. Mir fällt in diesem Zusammenhang wieder das Höhlengleichnis von Platon ein.

Inzwischen wissen wir fast alles über unsere Triebe, wir haben unsere Gene entschlüsselt, wir können Krankheiten bekämpfen, unser Leben verlängern, wir können bald einen künstlichen Menschen herstellen und Gott überflüssig machen. Es muss im Sinne Gottes sein, dass er uns so viel Geist gegeben hat, um diese Fortentwicklung zu ermöglichen. Offenbar ist unser Verstand in der Lage, alles zu denken. Das macht den Schöpfer umso verehrungswürdiger. Was aber tun die Religionsführer? Sie wollen, dass ihre Anhänger von ihnen abhängig bleiben, dass der Mensch auf einer niederen Stufe stehen bleibt. Sie reagieren mit Verboten, sie wittern die Allwissenheit Gottes in Gefahr, sie sehen sich ihres Einflusses auf die Menschen beraubt. Warum, in Gottes Namen, müssen wir ihre Ängste teilen, nur weil ihnen ihr Weltbild verloren geht, statt ihnen zu zeigen, dass sie stolz auf Gottes Geschöpf sein dürfen, da es vortrefflichen Gebrauch von Gottes Gaben macht? Gott straft sich selber doch nicht Lügen. Lassen wir Priester und Imame diesen Widerspruch auflösen, aber bitte glauben Sie ihnen fortan kein Wort mehr, nicht ein einziges ist von Gott.

Menschenrechte sind Ergebnis philosophischen Nachdenkens, eine Errungenschaft des Humanismus, die Erkenntnis des Menschen über sich selbst. Gesetze wie z. B.

die Scharia, können schon deshalb nicht von Gott sein, weil sie menschenfeindlich sind und Gott negieren.

Humane Gesellschaften leben davon, dass sie die Menschenrechte über alle anderen Gesetze stellen. Nicht nur der Islam, auch die katholische Kirche, achten die Menschenrechte geringer als ihre eigenen Grundsätze. Oder, um es mit dem oben erwähnten Höhlengleichnis zu sagen: Die Höhle der Katholiken ist die Kirche, ihre Hölle, die Gläubigen bleiben stets im Ungewissen.

Aufklärung ist die Sache der Kirchen nicht. Seit dem Zeitalter der „Aufklärung" wehrt sich besonders der Vatikan vehement gegen die Verbreitung des Humanismus, aus Angst, die Kontrolle über die Menschen zu verlieren. Das wusste bereits Friedrich der Große, der nicht als König, sondern als Philosoph beerdigt werden wollte. Aus dem berühmten Briefwechsel des preußischen Herrschers mit dem französischen Philosophen Voltaire zitiere ich einen Brief Friedrichs aus Sanssouci vom 24. Oktober 1766: „Ich beglückwünsche Sie zu der hohen Meinung, die Sie von der Menschheit haben. Ich, der ich aufgrund der Verpflichtungen meinem Staat gegenüber viele Exemplare der Gattung der ungefiederten Zweifüßler kenne, prophezeie Ihnen, dass weder Sie noch alle Philosophen der Welt die menschliche Gattung vom Aberglauben heilen werden, an dem sie festhält. Die Natur hat bei der Mischung dieser Spezies dieses Gewürz dazu getan: Furcht ist es, Schwachheit, Leichtgläubigkeit, ein überstürztes Urteilen, was die Menschen, aus einer gewöhnlichen Neigung heraus, zum System des Wunderbaren verführt. Rar sind die philosophischen Seelen, die genügend Stärke besitzen, um tief in sich die Wurzeln zu zerstören, welche die durch die Erziehung eingepflanzten Vorurteile in ihnen geschlagen haben."

Es ist denkbar, dass die Zunahme des Wissens die meisten Menschen verstört, verunsichert. Das Wissen ändert sich stetig, und viele können nicht mehr mithalten. Da ist der Glaube eine bewährte Konstante, auf die man sich scheinbar verlassen kann. Mit der Religion weiß man, was man hat. Das nutzen die Prediger schamlos aus. Veränderungen verursachen Furcht vor dem Ungewissen, Gottesfurcht bleibt sich immer gleich. Folgerichtig hat christliche Moral einen höheren Stellenwert als humanistische Ethik.

Es gibt Menschen, die sich für Tierschutz einsetzen, Haustiere halten und ihre Kinder „tierisch" lieben, Mütter verteidigen ihre „Brut" wie eine „Löwin", Väter stolzieren wie ein Pfau mit Ihrer Familie durch die Gegend. Wir sprechen von Platzhirschen und Opferlämmern, von Lockvögeln und Futterneid. Wie viel tierischer Instinkt beherrscht unseren Alltag? Und doch gibt es Artensterben, rotten wir Tiere aus. Wie gering bestimmt doch die Moral unser Verhalten?

DIE GRETCHENFRAGE

Ich bin mein ganzes Leben ohne Gott ausgekommen. Es gab nicht einen einzigen Moment, wo ich glaubte, Gott oder ein höheres Wesen anrufen, Hilfe von einer übergeordneten Institution anfordern zu müssen. Nicht dass ich keine Schwierigkeiten in meinem Leben zu überwinden hatte, aber ich habe mir immer selbst geholfen und einen Ausweg gefunden. Ich empfand es als absurd, irgendein erdachtes Wesen zu bitten oder anzubeten, mir war stets klar, dass ich mich allein mit dem Problem auseinandersetzen muss, dass ich mich nur auf mich selbst verlassen konnte, dass ich die Verantwortung für mein Tun selbst übernehmen muss und nicht abgeben kann.

Alles hat einen Anfang und ein Ende. Wie die Welt, so wie wir sie kennen, entstanden ist, hat für mich keine Bedeutung. Ich verfolge mit Interesse, zu welchen neuen Erkenntnissen die Astrophysiker kommen, für mein Leben ist dieses Wissen irrelevant, es ändert sich nicht, wenn ich darüber mehr weiß. An Gottes Schöpfung glaube ich ohnehin nicht, und ein Ersatz für diesen Glauben benötige ich nicht. Ob und wie die Welt zu Ende geht, weiß ich auch nicht. Ich muss das nicht wissen, denn dass mein Leben zu Ende geht ist sicher. Ich habe also nichts davon, wenn ich über den Untergang der Welt in einer fernen Zukunft, in der ich nicht mehr existiere, nachdenken soll. *Post mortem nihil est* (Seneca), nach dem Tod ist nichts. Ich glaube weder an ein Weiterleben noch an eine Wiedergeburt oder sonstige für mich unsinnige Spekulationen über ein Leben nach dem Tod. Dieses Wissen bereitet mir auch keine Probleme. Ich denke auch nicht über den Sinn des Lebens nach. Der Sinn des Lebens ist für mich das Leben selbst, von der Geburt bis zum Tod. Ich lebe, und ich versuche, aus meinem Leben etwas Sinnvolles zu machen. Ich nehme mich aber nicht so wichtig, dass ich glaube, dass das Sinnvolle, das ich meinem Leben gebe, über meinen Tod hinaus Bedeutung haben, das ich unbedingt weiter geben muss.

Ich habe bis heute nicht verstanden, warum Menschen es für notwendig halten, an eine übergeordnete Institution glauben zu müssen. Haben sie keinen Halt ohne ihren Glauben? Niemand weiß etwas über Gott, wieso glauben die Menschen, dass irgendetwas Unbekanntes Einfluss auf ihr Leben haben könnte? Und das Absurdeste ist, sich wegen Gott, also einer Fiktion, zu bekämpfen. Ich kann nicht verstehen, warum Menschen glauben, so etwas Unsinniges tun zu müssen. Ihr eigenes Bekenntnis steht ihnen im Wege. Man kann eben nicht gleichzeitig den eigenen Gott für wahr halten und den anderen ebenso anerkennen. Wenn Allah groß und einzig ist, müssen wir das glauben. Der Christ darf auch keine Götter haben neben ihm, dem christlichen Gott. So steht Glaube gegen Glaube, unversöhnlich und unnachsichtig. Und keiner kennt die Wahrheit. Trotzdem ist es eine unverschämte

Anmaßung der Muslime, andere für Ungläubige zu halten. Sie müssten wenigstens von Andersgläubigen sprechen.

Als Atheist bin ich besser dran, mir ist es nämlich völlig egal, was jemand über seinen Gott sagt, und ob er nur seinen Gott für den wahren hält Ich würde ihm nicht einmal widersprechen und ihm seine „Wahrheit" streitig machen. Es berührt mich nicht.

Es ist interessant zu erleben, dass meine Mitmenschen mit meinem Nichtglauben mehr Schwierigkeiten haben als ich mit ihrem Glauben. Sie wollen es einfach nicht wahrhaben, dass man ohne irgendeinen Glauben leben kann. Sie wollen mir partout einreden, dass mein Glaube an Nichts auch ein Glaube ist. Falsch, liebe Leute, das Nichts muss nicht definiert werden, es handelt sich nicht um einen Nichtgott oder einen Metaphernersatz. Ich glaube an das Leben, weil es da ist, mehr nicht. Alles andere, was nicht da ist, ist nichts, an das ich auch nicht glaube oder glauben muss. Ich empfinde alles andere als viel komplizierter als meine schlichte Wahrheit vom Leben.

Für mich ist Glaube oder Verehrung eines Gottes völlig unlogisch. Niemand hält die Welt für vollkommen, aber dem Schöpfer wird eine vollkommene Welt unterstellt. Hat er diese Welt geschaffen, ist er so unvollkommen wie seine Schöpfung. Warum soll ich ihn dann ehren, ihn anbeten? Wie kann er ein Vorbild sein? Nein, der Mensch und sein Handeln sind der Beweis dafür, dass es Gott nicht gibt. Denn er verhält sich entgegengesetzt zu dem, was ihm sein Glaube vorschreibt.

Inzwischen hat der Mensch über die Entstehung des Universums so viel erforscht, dass für den althergebrachten Gott kein Platz mehr im All ist. Die Welt ist im Werden, es findet eine stete Entwicklung statt. Darwin hat für diese Entwicklung die naturwissenschaftliche Erklärung durch seine Evolutionstheorie erbracht. Da greift kein höheres Wesen ein, die Welt entwickelt sich aus sich selbst heraus. Vermutlich ist sie auf diese Weise auch entstanden. Die Schöpfung ist nicht abgeschlossen, panta rhei = alles fließt, wusste bereits Heraklit. Warum reicht dem Menschen dieses Wissen nicht aus? Warum muss er noch einen zusätzlichen (Irr-)glauben kreieren?

Wir können aber feststellen: In entwickelten Ländern mit einem gewissen Bildungsstand wird Religion immer bedeutungsloser. Ab einem bestimmten Wissensstand wird es immer schwieriger, Gott einen Platz zuzuweisen. Wissen verdrängt Glauben, denn Glauben ist Nichtwissen. Je aufgeklärter der Mensch ist, um so weniger anfällig ist er für mysteriöse Unklarheiten. Das gilt besonders für die Moral, dem stärksten Druckmittel der Religion in Zeiten von Aberglauben und Unwissen. Mit der Moralkeule konnten die Kirchenväter Gehorsam einfordern und Angst erzeugen. Geht Wissen wieder verloren, kehrt die Angst zurück.

Ein Blick in die Geschichte: Als um die erste Jahrtausendwende Muslime nach Europa kamen, brachten sie wissenschaftliche Kenntnisse und waren den hier wohnenden

Christen haushoch überlegen. Deshalb mussten sie bekämpft werden, Angst, Neid und Hass kamen auf, die Muslime wurden vertrieben. Die Kreuzzüge sollten sie ins Herz treffen. Dann kam eine Reformation. Sie brachte allerdings keinen Fortschritt, sondern eine Selbstzerfleischung in einem Dreißigjährigen Krieg. Mit der Aufklärung kehrte allmählich Vernunft ein.

Nach der zweiten Jahrtausendwende sind die Christen den Muslimen weit überlegen. Deshalb müssen sie bekämpft werden. Angst, Neid und Hass sind der Motor, Christen werden vertrieben, die Kreuzzüge sind heute Terrorakte, die uns ins Herz treffen sollen. Dann kam eine Art Reformation, die wir arabischen Frühling genannt haben. Der brachte allerdings auch keinen Fortschritt, sondern eine Selbstzerfleischung in einem Krieg, der möglicherweise dreißig Jahre dauert. Ob mit einer Aufklärung danach Vernunft einkehrt, wissen wir nicht. Wenn sich Religionsgeschichte in einem Abstand von sechshundert Jahren wiederholt, ist auch dieser Ausgang vorstellbar. Vielleicht siegt die Vernunft vorher und der Zeitpunkt des Religionsfriedens tritt früher ein. Viel hängt davon ab, ob es dann noch Menschen auf der Erde gibt, die Frieden schließen können, und religiöse „Rattenfänger", die Frieden schließen wollen.

Die zehn Gebote

1. Du sollst keine anderen Götter haben neben mir.
Was bedeutet dann die Dreieinigkeit? Was ist mit den vielen Heiligen, die man anbeten darf und soll? Heiligsprechungen, Aberglaube, Astrologie, Sekten? Ist der christliche Gott zu schwach, um als alleiniger Gott betrachtet werden zu können? Reicht er den Menschen nicht aus in seiner Güte und Allmacht? Was machen wir mit den Relikten des Animismus?
Im Koran steht das gleiche, Allah ist der einzige Gott. Wer hat denn nun recht? Könnten sich die einzelnen (einzigen) Götter nicht mal einigen?

2. Du sollst den Namen des Herrn, deines Gottes, nicht missbrauchen.
„Himmelkreuzdonnerwetterkruzifixnocheinmal" Ein Fluch im katholischen Bayern! Was ist mit all den anderen Flüchen, die ohne religiösen Bezug ohne Wirkung bleiben? Fluchen wir nicht täglich gegen Gott (Gott verdammt!)?

3. Du sollst den Feiertag heiligen.
Heiligen, d. h. nicht nur ruhen, sondern Gottesdienst leisten. Welcher Christ geht jeden Sonntag in die Kirche? Verzichtet jemand auf sein Freizeitvergnügen? Und wie werden die christlichen Feiertage begangen? Christi Himmelfahrt ist Vatertag, der Reformationstag wurde zu Halloween, der Buß- und Bettag wurde zum Einkaufstag,

und die Feste werden für Urlaub genutzt. Kaum jemand kennt noch die Bedeutung der christlichen Feiertage, wie Umfragen belegen.

4. Du sollst Vater und Mutter ehren.
Die Großfamilie hat sich aufgelöst, die Betreuung der Eltern im gleichen Haus entspricht nicht mehr den Lebensbedingungen unserer Zeit. Wer kümmert sich regelmäßig um die Alten? Der Egoismus der Jüngeren steht den immer älter werdenden Eltern im Wege.

5. Du sollst nicht töten.
Muss man das überhaupt noch kommentieren?
Warum gibt es eigentlich Kriege? Ich habe die Toten, die das Christentum im Laufe seiner Geschichte zu verantworten hat, nicht gezählt. Sie gehen in die Millionen. Der Islam holt diese Entwicklung nach und überzieht die Welt mit sog. „Heiligen Kriegen".Und seit der Gründung des Staates Israel beginnt auch das Judentum, seine Unschuld zu verlieren.

6. Du sollst nicht ehebrechen.
Die jüngsten Statistiken gehen von fünf bis sechs Seitensprüngen beider (!) Partner aus, laut Umfragen und dem Zeugnis der Befragten, wohlgemerkt. Die meisten heiraten heute drei- bis fünf Mal. Naja, mit der Moral hat es noch nie funktioniert, sie ist realitätsfremd.

7. Du sollst nicht stehlen.
Laut Polizeistatistik sind Diebstähle bei uns an der Tagesordnung. Ich kenne viele nicht christliche Länder, in denen du dein Haus nicht abschließen oder um dein Eigentum fürchten musst.

8. Du sollst nicht falsch Zeugnis reden wider deinen Nächsten.
„Der größte Lump im ganzen Land, das ist und bleibt der Denunziant." (Hoffmann von Fallersleben) Mit Verrat (Denunziantentum) fängt die Kirchengeschichte an. Und es wird gelogen und betrogen, dass sich die Balken biegen. Das geht bis in die höchsten Kreise, auch Kirchenkreise. Es wimmelt von Verleumdungsklagen und Intrigen. Falsche Anschuldigungen vernichten Existenzen. Anonyme „Fake-News" beschuldigen Unschuldige.

9. Du sollst nicht begehren deines nächsten Haus.
Raub, Einbrüche ins und Brandstiftung am Eigentum des Nachbarn sind keine Seltenheit.

10. Du sollst nicht begehren deines nächsten Weib usw. noch alles, was sein ist. Noch nie was von Sozialneid gehört? Über Ehebrüche haben wir schon geschrieben, über Einbrüche auch. Das zehnte Gebot ist im Grunde überflüssig, die Forderungen sind in den anderen bereits enthalten. Oder man kann es als Zusammenfassung der anderen auffassen, folglich auch ihrer Übertretungen.

Christliche Nächstenliebe sieht anders aus. – Es ist erstaunlich, wie wenig in unserem Land nach der Religion gelebt wird. Nur die Theologen gaukeln uns noch ein intaktes Christentum vor, und einige Politiker glauben immer noch daran, bei der Gesetzgebung christliche Moral berücksichtigen zu müssen.

LEBEN

Eine der schwierigsten Fragen, die kaum zu beantworten ist, lautet: Was ist Leben? Wann beginnt Leben? Wann endet Leben? Jede Antwort kann nur eine Meinungsäußerung sein, eine umfassende, allgemein gültige Antwort gibt es nicht. Es kommt auf den Standpunkt an, der von ethischen, religiösen oder philosophischen Gesichtspunkten bestimmt wird.

Ich versuche für mich eine Antwort zu finden und stelle fest, dass sie sehr stark von der Evolutionstheorie beeinflusst ist. Das bedeutet, dass sich für mich Leben in hohem Maße durch Lebensfähigkeit definiert. Der lapidare Satz: „Leben beginnt mit der Geburt und endet mit dem Tod." ist in dieser Einfachheit für meine Deutung nicht ausreichend. Natürlich stimmt der Satz zunächst. Der zweite Teil des Satzes setzt aber voraus, dass man das Leben auch bis zum Tod leben kann.

Wenn beispielsweise ein Kind, das geboren wurde, nicht lebensfähig ist und nach der Geburt stirbt, hat es einen Tag gelebt, und das noch nicht einmal bewusst. Es hat von der Welt, vom eigentlichen Leben noch gar nichts wahrgenommen, das Leben ist in das Bewusstsein des Kindes gar nicht eingedrungen.

Wie verhält es sich nun mit Kindern, die zwar eine längere Zeit leben, aber aufgrund von Krankheit, Behinderung oder einer vererbten Schwäche früh sterben? Je nach Dauer des Lebens haben diese Kinder sicher eine gewisse Ahnung vom Leben erfahren, ein umfassendes Bewusstsein von der Vielfalt des Lebens blieb ihnen aber verwehrt. Und je nach Grad der Behinderung wird auch unterschiedlich sein, wie viel das Kind vom Reichtum des Lebens aufgenommen hat. Da erhebt sich die äußerst schwierige Frage, ob und wie viel Einfluss soll, muss, darf, kann ein anderer auf dieses Leben nehmen.

Die christliche Religion hat diese Frage für sich beantwortet: Weder Abtreibung noch Selbstmord ist von Gott erlaubt, der gläubige Christ muss am Leben bleiben, sein Leben zu Ende leben und selbst bei größter Behinderung, eigener Unfähigkeit und unerträglichem Leiden am Leben erhalten werden. Ist das wirklich human? In Deutschland ist eine objektive Diskussion darüber nicht mehr möglich, weil wir durch die Euthanasie-Politik der Nazis voreingenommen sind, da sie sich das Recht herausnahmen, selbst darüber zu befinden, was lebenswert ist und was nicht. Mit einer solchen Willkür kann man sich diesem Thema natürlich nicht widmen. Die Evolutionstheorie, die aus der Naturbeobachtung entwickelt wurde, führt zum genauen Gegenteil: Nur der Starke und Kräftige, Nützliche, überlebt, die Schwachen, Kranken, Lebensunfähigen bleiben auf der Strecke. Der Mensch ist Teil der Natur, und zum Teil verhält er sich auch so. Im allgemeinen Überlebenskampf gilt das Gesetz des Stärkeren. In anderer Weise entfernt er sich von seiner Natur, indem er den Schwächeren hilft. Je humaner eine Gesellschaft sich gibt, um so hilfsbereiter unterstützt sie diejenigen, die nicht in der Lage wären, auf sich selbst gestellt zu überleben. Wir geben sehr viel Geld dafür aus, dass alle am Leben teilhaben können und fragen nicht danach, welche Wahrnehmung vom Leben den Betroffenen bewusst wird. Darf man also fragen, ob manches Geld nicht ziemlich nutzlos verwendet wird und möglicherweise sinnvoller eingesetzt werden könnte, wenn dadurch eine Chance besteht, dass Leben aus eigener Kraft zu gestalten? Muss wirklich jedem, selbst dem, der ohne jegliche Pflege und Hilfe gar nicht lebensfähig wäre, geholfen werden? Aber wer entscheidet das?

Mit der Diskussion über Sterbehilfe nähert man sich dieser Frage an. Bisher darf nur jeder für sich selbst über Leben und Tod bestimmen, nicht über andere. Sollte man sich hier vielleicht noch mehr öffnen und mehr Mut und Vernunft walten lassen für weiter gehende Eingriffe, ohne sich dem Vorwurf mangelnder Humanität und geringer ethischer Gesinnung auszuliefern? Muss Sterbehilfe wirklich untersagt bleiben? Darf ein Mensch am Ende seines Lebens nicht um Hilfe bitten, wenn sein Leben nur noch künstlich verlängert werden kann?

Wir sollten darüber ernsthafter nachdenken.

Zur Kultur

Über die Natur der Dinge

„De rerum natura" ist der Originaltitel des Buches von Lukrez, auf das ich hier näher eingehen möchte (s. S. 122). Titus Lucretius Carus schrieb es im Jahre 60 vor unserer Zeitrechnung. Dieses philosophische Poem dient mir als Überleitung von der Religion zur Kultur, denn der Inhalt berührt beide Bereiche, geht aber weit über die Philosophie hinaus bis in die Naturwissenschaften hinein. Man kann das Buch auch als eine Vorlage der Evolutionstheorie von Charles Darwin lesen, ebenso als Vorläufer der Schriften von Alexander von Humboldt, besonders „Kosmos". Sogar Atomphysiker sollten hineinschauen.

So wie die Philosophie von Platon, die Schrift „Über die Seele" des Aristoteles wurde auch das Poem von Lukrez von den christlichen Gelehrten als antireligiös eingestuft und verbannt. Zwar kannte man die altgriechische Philosophie, hat aus dem Humanismus und der Politeia Platons das übernommen, was ihren Moralvorstellungen entgegen kam, Lukrez aber hat man unterdrückt, obwohl auch er sich auf die griechischen Philosophen bezog und ein Vorbild in den Lehren des Demokrit, Epikur und Heraklit gefunden hatte. Die Verbreitung von „De rerum natura" ist so spärlich, dass die Schrift als so gut wie unbekannt gelten darf. Verständlich aus der Sicht der christlichen Kirchen, schreibt Lukrez doch: Das Universum besteht aus Atomen und Leere und sonst nichts. Diese „Urelemente" sind unsichtbar, doch rein körperlich. Es gibt unendlich viele davon, sie haben verschiedene Gestalten und sind unvergänglich. Indem sich die Atome miteinander verbinden, entstehen alle sichtbaren Dinge. Es sind keine mysteriösen geistigen Kräfte am Werk, auch kein Gott oder Götter. Die Dinge können sich auch wieder auflösen, der Stoff aber, aus dem die Dinge gemacht sind, ist ewig und vergeht niemals. Abgesehen von den Atomen selbst, bleibt nichts unverändert.

Hier erfährt man bereits die Erkenntnis, die Humboldt und Darwin im 19. Jahrhundert formuliert haben: Alles hängt in der Natur miteinander zusammen (Humboldt), ist in Bewegung und entwickelt sich selbständig weiter (Darwin). Lukrez fährt fort: Alle Dinge, auch solche, die vollkommen fest erscheinen und unbeweglich, bestehen aus Materialpartikeln, die unablässig in Bewegung sind. Diese Bewegung bleibt uns verborgen, so wie wir auch die Atome niemals direkt wahrnehmen können, dennoch existiert diese Bewegung.

Für die Kirchenväter, die ja die alten Schriften alle kannten, war an Lukrez verwerflich, dass man aus seiner Theorie den Schluss ziehen musste: Ein Universum, das aus unendlich vielen unsichtbaren, unvergänglichen Elementen besteht, die sich ununterbrochen bewegen, braucht weder einen Schöpfer noch einen Designergott, der das Ganze vorausgedacht und geplant hat. Lukrez meinte, seinetwegen mag es Götter geben, wenn man an sie glauben möchte, aber damit, wie die Dinge sind, wie die Welt beschaffen ist, damit haben sie nichts zu schaffen. Die Natur selbst experimentiert ununterbrochen und verändert sich durch eine minimale Abweichung der Atome. Vieles davon sehen wir, das meiste aber nicht, weil das Universum unvorstellbar weit ausgedehnt ist und in der ewigen immerwährenden Zeit vieles hat entstehen lassen (Charles Darwin).

In seiner Kosmologie hat Lukrez angedeutet, was daraus folgt: Das Universum wurde nicht um der Menschen willen geschaffen, das Schicksal der menschlichen Gattung hat im Universum keinerlei Bedeutung, Wir sind nicht anders entstanden als alles andere in der Welt, als Resultat einer langen Folge zufälliger Experimente der Natur, und nur die Lebewesen, die in diesen Experimenten entstanden sind und die sich ihrer Umwelt anpassen können, die in der Lage sind, das notwendige Futter zu suchen und sich zu reproduzieren, werden existieren. Aber auch deren Zeit ist begrenzt, wenn sich die Umweltbedingungen wandeln und sie nicht in der Lage sind, sich den Veränderungen anzupassen. Deshalb gab es andere Arten auf der Welt, bevor die Menschen kamen, und es wird, falls die Welt bestehen bleibt, andere Arten geben, wenn wir längst vergangen sind. Und Lukrez hat bereits erkannt, dass die menschliche Entwicklung nicht nur ein eindeutiges Zeichen von Fortschritt ist, sondern auch gefährlich destruktiv zum eigenen Untergang führen kann. Diese Prognose hat auch schon Alexander von Humboldt vorgebracht, als er den verschwenderischen Umgang mit unserer Umwelt und den Resourcen der Erde kritisierte.

Alles ist bereits vorgedacht. Die humanistische Philosophie, die vor allem von Platon und Aristoteles bereits im vierten Jahrhundert vor unserer Zeitrechnung entwickelt wurde, behielt bis heute ihre Gültigkeit und ist ein vollwertiger Ersatz jeglicher religiöser Moral. Lukrez bezieht sich auf diese Theorie, wie sie Epikur ausgelegt hat, der das Diesseits als einzig existent für den Menschen erklärte. Epikur schlug vor, dass der Mensch sein Leben in eigener Verantwortung zu leben habe, sich frei davon zu machen, dass Götter über das Leben des einzelnen bestimmen. Es hat keinen Sinn, bei Unheil und Katastrophen Götter anzurufen, oder sich von Priestern die Glückseligkeit im Jenseits einreden zu lassen, statt das Dasein zu genießen und zu gestalten. Das hat Epikur den Beinamen „Philosoph des Genusses" eingebracht. Gemeint ist aber nur, man solle es sich im Diesseits gut gehen lassen. Carpe diem (Nutze den Tag) und liebe deinen Nächsten wie dich selbst.

Lukrez hat von Aristoteles gelernt, dass auch die Seele wie der Leib ein materielles Gebilde ist, dass sich mit dem Tod auflöst. Oberflächlich betrachtet ist religiöser Glaube eine Form der Hoffnung, seine untergründige psychologische Struktur aber ist ein Gebilde aus Drohung und Angst, und seine charakteristischen heiligen Rituale sind zutiefst grausam. Darum, so Lukrez, ist es allemal besser, der Wahrheit ins Gesicht zu sehen und, wie Epikur gesagt hat, alles, was wir haben, ist dieses Leben im Hier und Jetzt, es ist besser, die Freuden dieses Lebens anzunehmen, entschlossen auf die Wirklichkeit zu blicken, auf seine Endlichkeit, auf den Tod.

Der Herausgeber und Übersetzer des Textes von Lukrez, Klaus Binder, auf dessen Deutung und Interpretation ich mich beziehe, schreibt u. a.: „Wäre der Epikureismus, den Lukrez so wortgewaltig ausbreitet, während des Mittelalters, so wie viele Schriften des Aristoteles, mehr oder weniger kontinuierlich im Umlauf geblieben, christliche Theologen, Gelehrte und Künstler hätten wahrscheinlich Wege gefunden, zentrale epikureische Vorstellungen in ihre eigene Weltsicht aufzunehmen. Doch als, nach über einem Jahrtausend fast vollständiger Stille, die Lukrezsche Theorie plötzlich zurückkehrte in die Welt, da erschien sie den meisten christlichen Lesern entweder absurd oder verrückt oder frevelhaft. Denn die Kultur, in die dieses Denken zurückkehrte, war geradezu besessen vom Bild des geschundenen und blutenden Christus und vom Versprechen ewiger Freude und Verdammnis."

PHILOSOPHIE

Panta rhei = alles fließt. Mit dieser Erkenntnis, die ich schon erwähnt habe, beginnt die Blütezeit der altgriechischen Philosophie, die bis heute Ursprung allen Denkens geblieben ist. Heraklit von Ephesus ist der Urheber dieses Satzes, den er anschaulich verdeutlicht hat mit der Erklärung, dass man nicht zweimal in denselben Fluß hinab steigen kann, weil inzwischen andere Wasser da sind und auch wir ein anderer sind. Nichts ist beständig, das Wesen der Welt besteht darin, dass alles im ewigen Fluss ist. Gelebt hat er etwa von 544 bis 484 v. Chr. und kam zu dieser frühen Zeit bereits zu der Überzeugung: „Diese Welt hat kein Gott und kein Mensch erschaffen, sondern sie war immer da und wird ewig sein." Das Werden ist immer eingespannt zwischen Gegensätzen, und sie sind es, die Bewegung in Fluss bringen, ein ständiges Auf und Ab hervorbringen. Zarathustra hat bereits Jahrhunderte früher auf die vorhandenen Gegensätze hingewiesen. Für ihn war das Gute und das Böse von Anfang an gleichwertig vorhanden, und für ihn war das Feuer das Symbol der Antriebskraft vom Werden und Vergehen. So wie die ewige Flamme bei den Anhängern Zarathustras, den Ariern, nie ausgehen darf, so definierte Heraklit das Feuer als Symbol für das „Weise", für die „Weltvernunft", für die ewige Unruhe des Werdens.

Platon hielt Gott, oder einen Schöpfer, für eine Idee des Menschen und rückte den Menschen in den Mittelpunkt des Seins. Sein Idealismus und Humanismus bedeutet: der Mensch ist das Maß aller Dinge, sein Denken und Wissen ist Maßstab und bestimmt das Sein, das ihn leiten muss, nicht Gott. Aristoteles erweiterte diese Philosophie mit der Logik des Denkens, die zum richtigen Erkennen der Weisheit führt. Epikur aus Samos stellte die Wissenschaft unter den Aspekt der Nützlichkeit. Die Tätigkeit des Denkens soll dem Menschen Glück und Genuss verschaffen. In der Metaphysik greift Epikur auf Demokrit und dessen Atomismus zurück (siehe auch Lukrez DE RERUM NATURA). Er erklärte: Die Welt besteht aus vielen nicht mehr teilbaren Elementen, den Atomen. Unendlich viele Atome bewegen sich im luftleeren Raum ohne Grenzen. Körper und Raum erklären das ganze Sein, alles ist Materie. Auch Seele und Geist sind Materie, sie sind ein Teil des Körpers wie Hände und Füße, sie ist daher teilbar und darum sterblich wie der Leib. Nur die Atome sind ewig und werden ewig sein.

Ich habe die hellenistische Philosophie, die Jahrhunderte vor der Entstehung des Christentums entwickelt wurde, sehr verkürzt wiedergegeben. Mir geht es um die Feststellung, warum die Menschen im Mittelalter so weit zurück gegangen sind hinter das Wissen der Alten und ein Weltbild verbreitet haben, das geradezu auf einer märchenhaft-kindlichen, völlig unglaubwürdigen Schöpfungsgeschichte basiert. Welche weisen Erkenntnisse sind da verloren gegangen. Zwar gab es unter den Kirchenlehrern durchaus weise Männer, die es besser wussten, aber nur wenige haben es ausgesprochen. Sätze wie diesen von Paracelsus: „Das ist Gottes Wille, dass in allen Winkeln Weisheit und Künste seien. Und sie sollen von den Menschen gebraucht werden, auf der Erde wie im Himmel." waren zu selten zu vernehmen. Man wollte das Volk dumm und gehorsam halten. Es bedurfte erst der Vernunft-Philosophie von Immanuel Kant, um auf den gleichen Erkenntnisstand zu kommen, der bereits tausende Jahre früher bestand. Es ist das gleiche mit dem Islam, der im Gegensatz zu heute zur Zeit im Mittelalter einen sehr hohen Wissensstand hatte und viele Wissenschaften neu ins rückständige Christentum eingeführt hat, was heute aber in den muslimischen Ländern offensichtlich total vergessen ist. Es ist ungeheuerlich, welchen Schaden Religionen anrichten können, dem Menschen das Wissen vorenthalten und das Leben unnötig schwer machen. Provokant gesprochen: Der Atheismus ist älter als der Gottesglaube.

ZEIT-GEDANKEN – GEDANKEN-ZEIT

„Ich habe keine Zeit!" Immer wieder hören wir diesen unsinnigen Satz, denn jeder Mensch hat Zeit. Und dennoch stimmt der Ausspruch, es fehlt nur der kleine Zusatz „jetzt". Dabei haben wir mehr Zeit denn je: Wir verlängern unsere Lebenszeit. Wir erfinden ständig Geräte, Maschinen, Apparate, Roboter, die schneller arbeiten als wir selbst, die uns entlasten und uns viel Zeit abnehmen. Wir gewinnen freie Zeit und haben trotzdem weniger Freizeit. Wir lassen die Zeit für uns arbeiten und nehmen uns die (gewonnene) Zeit nicht für anderes oder für jemanden. Wir verlieren keine Zeit mit Zeitvertreib. Es ist höchste Zeit, sich Zeit zu nehmen für ein paar Gedanken über die eigene Zeit.

Vor Zeiten, bereits um 400 v. Chr. schrieb Hippokrates eine Aphorismensammlung, die mit dem berühmten Satz beginnt: „Kurz ist das Leben, lang ist die Kunst." Hippokrates war Arzt, wie Sie wissen, folglich meinte er mit Kunst natürlich die Heilkunst. Noch heute verpflichten sich die Ärzte mit dem hippokratischen Eid, zeit ihres Lebens alles dafür zu tun, dass wir nicht vor der Zeit das Zeitliche segnen müssen. Im Laufe der Zeit hat der Aphorismus eine Entwicklung genommen, die Auskunft gibt, wie zur jeweiligen Zeit gedacht wurde. Die hippokratische These wurde so aufgefasst, dass jedes Leben zu kurz ist, um überhaupt eine Kunst oder Wissenschaft vollständig beherrschen zu können. Aber auch wenn die Kunst unvollendet bleibt, das Bestreben danach, sich so viel wie möglich an Kenntnissen anzueignen, sollte die Lebenszeit eines Menschen bestimmen. Kunst kommt von Kennen, nicht von Können. Und Wissen ist Macht!

Die Dichter haben diesen Kunstbegriff philosophisch erweitert, über die Heilkunst hinaus gedacht und auf die Kunst zu leben bezogen. Goethe vor allem zitiert häufig den Aphorismus des Hippokrates in diesem Sinne: „Die Kunst ist lang, das Leben kurz, das Urteil schwierig, die Gelegenheit flüchtig. Handeln ist leicht, Denken schwer, nach dem Gedanken handeln unbequem." (Aus „Wilhelm Meisters Lehrjahre") – „Ach Gott, die Kunst ist lang / Und kurz ist unser Leben! / Und eh man nur den halben Weg erreicht, / Muß wohl ein armer Teufel sterben." (Famulus Wagner im „Faust"). Friedrich Schiller hat den Spruch so umgewandelt: „Ernst ist das Leben, heiter ist die Kunst." (Prolog in „Wallensteins Lager")

Kehren wir zurück zur griechischen Philosophie. Etwa hundert Jahre nach Hippokrates hat der Philosoph Theophrast den Ausspruch getan: „Kaum hat man zu leben begonnen, da muss man schon sterben." Und hinzugefügt, dass er erst als Greis weise geworden sei. Die Konsequenz, die er aus seiner „kurzen" Lebenszeit (er wurde 85 Jahre alt!) gezogen hatte, lautete: Die Kunst besteht darin, mit seiner Zeit sinnvoll und bedächtig umzugehen. Mit der Zeit sei es wie mit dem Geld, man müsse sie sparsam „ausgeben", keine Ausgabe komme teurer zu stehen als die Zeit.

Um Christi Geburt stellte der römische Philosoph und Dichter Seneca die Überlegung an, wie soll denn der Mensch sinnvoll leben, wenn er weiß, dass seine Lebenszeit begrenzt ist. Ausgehend von dem Zeit-Geld-Vergleich des Theophrast kam er zu dem Ergebnis, dass der Mensch den Wert der Zeit nicht erkennt, im Gegensatz zu dem Wert des Geldes. Das Leben sei reich an Zeit, aber wir gehen achtlos mit der Zeit um und vergeuden sie für nichtige Ziele statt sie als kostbares Gut zu betrachten. Aus dieser Erkenntnis hat 1736 Benjamin Franklin, einer der Gründerväter der USA, die These formuliert: „Time is money" = Zeit ist Geld, und hat damit den „american way of life" entscheidend mitgeprägt.

Theophrast hat mit seiner Zeitdeutung den Begriff „Ökonomie" eingeführt. Zwar heißt *oikonomia* = Hauswirtschaft (von *oikos* = Haushalt), beschreibt aber bei ihm nicht nur das Wirtschafts- und Finanzwesen im heutigen Sinne, sondern meint auch die Ökonomie im Umgang mit der Zeit. Zeit ist nicht nur Geld, sondern auch Dauer, Zeitraum, eine Definition, die auf Aristoteles zurückgeht. Seit ältester Zeit lehrte die griechische Rhetorik, wie mit der Zeit ökonomisch zu verfahren ist: Die Länge der Rede, thematische Gliederung, Anordnung der Argumente, die Gewichtung der Schwerpunkte. Die Abfassung von Texten sollte zeitlich in Relation zur Aussage stehen. In diese Tradition haben sich viele spätere Literaten gestellt: mit wenigen Worten viel zu sagen, sich kurz und prägnant auszudrücken, Aphorismen zu verfassen, also „Gedankensplitter", kurz gefasste Gedanken.

Sinnvoll mit seiner Zeit umzugehen, das hat bis heute Gültigkeit behalten. Auch wenn sich die Zeit heute in Uhrzeit, Kalenderzeit, Terminen und Fristen bemisst: Ob Sie Ihre Zeit produktiv nutzen oder verschwenden, für hohe Ziele einsetzen oder nur für Nichtigkeiten verschleudern, ist Ihre persönliche Entscheidung und bestimmt letztlich Ihr Zeitempfinden. Vergeht die Zeit langsam und langweilig, wird sie nicht weise ausgefüllt. Je älter der Mensch wird, um so bedeutsamer wird der Begriff der Zeit-Ökonomie. Der materielle Wert der Zeit, die Zeit des Geldverdienens tritt in den Hintergrund. Die Zeit der Gedanken und der Erinnerungen, die zeitlose geistige Beschäftigung bestimmt das Alter. Wolfgang Neuss hat seinerzeit mal getrommelt: „Heut machst du dir kein Abendbrot, heut machst du dir Gedanken," In diesem Sinne wünsche ich meinen älteren Lesern eine geistreiche Zeitverwendung.

Die (Un-)Würde der Frau
Zum Internationalen Frauentag

Kein Mann wäre auf der Welt, wenn er nicht von einer Frau geboren worden wäre. Im Allgemeinen verehrt der Mann seine Mutter, aber er überträgt diese Achtung nicht auf die anderen Frauen, obwohl auch diese nichts anderes als die Mütter der anderen Männer sind. Woher kommt diese Verachtung der Frauen? Schuld daran sind die Schöpfungsmythen und ihre Verbreitung durch die Religionen. Obwohl der Mensch weiß, wie Leben entsteht, hält er an der Unlogik der alten Mythen fest.

Nehmen wir die Bibel, die jüdisch-christliche Schöpfungsgeschichte. Im 1. Kapitel Mose ist die Gleichberechtigung noch gewahrt, es heißt schlicht: „Gott schuf einen Mann und ein Weib, segnete sie und sprach zu ihnen: Seid fruchtbar und mehret euch, und füllet die Erde." Interessanterweise heißt es hier nur „Gott" ohne den

Zusatz „der Herr". Gott könnte also auch geschlechtslos oder eine Frau sein, anders als beispielsweise in der altgriechischen Mythologie besitzt der biblische Gott keinen Partner oder Partnerin. Schon im 2. Kapitel wird die Neutralität aufgegeben. Jetzt heißt es: „Gott der Herr machte den Menschen aus einem Erdenkloß." Wohlgemerkt den Menschen, Einzahl, nicht beide. Luther hat das griechische Wort ‚homo' mit Mensch übersetzt, obwohl es sowohl Mensch als auch Mann bedeutet. Das löst sich etwas später ein, wenn da steht: „Gott der Herr sprach: Es ist nicht gut, dass der Mensch allein sei; ich will ihm eine Gehilfin machen, die um ihn sei." Dann baute er ein Weib aus der Rippe, die er vom Menschen nahm. Und richtig erkannte der Mensch: „Das ist doch Bein von meinem Bein und Fleisch von meinem Fleisch; man wird sie Männin heißen, darum sie vom Manne genommen ist." Fatal! Aber damit war die Sache geklärt, die Frau ist Eigentum des Mannes, ist Teil von ihm, abhängig von ihm. Mit dem Sündenfall hat sie auch noch Schuld auf sich geladen, es ist logisch, dass sie sich von dieser Demütigung nie mehr erholen konnte.

Das neue Testament setzt der Herabwürdigung der Frau noch eins drauf. Der voreheliche Geschlechtsverkehr Marias gilt offenbar als eine noch schlimmere Sünde als die Verführung des Mannes durch Eva im Paradies, zeigt sie doch, wie leichtsinnig und unmoralisch Frauen vorgehen und wie hilflos Männer ihnen ausgeliefert sind. Es heißt bei Matthäus: „Als Maria dem Joseph vertrauet war, ehe er sie heimholte, erfand sich's, dass sie schwanger war." Zur Ehre Marias wird zwar das Wunder der Jungfrauenschwangerschaft bemüht, Joseph fühlt sich aber entehrt und „wollte sie heimlich verlassen". Die einzig mögliche Beteiligung des Mannes am Schöpfungsakt, die Zeugung, wird ihm verwehrt. Das lässt kein Mann auf sich sitzen, folglich ist seine Rache an der Frau vorprogrammiert: Weder die Verhüllung der Frau noch die Bestrafung von vor- oder außerehelichem Geschlechtsverkehr der Frau (Verlust der Jungfräulichkeit) lassen sich anders erklären als mit dieser Ehrverletzung des Mannes und dem Zweifel an seiner Potenz. Der Mann wird in Versuchung geführt, die Frau verführt schamlos: Die Maßstäbe der Moral haben Männer gesetzt. Seit dem Sündenfall leben Frauen in Schande, sind amoralische Wesen. Sie dürfen keine Lust empfinden (Beschneidung von Frauen in Afrika) oder werden ignoriert (Zölibat). Dahinter steckt die Angst des Mannes vor dem Versagen, vor vorzeitiger Ejakulation oder vor Impotenz.

Mit dem Islam kamen die Polygamie, die Frühverheiratung minderjähriger Mädchen und die erlaubten außerehelichen Beziehungen des Mannes und die legalisierten Vergewaltigungen hinzu, alles eine Fortsetzung der totalen Entwürdigung der Frau. Und das, obwohl Mohammed sein Leben und Wirken den Frauen verdankt. Ohne Chadidscha und ihrem Reichtum als Kaufmannswitwe wäre er gar nicht in der Lage gewesen, den Islam zu verbreiten. Zwar hat er, anders als Jesus, einen natürlichen Vater und eine biologisch einwandfreie Geburt, aber dennoch ist er wie Jesus vaterlos aufgewachsen, da dieser noch vor seiner Geburt verstarb. Beide sind also Muttersöhne, wobei Mohammed sein Leben lang nur von Frauen umgeben war. Er hat als erster gegen den Koran verstoßen, der nur vier Frauen gleichzeitig erlaubt. Mohammed hat mindestens neunmal geheiratet, andere meinen sogar zwölfmal, daneben unterwürfige und rechtlose Konkubinen und Sklavinnen gehalten. Erstaunlicherweise sind alle Ehen kinderlos geblieben, nur Chadidscha hat ihm sechs Kinder geboren. Die zwei Söhne starben im Kindesalter, geblieben sind vier Töchter. Drei Monate nach Chadidschas Tod ging er erneut eine Versorgungsehe mit einer Witwe ein. Parallel dazu nahm er weitere Frauen, darunter sogar ein Kind, die sechsjährige Tochter seines Freundes Abu Bakr. Es steht geschrieben: „Nach langem Zögern willigte Abu Bakr ein. Darauf wusch die Mutter das Gesicht des Mädchens, das im Sand spielte und völlig ahnungslos war gegenüber dem Ereignis, das ihr eigenes Leben und die Geschichte des Islam ganz allgemein entscheidend prägen sollte. Dann wurde Aischa ins Haus des Propheten gebracht. Er saß auf einem großen Bett in Erwartung ihrer Ankunft. Er setzte das kleine Mädchen auf sein Knie und vollzog dann die Ehe mit ihr."

Fortan empfahl er den Männern, „Heiratet eine Jungfrau! Denn sie ist gebärfähig, hat eine süße Zunge, Lippen. Ihre Unreife verhindert Untreue, und sie ist mit euch in allem einverstanden, im sexuellen Leben hingebungsvoll, genügsam. Ihre sexuellen Organe unbenutzt kann sie sich eurem anpassen und mehr Lust bringen."

Obwohl also nur Frauen um Mohammed herum waren, ist der Islam trotzdem eine frauenfeindliche Religion geworden. Aber was kann man von einer Moral, die nur dem Egoismus des Mannes dient, anderes erwarten. Handelt es sich dabei um einen Propheten, wird diese Moral Gesetz. Dieses Frauenbild hat die Gesellschaften bis heute geprägt.

Überall auf der Welt finden wir dieses Phänomen, dass Frauen nicht gleichwertig, geschweige denn gleichberechtigt sind, und entsprechend minderwertig betrachtet und behandelt werden. Selbst in den zivilisierten Ländern ist die volle gesetzliche Gleichberechtigung der Frauen nicht hergestellt, auch wenn die Unterschiede nicht mehr so gravierend sind. Aber Vergewaltigungen sind überall gegenwärtig, und Gewalt gegen Frauen gibt es auf der ganzen Welt. Ob Mädchen getötet werden, weil man das Brautgeld nicht bezahlen kann, oder zwangsverheiratet werden, ob Frauen gesteinigt werden nach Vergewaltigungen oder die Vergewaltiger straffrei ausgehen, immer werden die Frauen als käufliche Ware, als Sexualobjekt, behandelt und nicht als Mensch. Das Wort „hure" bedeutet ursprünglich in seiner indogermanischen Wurzel „begehrlich". Eine Frau, die begehrt wird, ist also eine Hure. Da Männer jede Frau begehren, sind folglich alle Frauen Huren. In der Scharia kommt das voll zum Ausdruck. Eine Anzeige und jede Aussage einer Frau vor Gericht ist ungültig, nichts wert. Der Mann hat immer Recht. Es ist schon erschreckend zu sehen, wie die Entwicklung der Sprache die Entwicklung des Denkens einer Gesellschaft pervertiert. Glaube versetzt bekanntlich

Berge. Männer benutzen daher die Religion als Vehikel, sich die Frauen untertan zu machen, Menschen von sich abhängig zu machen, Gehorsam zu erzwingen. Religiöse Traditionen werden hartnäckig verteidigt und bleiben unerschütterlich bestehen. Für Frauen ist es besonders schwer, Glaubenstabus zu durchbrechen.

Die Verhüllung der Frau wurde einst als Maßnahme eingeführt, um Frauen vor sexueller Gewalt und Männer vor Ehrverlust zu schützen. Sie wurde also nicht, wie von Strenggläubigen behauptet, als ein Zeichen des Glaubens eingeführt, sondern um die Frauen vor den Zudringlichkeiten der Männer zu bewahren. Weil Männer sich nicht beherrschen können, müssen die Frauen durch den Schleier „unsichtbar" gemacht und „verbannt" werden. Heute aus dem Koran eine allgemeine religiöse Pflicht für das Kopftuch abzuleiten, ist nicht akzeptabel. Es gibt Gesetze als Schutz gegen sexuelle Gewalt.

Der Koran ist nicht interpretierbar, sagt man. Aber es käme doch auch niemandem in den Sinn, Frauenraub, Frauentausch, Frauenkauf, Blutrache und das Halten von Sklavinnen als religiöse Pflichten zu akzeptieren, weil sie im Koran legitimiert sind.

Das Kopftuch ist <u>kein</u> Zeichen des Glaubens. Es ist nicht mit dem christlichen Kreuz und der jüdischen Kippa gleichzusetzen, die wirklich religiöse Symbole sind, die den Glauben bekunden. Das Kopftuch ist ein Zeichen für die Reduktion der Frau auf ihr Geschlecht. (Aus der Islamwissenschaft zitiert).

Eine Studie zeigt, dass z. B. 83 Prozent der ägyptischen Frauen sexuell belästigt werden, egal ob verschleiert oder nicht. Auch Frauen, die alles tun, ihren Körper zu verbergen, werden hundertmal am Tag angemacht, die täglichen Fahrten zur Arbeit werden zur Tortur, sie genießen keinerlei Respekt.

Es gibt falsch verstandene Toleranz. Menschenrechte müssen vor religiösen Rechten gelten. Islamisten dürfen nicht aus Gründen der Religionsfreiheit gegen Menschenrechte verstoßen. Und die Kirchen dürfen nicht als einzige moralische Instanz gelten.

Bis ins 18. Jahrhundert hat es gedauert, dass mutige Frauen Einfluss und Wirkung auf die Gesellschaft hatten. Aus männlicher Sicht spricht man vom verführerischen Weib oder der dominierenden Liebhaberin, beim genaueren Hinsehen erkennt man allerdings, welch positiven Einfluss die Frauen auf ihre männlichen Partner hatten. Sie waren Muse, anregende, intelligente, gebildete, klug-kritische Gesprächspartnerin, teilweise Managerin und Stütze von Künstlern und auch selbst künstlerisch tätig. Sie setzten sich über die Gepflogenheiten und Moralvorstellungen ihrer Zeit hinweg und nahmen Missachtung und Kritik in Kauf. Sie waren modern und emanzipiert in ihrer Lebensweise, obwohl es zu ihrer Zeit noch keinerlei oder wenige Rechte für Frauen gab und das Frauenbild der Gesellschaft sich auf „Kinder, Küche, Kirche" beschränkte. Man kann sicher nicht sagen, dass ihr Leben und ihre Liebschaften glücklich verlaufen waren, ihre Ehen waren so gut wie nie Liebesheiraten. Sie litten wie auch ihre männlichen Partner unter ihrer sehr eigenwilligen Lebensart. Sie waren sicher keine Vorbilder, aber sie besaßen Mut zum Risiko, Selbstvertrauen und Stärke. Um ein Beispiel für ihre Lebenseinstellung aufzuzeigen, seien drei Sätze von Alma Mahler-Werfel zitiert. Sie ist eine der interessantesten Frauen, die sich sehr früh behauptet hat.

> Trennung macht sehend.
> Die Ehe – die vom Staat sanktionierte Tyrannei.
> Jeder Mensch kann alles – aber er muss auch zu allem bereit sein.

Mit Dorothea Schlegel und Caroline Schlegel-Schelling lernen wir Frauen aus der Zeit der sog. Aufklärung kennen, Sie lebten das aus, was die Aufklärung in Kunst und Philosophie theoretisch vorausgedacht hat. Lessing und Schiller haben noch Kunstfiguren geschaffen, Frauengestalten in ihren Werken auf die Bühne gestellt, die ihrer Gesellschaft weit voraus waren. Sie dienten nicht nur den beiden erwähnten Frauen Schlegel als Vorbild. Zu den außergewöhnlichen Frauen, deren Biografien in Büchern nacherzählt werden, gehören Lou Andreas-Salomé, Alma Mahler-Werfel, Else Lasker-Schüler, um nur die berühmtesten zu nennen. Später kamen die Frauen dazu, die studierten und sich politisierten und für die Rechte von Frauen eintraten und kämpften, oder bedeutende Wissenschaftlerinnen wurden.

Wenn man bedenkt, dass Frauenrechte die Errungenschaft des 20. Jahrhunderts sind, kann man ermessen, wie weit manche Frauen ihrer Zeit voraus waren. In Deutschland erhielten die Frauen erst 1919 Wahlrecht und den Zugang zur Universität. Vielfach vergessen wird heute, dass auch in der alten Bundesrepublik laut BGB bis 1977 Frauen ihre Ehemänner um Erlaubnis fragen mussten, wenn sie einer beruflichen Tätigkeit nachgehen wollten. Bis 1958 konnte ein Ehemann das Dienstverhältnis seiner Frau fristlos kündigen. In Bayern mussten Lehrerinnen noch in den 1950er Jahren ihren Beruf aufgeben, wenn sie heirateten. Und erst mit dem Gesetz über die Gleichberechtigung von Mann und Frau, das am 3. Mai 1957 verabschiedet wurde und am 1. Juli 1958 in Kraft trat, hatte der Mann nicht mehr das Letztentscheidungsrecht in allen Eheangelegenheiten, und die Zugewinngemeinschaft wurde zum gesetzlichen Güterstand. Bis dahin verwaltete der Mann das von seiner Frau in die Ehe eingebrachte Vermögen und verfügte allein über die daraus erwachsenen Zinsen und auch über das Geld aus einer Erwerbstätigkeit der Ehefrau. In diesem Gesetz von 1957/58 wurden auch zum ersten Mal die väterlichen Vorrechte bei der Kindererziehung eingeschränkt und erst 1979 vollständig beseitigt. Erst seit 1977 gibt es keine gesetzlich vorgeschriebene Aufgabenteilung mehr in der Ehe. Die vollständige Gleichberechtigung, vor allem beim Einkommen, ist bis heute nicht hergestellt. Vor diesem Hintergrund nötigen uns die Frauen, die ich hier erwähnt habe, großen Respekt ab.

Kunst

Kunst kommt von *Kennen*, nicht von Können. Das Können ist Handwerk, die Ausführung oder Fertigung, eine erlernbare Fähigkeit. Voraus geht die Idee, und die beruht auf Wissen, auf *Kenntnis*, auf Erfahrung, auch auf Tradition. So spontan ein Einfall entstehen kann, so ist er ohne fundierte Kenntnis vorhandener Ideen, Weisheiten und *Erkenntnissen* nicht denkbar. Es scheint allenfalls, dass er aus heiterem Himmel kommt oder wie Phönix aus der Asche entsteht. Aber es gibt keinen Fortschritt ohne Tradition und die Besinnung auf den Ursprung und die Entwicklung menschlichen Wissens. *Tradition ist die Weitergabe des Feuers, nicht die Anbetung der Asche*, hat Gustav Mahler gesagt. Recht hat er.

Mit Können verbinden wir die Begabung, das Talent, und setzen es als gottgegeben voraus. Sicher gibt es unterschiedliche Begabungen, nicht jeder ist ein geborener Künstler. Aber Genie ausschließlich als Gottes Gnade anzusehen, heißt die Fähigkeiten des Menschen klein zu reden. Ohne Aneignung von vorhandenem Wissen kann der schöpferische Mensch nichts gestalten. Wenn wir herausgefunden haben, wie alles gemacht ist und gemacht wird, werden wir imstande sein, es nach- und neu zu machen, wieder zu erschaffen. Karl Marx hat geschrieben: Das Sein bestimmt das Bewusstsein. Das bedeutet, der Mensch muss sich sein eigenes Menschsein, sein Ich, sein Können, seine Fähigkeiten bewusst machen, erkennen, begreifen. Es ist folglich alles eine Frage der Philosophie.

Philosophie stellt sich über die Form des Glaubens, der Inhalt ist derselbe. Dieser Satz stammt von Hegel und besagt, dass philosophische Reflexion die Religion als Ausdruck eines Geistes nimmt, der auch dem Menschen innewohnt. Der menschliche Geist kann also von selbst darauf kommen, er benötigt keine Offenbarung. Hegel spricht daher auch von der *Selbstoffenbarung* des Geistes im Menschen. Wenn wir also von einem gottbegnadeten Künstler reden, so sollten wir unsere Bewunderung weniger auf Gott als auf die außerordentliche Fähigkeit des Menschen beziehen, sich Wissen anzueigen und anzuwenden, Ideen zu erfinden, Kunstwerke zu schaffen.

Könnte es sein, dass wir unsere eigene Unfähigkeit damit entschuldigen wollen, dass uns Gott diese Gabe leider nicht verliehen hat? Vielleicht sollten wir einfach nur mehr Gebrauch von unseren geistigen Fähigkeiten machen, mehr Selbstvertrauen in unsere Kreativität entwickeln, nicht stehen bleiben oder uns gehen lassen. Mehr wissen wollen, nicht nur glauben. Wir *kennen* zu wenig von der Welt, deshalb verstehen wir zu wenig von Kunst.

MELANCHOLIE

„Melancholie beruht auf beiden Funktionen des Gehirns, auf dem Denken und der Einbildungskraft. Sie entsteht aus der Gleichzeitigkeit, Anwesendes zu verstehen und Abwesendes zu evozieren." (Avicenna). Bin ich deshalb so ein Melancholiker? Ja, ich denke schon. Ich lebe weitgehend in Frieden, unbehelligt von kriegerischen Auseinandersetzungen, in großzügiger Freiheit, in einem demokratischen Staat, finanziell versorgt, wenn auch in bescheidenem Wohlstand, und ich kann in alle Welt ungehindert reisen. Letzteres habe ich ausgiebig getan, viel von der Welt gesehen und erlebt, wie andere Menschen leben, leben müssen. Da fängt das Problem an. Obwohl ich persönlich nicht von den Lebensumständen anderer Völker berührt bin, leide ich unter den Missständen, denen diese Menschen ausgesetzt sind. Das Leid auf der Welt ist so ungeheuer groß, dass ich es kaum ertragen kann. Hunger, Unterdrückung, Krieg, Folter, Unrecht, Flucht – die Mehrheit der Menschen lebt unter unmenschlichen Bedingungen. Und Menschen sind dafür verantwortlich, nicht Götter oder Gott. Wie soll ich Achtung vor dem Menschen haben, wenn er sich als Unmensch gebärdet? Mir ist die Menschenliebe einfach abhanden gekommen. Für mich war unvorstellbar, was Menschen anderen Menschen antun können, wenn ich es nicht selbst gesehen hätte. Es ist unbegreiflich, wie oft sinnlos gestorben werden muss, was manche aushalten müssen, wie häufig „Leben" eigentlich nur ein Dahin-Vegetieren ist. Die Weltanschauung hat mein Menschenbild geprägt, es kann nicht negativer sein. Die Ohnmacht, nichts dagegen tun zu können, macht mich melancholisch bis fast zur Depression. Der Humanist in mir kann nur areligiös reagieren und verliert das Vertrauen in die Menschheit. Und mein Misstrauen verursacht Zurückhaltung, Introvertiertheit, Vorsicht im Umgang mit Menschen als Schutz. Melancholie lässt einen Menschen zum Einzelgänger werden. Wenn ich vom unermesslichen Leid nicht überwältigt werden will, muss ich meine Einbildungskraft zügeln und meinen kleinen überschaubaren Mikrokosmos pflegen, um nicht zugrunde zu gehen. Ich überwinde die Melancholie mit Komik, im Sinne von geistigem Witz oder: „Humor ist, wenn man trotzdem lacht!"

TRADITION

In der Kultur jeder Gesellschaft spielt Tradition eine große Rolle. Sitten und Gebräuche werden von Generation zu Generation weiter gereicht, die Überlieferung alter Kultur festigt die Gesellschaft und gibt ihr ihre Identität. Tradition hat also zunächst einen hohen Stellenwert. Dagegen steht die menschliche Entwicklung, auch wenn der Fortschritt auf diesem Gebiet eine Schnecke ist. Freie Gesellschaften versuchen, die kulturellen Traditionen dem jeweiligen Zeitgeist anzupassen, so dass Tradition immer einen Wert an sich darstellen kann. Klug angewandt muss Tradition keineswegs rückwärtsgewandt sein, auch eine fortschrittliche Gesellschaft kann Traditionen bewahren und an überlieferter Identität festhalten, und trotzdem Neues schaffen.

Unterentwickelte Völker benutzen Traditionen allerdings zum Schaden ihrer Gesellschaft und halten an Überholtem fest. Besonders rückschrittlich ist der Animismus der Naturvölker, sie pflegen einen verderblichen Einfluss mit dem inhaltsleeren Argument: Das war schon immer so. Die Beschneidung von Frauen ist so ein Beispiel, wie Traditionen ins Gegenteil verkehrt werden und Leid zufügen statt Identität zu bewahren. Ich habe auf Reisen auch Stämme erlebt, die deshalb aussterben, weil wichtige Hygiene oder Gesundheit fördernde oder andere Verhaltensweisen ihrer überlieferten Tradition widersprechen.

Inzwischen gibt es modernistische Gesellschaften, die ohne Not selbst gute und sinnvolle Traditionen aufgeben. Mit der Aufgabe kultureller Identität entsteht eine Gleichmacherei und Vermassung, jede Individualität geht verloren, die Gesellschaft wirkt kulturlos. Schuld ist zu einem großen Teil auch der technische Fortschritt, zumindest wenn der Mensch nicht lernt, die Vorteile und Erleichterungen der technischen Einrichtungen mit seinem individuellen Gebrauch zu vereinen. Wenn Menschen nur noch mit dem Smartphone kommunizieren ohne sich anzuschauen oder persönlich miteinander zu reden, dann sind sie keine kulturellen Wesen, sondern eher Roboter. Es wundert mich nicht, dass die Entwicklung von Robotern immer „menschlicher" wird, bis man den Menschen vom Roboter nicht mehr unterscheiden kann. Wer sich keine Zeit mehr nimmt für den Mitmenschen, für das Nachdenken über sein Handeln, wer nur noch mechanisch irgendwelche Apparate bedient, isoliert sich und handelt jetzt schon wie ein Automat. Das fängt schon im Kleinen und Alltäglichen an, und es gibt immer mehr Menschen, die gar nicht bemerken, wie sie sich selbst dabei aufgeben. Wer nur noch online einkauft, konsumiert auch gleichgültig und geschmacksneutral. Wenn man heutzutage in Restaurants sein Mittagessen bereits per Handy zu einer bestimmten Zeit vorbestellen und bezahlen kann, um dann pünktlich an einem anonymen Tresen sein Essen in Empfang zu nehmen, in der vorgegebenen Zeit zu verspeisen und so schnell wie möglich wieder Platz zu schaffen für den nächsten geplagten Mittagspausengast, dann hat man von der bewährten Kultur gemeinsamen Essens nichts begriffen. Wenn man lieber einen Coffee to go mitnimmt statt für einen kleinen Plausch zur Pause ins Kaffeehaus zu gehen, dann hat man jedes Gefühl für Zeitkultur verloren, abgesehen davon, dass man mit dem Pappbecher (statt einer Porzellantasse!) unnötigen Müll produziert und die Umwelt belastet. Feine Küche, geselliges Essen, angenehme Kaffeehausatmosphäre muss man nicht aufgeben, das sind traditionelle Werte, die jeder Modeerscheinung standhalten sollten. Sie gehören zur Kultur des Menschen und sind zeitlos und dauerhaft.

Pan

Wir haben uns angewöhnt, die Welt und die Menschen in Gut und Böse einzuteilen, ohne zu überprüfen, ob es der Wirklichkeit entspricht. Die moderne Hirnforschung hat diese Einteilung erschüttert, sie hat herausgefunden, dass Menschen existieren, deren Gene nicht über die Fähigkeit verfügen, zwischen gut und böse unterscheiden zu können. Menschen also, die „Böses" tun ohne es zu wissen, ohne Reue und Schuldgefühle handeln, nicht begreifen, wofür sie bestraft oder verurteilt werden. Für sie sind die Prinzipien unserer Moral nicht nachvollziehbar. Zur Entschuldigung unserer Kirchenväter, die die christliche Moral als Orientierungshilfe in unsere Kultur eingeführt haben, sei gesagt, dass sie natürlich nicht über die Erkenntnisse heutiger Forschung Bescheid wissen konnten.

Zarathustra ging bereits im 9. vorchristlichen Jahrhundert davon aus, dass Gut und Böse von Anfang an gleichwertig vorhanden sind, die Wirklichkeit in ihren Gegensätzen abbilden. Die Götterwelt der Antike stellt höchst unvollkommene Göttergestalten dar, auch sie handeln im christlichen Sinne „unmoralisch", sind gut und böse wie die Menschen, die sie erdacht haben. Und das Besondere an der griechischen Mythologie ist, dass alles göttlich ist, die Natur in allem, was die Schöpfung ausmacht. Nymphen beispielsweise sind alle Töchter von Gottvater Zeus, göttliche Wesen der freien Natur. Sie wohnen auf Bergen oder im Wasser, in Grotten, Quellen, Bäumen, Pflanzen, sie tanzen und spielen im Wald und an Bächen und Flüssen, und sie sind in Begleitung anderer Götter, hauptsächlich des Dionysos (Bacchus) oder der Artemis (röm. Diana), der Göttin der Jagd. Sie können sich verwandeln, vor allem wenn sie von männlichen Göttern verfolgt werden und um ihre Jungfernschaft fürchten müssen. Sie sind Symbol für die Naturverbundenheit der Hellenen.

Wie im Hinduismus, in dem die Götter in Tiergestalt verehrt werden und als reine Naturwesen vorkommen, so kennt auch die griechische Mythologie solche Kulte. Nicht nur dass Zeus sich in alles Mögliche verwandeln kann, um die weiblichen Wesen verführen zu können, sondern es gibt auch von vorneherein Götter, die halb Mensch halb Tier sind wie die Kentauren, oder als Halbwesen auf die Welt kommen wie z. B. Pan, der am ganzen Körper behaart ist und zum Entsetzen seiner Mutter, einer Nymphe (vermutlich Dryope), mit Ziegenhörnern und Ziegenfüßen geboren wurde. Pan ist der Wald- und Weidegott, also der Gott der Hirten.

Vater des kleinen Pan ist ausnahmsweise mal nicht Zeus, sondern Hermes, der Götterbote. Er bringt den Knaben in den Olymp, wo die versammelten Götter ihre Freude an dem Kleinen haben. Beachten Sie die „Moral": Die Götter haben keine Vorbehalte, sondern finden Gefallen an dem „unvollkommenen" Kind, sie kennen keine Demütigung aufgrund von körperlicher Behinderung. Besonders Dionysos ist begeistert von Pan und lässt ihn als Bockswesen im Gefolge oder als Anführer seiner

Schar von Satyrn und Silenen, die ja ähnlich aussehen wie Pan, auf seinen Weinfesten herumtoben oder den Nymphen nachstellen. Pan zeichnet sich gegenüber den Satyrn noch durch ein besonderes Talent aus: er kann Flöte spielen, die Panflöte.

Ich muss Ihnen diese zauberhafte Geschichte erzählen, wie es dazu kam. Ovid hat sie uns in seinen „Metamorphosen" überliefert. Pan verliebt sich in die Nymphe Syrinx und verfolgt sie liebestrunken. Diese flieht, Sie wissen ja, dass Nymphen jungfräulich bleiben sollen. Als die Schwestern der Syrinx merken, dass Pan kurz davor ist, die Nymphe einzuholen, verwandeln sie diese in einen Schilfrohrbusch. Als Pan das Schilf erreicht, bläst der Wind ins Schilfrohr und erzeugt leise klagende Laute. Verliebt umarmt Pan das Schilf, dann schneidet er ein paar Rohre ab, unterschiedlich lang, bindet sie zusammen und bläst darauf. Wie dem Wind gelingt es ihm, unterschiedliche Töne hervorzubringen. Er nimmt die gebastelte Flöte mit und benennt sie nach der geliebten Nymphe Syrinx (griech. = Rohr), wir bezeichnen sie heute als Pan- oder Hirtenflöte.

Pan hat es zu großer Fertigkeit auf seiner Flöte gebracht und fordert, etwas überheblich geworden, den Gott Apoll zu einem musikalischen Wettstreit heraus. Der Gott Tmolos als Richter erklärt Apollon zum Sieger, weil er die Lyra (Leier), die Apollon spielt, als das wertvollere Instrument ansieht. König Midas, der als Zeuge dabei war, findet das ungerecht und urteilt, zu naiv und unbefangen, nach dem spielerischen Können, nicht nach dem Klang allein, und zieht deshalb Pan vor. Er begreift nicht, dass ein Gott gar nicht verlieren darf, und dass ein anderer Gott niemals eine Niederlage eines Gottes zulassen würde. Der beleidigte Apoll lässt Midas daraufhin Eselsohren wachsen. Diese Geschichte berichte ich in meinem Buch „Einer trage des anderen List, (Un)moralische Geschichten".

Pan entwickelt sich zum Spaßmacher, aber auch zum Schrecken von Mensch und Tier. Er taucht unberechenbar auf, in der mittäglichen Hitze urplötzlich unter den liegend-kauenden Weidetieren oder den Hirten bei der Mittagsruhe. Durch sein überraschendes Erscheinen versetzt er die Tierherden in *pan*ische Unruhe, in den nach ihm benannten Angstzustand der *Panik*. Den Hirten bringt er die Flötentöne bei. Kämpfende Heere haben sich seiner Unterstützung versichert und machen sich diese Eigenschaft Pans zunutze. Sein lärmendes Auftauchen und das Geschrei der Krieger verursacht einen panischen Schrecken beim Gegner, er flieht in Panik. So soll er das Perserheer bei Marathon in Panik versetzt haben. Die Erscheinung einer Gottheit unter den Menschen nannten die Griechen Epiphanie.

Was hat das nun aber mit christlicher Moral zu tun? Epiphanie zunächst nichts, denn die Erscheinung Gottes auf Erden, im christlichen Glauben von Gottes Sohn, wird am 6. Januar, dem Dreikönigstag, als freudiges Ereignis gefeiert. Moral kommt erst ins Spiel, wenn davon die Rede ist, was das Christentum aus Pan gemacht hat. Durch sein Äußeres wird Pan zum Teufel umgedeutet, Sie brauchen sich nur die mittelalterlichen Bilddarstellungen anzuschauen und erkennen den Teufel mit Bockshörnern, Ziegenfüßen und Tierschwanz. Wenn der Teufel erscheint, entsteht Panik, und alle Fröhlichkeit und Lebenslust wird ins Bockshorn gejagt.

Pan ist der Schutzgott der Hirten, christliche Geistliche nennen sich Hirten, die ihre Herde vor dem Bösen bewahren wollen. Pan steht für die Natur, für Wald und Feld, für Fruchtbarkeit und Freude, Tanz und Musik. Sein gekrümmter Hirtenstab symbolisiert den Kreislauf der Natur und die Wiederkehr der vier Jahreszeiten. Seine Gefolgschaft von Dionysos macht ihn lüstern, seine Wollust wird zum Rausch, zur unkontrollierten Ekstase stilisiert, die Nymphen (Jungfrauen) sind vor ihm nicht sicher. Das wird von den lustfeindlichen christlichen Hirten zum Anlass genommen, die natürliche Triebhaftigkeit nicht mehr als göttlich anzusehen, sondern zu verteufeln. Positive göttliche Attribute werden durch christliche Moral negativ umgedeutet zu Taten des Teufels.

MONDLICHT

> Mondbeglänzte Zaubernacht, die den Sinn gefangen hält,
> wundervolle Märchenwelt, steig auf in der alten Pracht!

Dieser Vierzeiler von Ludwig Tieck darf als Sinnbild, als symptomatisch für die Epoche der Romantik gelten, eine der kreativsten Zeiten in der deutschen Kunstgeschichte. Sie wird allgemein für die Jahre 1800 bis 1830 datiert. Das Unendliche, das Ungreifbare, das Metaphysische beschäftigte die Künstler, es galt, dies mit realistisch registrierendem Blick festzuhalten. Klarheit einerseits und Spiritualität andererseits prägten die Werke der Romantiker, Sehnsucht nach dem Verborgenen in der Natur und im Menschen kam zum Ausdruck.

Nicht zufällig führte der Arzt, Naturforscher, Philosoph und Maler Carl Gustav Carus, ein Universalgelehrter, den Begriff des „Unbewussten" in die Psychologie seiner Zeit ein. Er schrieb „Zwölf Briefe über Landschaftsmalerei" und schuf über achthundert Gemälde und Zeichnungen. Trotz erkennbar realer Wiedergabe der Landschaft wirken die Bilder wie mondbeglänzte Zaubernächte und eine wundervolle Märchenwelt in alter Pracht. Das liegt hauptsächlich am Licht, genauer gesagt an der Wiedergabe von Mondlicht, wie besonders im Bild „Pilger im Felsental" zu erkennen ist.

Carus war mit Ludwig Tieck befreundet und orientierte sich in seiner Malweise vor allem an Caspar David Friedrich. Die Romantiker suchten das Geheimnisvolle in der Nacht, besangen sie wie Novalis mit seinen „Hymnen an die Nacht" und gaben ihren Bildern durch das Mondlicht einen gespenstischen Ausdruck. Elektrisches Licht kannten sie noch nicht, ihre Lichtquellen waren Kerzen, Öllämpchen, Fackeln und das Tageslicht. Sonnendurchflutete helle Farbbilder sahen sie auf ihren Italienreisen zuhauf, aber zu Hause entdeckten sie das Mondlicht der Nacht für sich. Es entsprach ihrer Melancholie, ihrer Gefühlstiefe, auch ihrer Todessehnsucht (Novalis), die Dichter schrieben vom trüben Schimmer und dunkler Fantasie, Beethoven komponierte eine „wehmütige" Mondscheinsonate.

Viele Romantiker waren gleichzeitig Naturwissenschaftler wie Carus, sie wussten um die geringe Lichtintensität des Mondes. Aber gerade darin lag der Reiz, die Wiedergabe des Unsichtbaren. Selbst der Vollmond erreicht nur siebzehn Prozent der Helligkeit des Sonnenlichtes, der Halbmond sogar nur elf Prozent. Mit anderen Worten: Die Sonne scheint 300.000 bis 400.000 mal heller als der Vollmond. Das Mondlicht, also das vom Mond reflektierte Sonnenlicht, beträgt im Durchschnitt nur ein Millionstel des die Erde direkt erreichenden Sonnenlichts. Für die Maler bedeutete dies, dass Mondlichtbilder das Sichtbare fast nur in schwarz-weiß und grauen Schattierungen abbilden, allerdings einen starken Kontrast vom blendend hellen Mond zum dunklen Sternenhimmel abgeben, in der Farbgebung also eine ganz andere Herausforderung darstellen. Goldenes Licht und lange Schatten kennzeichnen diese Gemälde.

Verliebte lieben mondbeglänzte Zaubernächte, sie scheuen grelles Licht. Mit der Einführung des elektrischen Lichtes wurden die Nächte zum Tag gemacht, und für die Verliebten ging viel Romantik verloren. Liebeslieder von damals handeln noch vom Mondlicht und geben die „romantische" Stimmung wieder, die wir so gerne heraufbeschwören. Durch die Ferne zur Entstehungszeit muss viel Fantasie aufgewendet werden, oft gerät dadurch die Situation in Kitsch.

HABSELIGKEIT UND HABGIER

Zwei Geschichten in der griechischen Mythologie geben den Zustand unserer heutigen Gesellschaft wider: die Erzählung vom König Midas und von Narzissos.

Der reiche König Midas konnte in seiner Gier nicht genug kriegen und erbat vom Gott die Gabe, dass alles, was er berührt, zu reinem Golde werde. Er wäre elendig verhungert, weil auch die Speisen zu Gold wurden, wenn der Gott nicht Erbarmen gezeigt und die Gabe der Metamorphose nicht rückgängig gemacht hätte. Habgier kennt eben keine Grenzen.

Narzissos verschmäht die Liebe der Frauen und wird dafür von der Göttin mit unstillbarer Selbstliebe bestraft. Beim Trinken an einer Quelle beugt er sich über das Wasser und verliebt sich in sein eigenes Spiegelbild. Seine Sehnsucht nach seinem Ebenbild treibt ihn zu immer mehr Befriedigung eigener Bedürfnisse an, er kennt nur noch sich selbst. In der Mythologie ertrinkt Narzissos folgerichtig im Wasser, weil er nur dort sein eigenes Selbst erreichen kann.

Selbstverliebtheit und Gier sind die zwei Seiten einer Medaille, die die gleichen Auswüchse zeitigen: die Konzentration auf das eigene Wohl. Wenn alle nur an sich selbst denken und unbedingt nach mehr streben, entsteht der Zustand, in der sich die heutige Gesellschaft befindet: wir leben über unsere Verhältnisse, auf Pump sozusagen, und häufen einen Schuldenberg an, den wir niemals abtragen können. Wir schauen sehenden Auges zu, wie unser gesamter Wohlstand irgendwann untergeht, weil wir in unserer Selbstverliebtheit vergessen haben, dass Habgier eine Todsünde ist, ein Krankheitssymptom, eine Sucht.

Die derzeitige Krise ist eine Folge eines ungebremsten Kapitalismus, an dem wir alle in unserer Gier und Selbstsucht beteiligt sind. Vor ein paar Jahren wurde nach dem schönsten Wort in der deutschen Sprache gesucht. Es gewann das Wort *Habseligkeiten*. Das beschreibt die Grundbedürfnisse des Menschen, die ihn glücklich und zufrieden machen, selig mit dem, was er hat: Nahrung, Kleidung, Wohnung, sein Hab und Gut eben, vielleicht kommt noch Versorgung bei Krankheit dazu. Das Goethe-Institut, das diese Umfrage gestartet hatte, war von dem Ergebnis überrascht. Ich finde das Wort eine vorzügliche Wahl.

Heute betäuben wir uns mit Konsum und Besitz weit über unsere normalen Lebensbedürfnisse hinaus, und wir werden immer weniger wir selbst, wir werden unzufriedener, unglücklicher, hartherziger und selbstsüchtiger. Aus Habseligkeit ist Habgier geworden, die wir ins Unermessliche, Unerreichbare steigern. Fälschlicherweise machen wir stets andere dafür verantwortlich, z. B. die Bänker, die Politiker, die „Märkte". Wer sind denn die „Märkte"? Wir sind es selbst, wir wählen die Politiker, wir bedienen die Banken, wir sorgen für die Vermehrung des Geldes. In unserer Selbstverliebtheit leugnen wir unsere eigene Verantwortung. Nur eines haben wir aus der Mythologie gelernt: Die Midasse leben zwar immer noch in goldenen Käfigen, verhungern dort aber nicht mehr. Und die Narzissten haben gelernt, den Selbstmord zu vermeiden, sie haben Spiegel erfunden. Die Götter sind entbehrlich geworden, an ihre Stelle ist der Gott „Mammon" getreten.

WIR DEGENERIEREN

Unsere Gesellschaft ist satt, übersättigt, träge, wir haben uns im Wohlstand eingerichtet und kümmern uns nicht mehr um andere und anderes. Wir sind wehrlos geworden, wir wehren uns nicht mehr gegen Angriffe von außen, wir sehen zu, wie unsere Gesellschaft untergeht. Es ist offensichtlich: Wir degenerieren. Wir haben unseren Zenit überschritten. Wir geben uns auf.

Die wunderbare Idee „Europa" ist tot. Statt die Vereinigten Staaten von Europa anzustreben, nehmen wir in Kauf, dass separatistische Bewegungen den Zusammenhalt gefährden. Die Bedrohungen von außen registrieren wir, winken aber ab, wenn wir aktiv dagegen vorgehen müssen. Postimperiale Diktaturen wie Putins Russland verstoßen ungestraft gegen den mühsam ausgehandelten Friedenskonsens, beschwören einen Kalten Krieg und führen uns vor, machen uns lächerlich, setzen sich arrogant über unsere schwachen Einwände hinweg. Die Krisen häufen sich, wir bleiben apathisch. Es ist uns egal, ob sich Ebola ausbreitet. Wir resignieren vor der Brutalität islamistischer Fanatiker. Wir lassen Salafisten ungehindert auf deutschem Boden agieren, wir lassen uns tyrannisieren von ihrem Gotteswahn und uns als Ungläubige beschimpfen. Wir ahnden ihre Gesetzesverstöße in derart harmloser Weise, dass jede Gegenwehr wirkungslos bleibt.

Aber nicht nur von außen wird unsere Kultur überrannt, wir werden uns selber fremd. Wir entsprechen selbst nicht mehr unseren kulturellen Ansprüchen. Kindesmissbrauch in Familien, in Schulen und kirchlichen Einrichtungen zeigen, dass der familiäre Zusammenhalt zerbricht, das Gefühl von Fürsorge und Verantwortung verloren geht. Unser einst vorbildliches Gesundheitswesen verkümmert.

Streiks belasten die Gesellschaft, zerstören die eigenen Arbeitgeber, die Behörden bluten aus und bearbeiten wichtige Anliegen in einem Zeitrahmen, der die Ausführung der Anträge hinfällig werden lässt. Es geschieht nichts mehr, es geht nichts mehr voran, große Bauvorhaben verteuern sich und werden kaum noch fertig, anderes zerfällt, verlottert, wird unbrauchbar. Unser Bildungssystem ist marode, unser Wissensstand sinkt. Die Bundeswehr steht symptomatisch für die Bankrotterklärung unseres Staates, denn sie ist nicht mehr einsatzbereit. Wir wären gezwungen, uns kampflos zu ergeben. Und wir empfinden es nicht mal mehr als Problem.

Wir leben über unsere Verhältnisse und können trotzdem mit unseren Errungenschaften nicht mehr sinnvoll umgehen. Unsere Ernährungsweise verdeutlicht die Dekadenz. Deutsche haben zwar noch nie verstanden, genussvoll zu essen und geschmackvoll zu kochen. Nach der Arme-Leute-Küche haben wir eine Weile die internationale Küche ausprobiert, die wir entweder auf Reisen oder in der bei uns angesiedelten Gastronomie kennen gelernt haben. Richtig umgegangen sind wir damit nicht. Jetzt geht der Weg wieder zurück in die Geschmacklosigkeit. Wir essen Fertignahrung ohne Nährwert oder favorisieren vegane Küche, Mangelernährung pur. Dekadenter geht es nicht.

Angst und Wehrlosigkeit sind die prägenden Eigenschaften der heutigen Gesellschaft. Diese Symptome sind die ersten Anzeichen für unseren Untergang. Macht und Stärke sind zahnlos geworden, Überalterung und Krankheit sorgen für das Aussterben der Art.

Fremd im eigenen Land

Es war einmal – es ist wirklich schon Jahrzehnte her und kommt mir tatsächlich wie ein Märchen vor, aber es ist Wirklichkeit, es ist wahrhaftig so passiert. Vor langer Zeit also, ich hatte gerade mein Reifezeugnis erhalten und wollte auf Mulifahrt gehen, so nannte man damals die erste freie eigenständige Reise, ich könnte auch sagen, ich ging auf Trebe, denn die Fahrt startete zu Fuß und per Anhalter, ohne bestimmtes Ziel. Nur raus, egal wohin, mal sehen, wer mich wohin mitnimmt. Das heißt nicht, dass ich mich nicht vorbereitet hätte. Nicht mit Reiseführer oder Fahrkarte, sondern ausgerüstet mit Schuhwerk und Kleidung für Wind und Wetter, und einem Rucksack natürlich, einem Affen sagte man damals, weil die Außenseite mit Fell bespannt war. Um den Rucksack herum festgezurrt: Schlafsack, Ein-Mann-Zelt und Regenschutz. Da meine Abiturnoten recht ordentlich ausfielen, steuerten meine Eltern als Belohnung etwas Geld bei, so dass ich sogar überlegte, ob ich in einen D-Zug steigen sollte, der mich erst mal ein Stück voran bringt, bis an die Landesgrenze etwa. Für einen kurzen Moment dachte ich daran, sogar irgendwohin in die Sonne zu fliegen. Ich verwarf den Gedanken schnell, denn dann wäre meine Reise bei der Ankunft schon zu Ende gewesen, weil das Geld verbraucht wäre. So aber wollte ich die Fahrt ausdehnen und so lange wie möglich weg bleiben, sparsam sein, viel erleben, bei Gelegenheit etwas arbeiten und Geld verdienen, um den Aufenthalt zu verlängern. Die Freiheit genießen und sich in der Welt behaupten, darum ging es.
Ich kleidete mich also entsprechend ein: Unterwäsche, lang- und kurzärmelige Hemden, lange und kurze Hose, wollene Jacke, Halstuch, Strümpfe, Halbschuhe und halbhohe Stiefel, dünne Regenhaut. Nur so viel wie in den Affen hinein passte, unterwegs wollte ich meine Wäsche waschen, wenn sie gewechselt werden musste. Da ich nicht wusste, wie lange ich unterwegs bleiben würde, hätte ich ohnehin nicht die gesamte Wäsche für den vollen Zeitraum packen können. Obendrauf den Kulturbeutel, Bargeld in der Tasche, so gerüstet zog ich frohen Mutes neugierig eines Tages von Zuhause los.
Niemand wusste, wo ich war, und ich hatte keine Gelegenheit mich zu Hause zu melden. Es gab kein Handy und keine Telefonzellen in der Natur. Ich war fünf Jahre unterwegs und habe halb Europa gesehen und einmal das gesamte Mittelmeer umrundet. Ein bleibendes Erlebnis!
Heute steht mein Enkel vor einem ähnlichen Entschluss. Auch er möchte gerne nach bestandenem Abitur eine Tour machen, einen Supertrip. Er hat mir seine Idee schon vorgetragen und erzählt, wie er sich seine Reise vorstellt: Er will zu einer travel-agency gehen, ein ticket für den Intercity zum airport und ein last-minute-ticket für den Flug nach Florida kaufen, sich am meeting point mit seinem Brieffreund treffen und mit der elterlichen creditcard verreisen. Er will zwei rollbags packen, überlegt

noch, ob er sein Laptop oder das iPad mitnimmt, auf jeden Fall die iSight-Kamera und das iPhone mit flatrate.

Vorher werden T-Shirts, Sweatshirts, Jeans, Pullover, boots und slippers eingekauft. Wenn alles erledigt ist, besorgt er sich notwendige Informationen, indem er im Internet googelt und per e-mail über rent-a-car zunächst ein Mietauto und die first-one-night Unterkunft bucht.

Ich vermute, seine Reise wird nicht länger als einen Monat dauern.

Nach dieser Unterredung war ich mir nicht mehr sicher, ob ich noch in meinem eigenen Land lebe oder immer noch auf Trebe bin. Denn sein Plan kam mir so fremd vor, seine Sprache so unverständlich, sein Vorhaben so weit von meiner eigenen Wirklichkeit entfernt, dass uns nicht nur Welten trennten, sondern ich das Gefühl hatte, in einer fremden Welt zu leben.

Zur Unterhaltung

Spiritus – Geist

Pfingsten ist das Fest der „Ausgießung des Heiligen Geistes". Ich habe bis heute nicht verstanden, was das bedeuten könnte. Welcher Geist wird denn da ausgeschüttet? Spiritus oder Spirituose? Spiritus sancti oder Himbeergeist? Das Pfingstwunder geschah nach der Himmelfahrt Christi, die Ausgießung des Heiligen Geistes erfolgte unter Windesbrausen und in Feuerzungen und dem damit verbundenen Sprachenwunder: die Jünger redeten in fremden Sprachen. Deshalb haben sie sich und hat man sie nicht mehr verstanden. Ich erinnere mich an mein Elternhaus, als die Gäste nach der Ausgießung der Feuerzangenbowle in unverständlichen Lauten lallten, nur war das keineswegs ein Wunder.

Man muss den Dingen auf den Grund gehen (rerum cognoscere causa). Das lateinische spiritus bedeutet „Hauch, Atem, Leben, Seele, Geist". Im Mittelalter benutzten Alchimisten das Wort, um ihre aus Pflanzen und anderen Stoffen destillierte Flüssigkeit damit zu bezeichnen. Die aus der Alchemie hervorgegangenen Apotheker benannten dann den „Spiritus" treffend mit „Weingeist", also Alkohol. Der „vergällte Äthylalkohol" wird medizinisch zur Gesundung des Menschen eingesetzt, zunächst, also in geringem Maße, fördert der Weingeist das Leben (spiritus), er belebt also wie ein Wunder Seele und Geist. Zu viel und zu lange genossen verkehrt sich die Ausgießung ins Gegenteil und richtet Schaden an. Man könnte also sagen: Das Wunder bestand darin, dass die Jünger Pfingsten besoffen waren. Sie haben zu viel vom heiligen Geist genommen.

In der Literatur ist häufig die Rede davon, dass Leichenfeiern zu Besäufnissen ausarteten. Auch dies geht auf die gleiche Tradition zurück, denn zu Pfingsten war Jesus ja schon tot und sogar auferstanden. Die Jünger versammelten sich am Grab zur Totenfeier, die mit dem „Spirituosenausschank" begangen wurde. Daraus entstand der Spiritismus, die Lehre von den vermeintlichen Beziehungen zwischen Verstorbenen und Lebenden, also der „Geisterglaube". Die „Spiritisten" haben bis heute nicht verraten, wie viel „Spiritus" sie benötigen, um die Sprache zu finden, mit der sie mit den Geistern kommunizieren können. Und die „Geistlichen" sagen uns auch nicht, wie viele Flaschen Messwein in ihren heiligen Schränken verborgen lagern. Wunder müssen eben geheim gehalten werden.

SCHILDERGEHORSAM

Verkehrsschilder machen prinzipiell zunächst Sinn, sie regeln den massenhaften Verkehr, und jeder Verkehrsteilnehmer tut gut daran, sich an die Schilderregelungen zu halten, um ein Verkehrschaos zu vermeiden. Aber muss man sich scheinbar sinnlosen Schildern unterwerfen? Die Behörden, die diese Schilder aufstellen, verlangen totalen Gehorsam. Hinterfragen ist nicht gestattet, Behörden denken nicht, Behörden ordnen an. Beispiele:

Vor dem Rathaus gibt es zwar ausreichend Parkplätze, dennoch ist das Parken auf drei Stunden begrenzt, damit für alle Bürger Parkraum zur Verfügung steht, wenn sie ihre Rathausbesuche absolvieren müssen. Ich kenne übrigens niemanden, der Lust verspürt, länger als drei Stunden im Rathaus zu verbringen. Drei Stunden sind wirklich großzügig bemessen, selbst bei der Arbeitsweise der Behörden dürften drei Stunden zur Erledigung bürokratischer Vorgänge ausreichen. Da es sich ja ohnehin nur um die Abgabe von Anträgen oder die Abholung von Bescheiden handeln kann, darf man getrost unterstellen, dass jeder Rathausmitarbeiter diesen lästigen Bürgerbesuch in der angegebenen Zeit schaffen kann. Jede Bearbeitung findet ja ohne Bürgerbeteiligung statt. An Sonnabenden, Sonn- und Feiertagen ist das Rathaus geschlossen und der Parkplatz leer. Man kann ihn gut für den Besuch der nahe gelegenen Post benutzen, da diese nicht über eigenen Parkraum verfügt. Bei der Post benötigt man selten länger als 15 Minuten Zeit, stellt folglich die Parkscheibe gar nicht erst auf die entsprechende Uhrzeit ein, man ist sowieso allein. Das aber ist eine unzulässige eigenmächtige Entscheidung. Auf dem Schild steht eindeutig lesbar, dass man den Parkplatz nur mit eingestellter Parkscheibe benutzen darf, auch sonnabends bis 14 Uhr. Die Post schließt um 12 Uhr. Vielleicht hat man nur vergessen, dazu zu schreiben, dass dies nur zu den Bürozeiten gilt. Folglich muss die Parkscheibe hinter der Windschutzscheibe vorschriftsmäßig erkennbar die eingestellte Zeit anzeigen, auch wenn weit und breit niemand da ist, der diesen Parkplatz dringend benötigt. Der Behördenmitarbeiter vom Ordnungsamt erteilt erbarmungslos ein Bußgeld wegen Verstoßes gegen die Verkehrsregeln und Nichtbeachtung eines Schildes. Es geschieht, probieren Sie es aus.

In jedem Parkhaus sind die Einstellplätze mit weißen Linien markiert. Und fast alle Parkhäuser sind zu klein. Es gibt aber manchmal so breiten Raum, dass ohne Behinderung anderer Autos ohne weiteres noch jemand parken könnte. Die Stellplätze sind allerdings nicht als solche ausgewiesen, es fehlen die weißen Linien. Selbständiges Einschätzen dieser Situation und angemessenes Einparken geht natürlich nicht. Der Verstoß gegen die Nichtbeachtung der behördlichen Kennzeichnung von Stellplätzen wird bestraft.

Da wir gerade bei Stellplätzen sind: Bei den Einkaufszentren außerhalb von Ortschaften gibt es immer reichlich Parkraum, und trotzdem kann es passieren, z. B. wenn besondere Ereignisse wie Rabattangebote oder Teileröffnungen vorkommen, dass die Parkplätze belegt sind. Manchmal sind in Eingangsnähe extra Behindertenparkplätze eingerichtet, eine absolut lobenswerte und fortschrittliche Angelegenheit. Doch kann man auch übertreiben, wenn die ersten beiden Plätze in jeder Reihe – und das über die gesamte Fläche von ca. 500 Metern – nur für Behinderte freizuhalten sind. Es entstehen über einhundert Stellplätze für Behinderte, die gar nicht genutzt werden können, weil so viele Behinderte auf einmal nicht einkaufen. Wenn Sie nun aber denken, ich stelle mich für die halbe Stunde auf einen dieser freien Plätze, ich nehme keinem Behinderten die Möglichkeit des Parkens bei dieser riesigen Freifläche, dann haben Sie zwar logisch gedacht, aber falsch im Sinne der Ordnungshüter. Unter ihrem Auto ist deutlich sichtbar das Symbol für Behinderte aufgemalt und vor Ihnen steht ein Schild mit der klaren, eindeutigen Aussage: Behindertenparkplatz. Sie dürfen sicher sein, dass Sie einen Strafzettel an der Windschutzscheibe vorfinden, wenn Sie vom Einkauf zurückkommen, ob das Sinn macht oder nicht.

Es gibt viele Anliegerstraßen, die sehr schmal sind. Wenn die Anlieger ihre Autos vor ihren Wohnhäusern abstellen, ist die Fahrspur nur so breit, dass nur ein Wagen durchkommt. Bei Gegenverkehr muss einer in eine Parklücke oder Hauseinfahrt ausweichen, wenn die Autos aneinander vorbei wollen. Das funktioniert im Allgemeinen mit Blinken oder Winken der Fahrer. Die Bewohner sind daran gewöhnt, die Gemeinde sieht sich also nicht in der Pflicht, ein Parkverbot auszusprechen.

Anders ist es im Winter. Sollte es heftig schneien, was durchaus vorgekommen ist, auch wenn diese Zeiten vorbei sind, dann stellt die Räumung des Schnees ein Problem dar. Entweder werden parkende Autos zugeschüttet oder das Räumfahrzeug findet keinen Platz für die Schneemenge. Da lobe ich mir doch unsere Gemeinde, die in weiser Voraussicht rechtzeitig zu Winteranfang Halteverbotsschilder aufstellt, zumindest an besonders engen Stellen, die für den Winterdienst freizuhalten sind, um eine notwendige Schneeräumung zu gewährleisten. Weil die Gemeinde keine meteorologische Station ist, folglich nicht wissen kann, wie das Winterwetter ausfällt, haben die Schilder einen Zusatz, auf dem die Gültigkeit des Halteverbots zeitlich eingeschränkt steht, in diesem Falle völlig korrekt für den gesamten Winter, also vom 21. Dezember bis 21. März. Eine durchaus sinnvolle Maßnahme zum Nutzen der Anwohner, der allerdings sehen muss, wo er nun sein Fahrzeug abstellen kann. Deshalb kombiniert er völlig logisch, wenn ein Winterdienst nicht nötig ist, weil kein Schnee oder Eis zu beseitigen ist, dürfte er dort wie gewohnt sein Auto abstellen. Das ist allerdings nicht im Sinne der aufstellenden Behörde, denn auf dem Schild steht eindeutig lesbar, in welcher Zeit der Straßenrand für den Winterdienst frei gehalten werden muss. Wo kommen wir denn hin, wenn der Autofahrer eigenwillig entscheiden darf, ob Winterdienst notwendig ist. Wie will denn der Anwohner wissen, ob Schnee liegt oder nicht. Das bitte schon entscheidet die übergeordnete

Behörde, niemand sonst. Also wird ein Bußgeld verhängt wegen verkehrswidrigem Verhalten und Nichtbeachtung eines Schildes.

Wie schon erwähnt, fallen die Winter in letzter Zeit aus. Ich will jetzt an dieser Stelle die Gründe dafür nicht untersuchen, ob Erderwärmung oder Klimawandel, es soll nur eine Feststellung sein. Zwar hat sich das auch in der Behörde herumgesprochen, schließlich müssen die Sachbearbeiter ja auch irgendwie an ihre Arbeitsplätze gelangen, das hindert sie aber nicht daran, die Winterdienstschilder trotzdem aufzustellen. Diese Vorsichtsmaßnahme geht völlig in Ordnung, wenn die Gemeinde diese Maßnahme nur im Bedarfsfall anwenden würde, Das geschieht natürlich nicht, seit wann wird in einer Behörde logisch gedacht? Da gibt es Vorschriften, die zu beachten sind und die Handlungsweise der Mitarbeiter bestimmen. Sie haben keine Zeit, über die Anwendung und Ausführung von Vorschriften auch noch nachzudenken, sie führen aus und sind immer im Recht.

Im letzten Winter beispielsweise ist nicht eine einzige Schneeflocke gefallen, kein Mal musste ein Räumfahrzeug ausfahren, niemand wurde behindert, die Anwohner parkten wie gewohnt vor ihren Häusern. Eines Morgens fanden alle, die in dem ausgeschilderten Bereich parkten, Strafzettel an den Windschutzscheiben wegen Verstoßes gegen das Halteverbot vor. Ihre Beschwerden, die mit fehlendem Schnee begründet wurden, wurden abgewiesen, weil sie eigenmächtig die Anordnung der Schilder missachtet hätten. Es gab sogar Scherzbolde, die die Gemeinde in Verlegenheit bringen wollten mit solch aberwitzigen Anmerkungen, was denn passiert wäre, wenn z. B. schon Anfang Dezember Schnee gefallen wäre. Dann hätte zwar nicht geräumt werden können, aber man wäre dafür nicht bestraft worden. Ob der Mitarbeiter nicht erkennen würde, wie absurd seine Argumentation sei. Aber so dürfen sie den braven Leuten in der Behörde nicht kommen, sie müssen sich dann gefallen lassen. ob sie Analphabet seien, da sie offensichtlich nicht in der Lage sind, Schilder zu lesen.

Um zu zeigen, dass Ordnungsämter durchaus auch gehässig denken und bewusst mit ihrer Beschilderung Fallen stellen, sei folgende Geschichte erzählt. Ich musste für eine Woche verreisen, wollte aber nicht mein Fahrzeug für die ganze Woche aus Kostengründen direkt am Flugplatz abstellen. Ich bin ja kein Geschäftsmann, dem man die Parkgebühren bzw. das Taxi ersetzt. Ich wusste aber, dass in einer vom Flugplatz nicht allzu weit entfernten Gemeinde am Bahnhof ein P+R-Platz eingerichtet war, um den Pendlern die tägliche Fahrt zum Arbeitsplatz in der Stadt nicht zusätzlich zu verteuern. Folglich war der P+R-Parkplatz wie üblich gebührenfrei. Ahnungslos und frohen Mutes stellte ich das Auto ab, fuhr mit dem Zug die kleine Strecke zum Flughafen und hob ab.

Nach meiner Rückkehr stand das Auto unversehrt und ohne Hinweis dort, wo ich es abgestellt hatte, so dass ich problemlos nach Hause fahren konnte. Schön, dachte ich, die Welt ist doch in Ordnung. Pustekuchen! Drei Tage später flatterte mir ein Bußgeldbescheid über 300 Euro wegen Falschparkens ins Haus. Ich hätte an sechs Tagen unrechtmäßig geparkt, wofür die Gemeinde pro Tag die geforderte Parkgebühr nachfordere. Ich begann einen – im Nachhinein durchaus komischen – Briefwechsel mit dieser Gemeinde. Um es kurz zu machen, ich hatte an der Einfahrt zum Parkplatz ein Schild übersehen, auf dem die Parkordnung geregelt wurde. Wenn es darum geht, zusätzliches Geld einzutreiben, sind die Ämter erstaunlich einfallsreich. Besagte Gemeinde wusste wohl, dass auch Fluggäste wegen der Nähe zum Flughafen und dem Anschluss von Bahn zum Flug auf die Idee kommen, ihren P+R-Parkplatz zu benutzen, der eigentlich nur ihren eigenen Pendlern kostenlos zur Verfügung gestellt worden ist. Auf diesem Schild wurde die Parkzeit von 4 Uhr morgens bis 2 Uhr nachts begrenzt. Der erste Zug fährt kurz nach vier vom Bahnhof in die Stadt, der letzte kommt nach eins aus der Stadt zurück. Dazwischen fährt er nicht, es kann also auch kein Pendler fahren. Von 2 bis 4 Uhr in der Nacht ist das Parken nicht erlaubt, zumindest nicht gebührenfrei, die Benutzung kostet pro Tag 50,- Euro, bei mir also sechs Tage gleich 6 × 50,- Euro. Der Parkplatz ist zu dieser Zeit absolut leer, ich nahm also keinem Pendler seinen Platz weg.

Auf meinen Einwand, das sei nicht Besucher freundlich. Wenn ich den Ort besuchen wolle, müsste ich folglich jede Nacht von zwei bis vier im Ort herumfahren, nur weil das Parken nicht erlaubt sei. Mir wurde die Missdeutung des Schildes amtlicherseits todernst erklärt, es lasse rechtlich keine Fehlinterpretation zu. Ich bin nur deshalb um die Zahlung herumgekommen, weil man mir nicht nachweisen konnte, dass ich selbst der Fahrer war. Es gelang mir ausnahmsweise, noch eine Idee schlauer zu sein als das Ordnungsamt. Ich bekam die Auflage, ein Fahrtenbuch zu führen, was ich bis heute nicht habe.

Den Vogel abgeschossen hat folgender Vorfall: Für mich überraschend passierte das in Norwegen, wo ich eine solche Engstirnigkeit nicht vermutet hätte. Auf der Rückfahrt vom Nordkap geriet ich in einen Stau etwa in Höhe der Lofoten kurz vor Narwik. Ich stieg aus, um die Ursache zu erkunden. Es gibt auf dieser Straße keine Ausweichmöglichkeiten, es ist die einzige Nord-Süd-Verbindung an der Steilküste Norwegens. Ich ging an der Autoschlange vorbei und sah, dass Bauarbeiten an einer kleinen Brücke die Durchfahrt blockierten. Die Autos wurden auf floßartige Fähren verladen und an der unpassierbaren Stelle vorbei über Wasser wieder auf die Straße hinter der Brücke verfrachtet, wo sie ungehindert weiterfahren konnten. Der Gegenverkehr wurde auf der Rückfahrt der Flöße mitgenommen. Es gab zwei Fähren, auf jede passten nur zwei, manchmal drei Autos, weil es sich bei den Fahrzeugen fast immer um Caravans handelte. Wer die Strecke schon mal gefahren ist weiß, dass sie fast ausschließlich von deutschen Wohnwagenbesitzern benutzt wird, die auf der Rückfahrt stolz ein Schild angebracht haben: „Nordkap, Datum".

Ich sah mir die Sache eine Weile an und dachte, das dauert. Vor der kleinen Anlegestelle der Fähre gab es ein Schild, auf dem darauf hingewiesen wurde, dass man als Umleitung die Straße über die Finnmark nehmen könnte, bis Narvik sind es 700 Kilometer. Denken Sie jetzt nicht, ich mache einen Witz. Ich fühlte mich nämlich auch veralbert, aber das Schild stand wirklich da. Die Leute haben sich vermutlich gedacht, wenn man zum Nordkap fährt, kommt es auf 700 Kilometer nicht an. Und wirklich sah ich einige Fahrer, die ernsthaft die Karte studierten und überlegten, ob sie den Umweg machen sollten.

Oberhalb der Brücke gab es ein Restaurant und eine Zufahrt. Davor das Verkehrszeichen für „gesperrt", darunter: „Anlieger frei". Ich dachte mir, die Zwangspause kannst Du auch zur Mittagspause nutzen, dann bist Du Anlieger. Ich ging die Auffahrt hoch, um zu schauen, ob das Haus geöffnet hat, und sah, dass zur anderen Seite ebenfalls eine Auffahrt existierte, die hinter der Brücke auf die dann wieder befahrbare Straße führte. Warum ließ man die Fahrzeuge nicht am Restaurant vorbei fahren und machte diese wahnwitzigen Umstände mit den Flößen? Ich konnte das nicht fassen. Hat der Wirt das untersagt, weil er den Verkehr nicht vor seinem Haus haben wollte? Und kann ein Mensch ernsthaft verlangen, dass Verkehrsteilnehmer gezwungen werden, statt der Umfahrung der Brücke auf nicht betonierter Piste von etwa 700 Metern einen Umweg von 700 Kilometer machen oder ca. 3 bis 4 Stunden warten zu müssen, bis die Fähren ihn auf die andere Seite gebracht haben? Nur weil es Privatgelände ist und möglicherweise Staub aufwirbelt? Ich mochte das nicht glauben. Aber alle hielten sich daran, niemand wagte es, an dem „Verbotsschild" vorbei die Auffahrt zu benutzen.

Nicht mit mir. Ich ging zurück zu meinem Auto, sah nur deutsche Nummernschilder und dachte mir: Deutscher Schildergehorsam! Ich fuhr an der Schlange vorbei, die Auffahrt hoch, am Haus vorbei, die Auffahrt wieder runter, und setzte meine Fahrt ungehindert fort. Niemand folgte meinem Beispiel, obwohl alle sahen, dass ich nicht ins Restaurant einkehrte, sondern frech den Berg wieder runter und an der Gegenschlange vorbeifuhr. Ich habe noch lange geguckt, ob noch ein Fahrer nach mir diese Missachtung eines Schildes riskierte. Aber es kam keiner. Man kann auch den Schildergehorsam übertreiben.

BÜROKRATIE

Wenn „Demokratie" Volksherrschaft bedeutet, ist „Bürokratie" die Herrschaft des Amtes, Büroherrschaft.

Das Büro ist also der Arbeitsraum, von dem aus das Volk verwaltet, beherrscht wird.

Im Gegensatz zur Demokratie hat die Bevölkerung aber keinen Einfluss auf die Herrschaft der Verwaltung. Sie wählt auch nicht die Vertreter, die in den Büros arbeiten. Die Bürokratie beherrscht aber die Bevölkerung, sie hat ihre eigenen Regeln geschaffen, die niemand kennt und selbst von den Bürokraten kaum beherrscht werden. Sie hat sich inzwischen dermaßen verselbständigt, dass sie sich selbst und dem öffentlichen Leben im Wege steht, auch die gewählten Volksvertreter sind von ihr abhängig und unterwerfen sich der Herrschaft der Bürokratie. Sie reden zwar von einem Wasserkopf und Bürokratieabbau, ändern aber nichts. Inzwischen können sie wohl auch nichts mehr ändern.

Damit macht die Bürokratie den Menschen handlungsunfähig. Demokratisches Handeln muss sich dagegen peinlich genau, pedantisch, schematisch an die eigenen Vorschriften halten, ohne den augenblicklichen Gegebenheiten oder einer jeweiligen Situation flexibel Rechnung zu tragen. Während die Politik das Gemeinwohl im Auge behalten muss, dreht sich bürokratisches Handeln engstirnig, schwerfällig, wirklichkeitsfremd im Kreise um die einmal vorgegebene Aktenlage, fernab von gesellschaftlichen Entwicklungen. Am deutlichsten wird das z. B. im Bleiberecht. Willkürlich, nur aufgrund von papiernen Vorschriften, werden heimatlose Menschen ausgewiesen, abgeschoben, von Familien oder von ihren Kindern getrennt, obwohl sie einen jahrelangen Aufenthalt nachweisen können, die deutsche Sprache beherrschen und sogar einen Beruf ausüben, ihre Familie ernähren können und nicht mehr auf staatliche Hilfe angewiesen sind. Aber irgendeine Vorschrift entdeckt eine Lücke, und schon gilt die Humanität nichts mehr. Dem Buchstaben muss Folge geleistet werden.

In der Bürokratie gibt es keine Personen mehr, wir sind eine Nummer aus einem Dutzend Ziffern, anonym und ohne Eigenschaften. Nummern sind nicht kreativ und lebensfähig, der Bürokrat hat vergessen, dass sich hinter einer Nummer ein Mensch, ein Leben, ein handelndes Wesen, ein Schicksal verbirgt, er bleibt stets ein Aktenzeichen. Vermutlich ist das der Grund, warum wir uns in den Behörden ausweisen müssen, damit die Büroangestellten vergleichen können, ob der Name im Ausweis mit der Nummer ihrer Akte übereinstimmt.

Ich bin sicher, dass jeder Mensch täglich gegen irgendeine Vorschrift verstößt, ohne es zu wissen. Niemand ist in der Lage, das Dickicht der Gesetze und Verordnungen zu durchschauen und korrekt zu handeln. Außerdem widersprechen viele Vorschriften dem gesunden Menschenverstand und behindern sich gegenseitig. Aber niemand ist bereit, Klarheit und Ordnung in das Gestrüpp von Anordnungen zu bringen.

Es ist deshalb nicht verwunderlich, dass Bürokraten nicht mehr denken, sie achten nur noch auf korrekte Ausführung der Vorschriften, unabhängig davon, ob eine Handlungsweise sinnvoll ist oder nicht. Und sie erklären sich für nicht zuständig, verweisen auf eine andere Abteilung, jagen den Antragsteller von Büro zu Büro, halten ihn hin und bedeuten ihm wichtig, dass sie das und jenes gar nicht dürfen, weil eine andere Vorschrift es verbietet usw. Der Apparat hat sie unselbständig und hilflos gemacht. Darum haben sie Angst, dass sie zur Verantwortung gezogen werden, wenn sie eine Entscheidung treffen. Um sich abzusichern, unternehmen sie lieber nichts. Weil sich die Behörden selber nicht mehr auskennen und sich gegenseitig misstrauen, muss man notarielle Beglaubigungen beibringen oder immer neue Anträge stellen. Auf den Anträgen muss man Fragen beantworten, die man schon hundertmal beantwortet hat, und Angaben machen, die selbst bei den Behörden schon mehrfach hinterlegt sind. Aber dann müsste eine Dienststelle bei einer anderen nachfragen, und wer weiß, ob man sich auf deren Vorgang verlassen kann, könnte ja ein Zahlendreher in der langen Nummer vorliegen o. ä. Schließlich heißt eine Ablage nicht umsonst Ablage, man legt sie ab, um nicht mehr nachschauen zu müssen. Lieber lässt man einen neuen Antrag ausfüllen, um die Ablage füllen zu können, um seufzend die eigene Überlastung demonstrieren zu können, und lehnt sich zufrieden zurück, in dem Gefühl, wieder einen Aktenvorgang vorschriftsmäßig erledigt zu haben. Es ist ganz wichtig für die Behörden, dass wir Anträge stellen. Denn wenn die Büros keine Anträge mehr bearbeiten dürfen, könnte man auf die Idee kommen, dass sie möglicherweise überflüssig sind. Deshalb werden alte Formulare von Zeit zu Zeit überarbeitet, damit die Antragsflut nicht versiegt.

In der Tat kann es Ihnen passieren, dass, wenn Sie kein Anliegen vorbringen, mit einem Amt keine Berührung mehr haben. Ihr Leben funktioniert trotzdem, sie handeln in Absprache mit anderen Menschen, fragen die Behörden nicht um Erlaubnis, verstoßen vermutlich gegen etliche Vorschriften, aber sie erreichen ohne Probleme konfliktfrei und komplikationslos ihr Ziel, vor allem viel schneller, als wenn Sie sich an die Ämter gewendet hätten, deren Bearbeitungszeit wegen angeblicher Überlastung immer länger dauert. Oft gewinnt man den Eindruck, dass der Alltag ohne Bürokratie viel leichter zu bewältigen ist, und man weiß gar nicht mehr, warum es eine Verwaltung geben muss. Sollte Ihnen allerdings ein Bürokrat irgendwann auf die Schliche gekommen sein, dann Gnade Ihnen Gott, selbst wenn Sie niemandem einen Schaden zugefügt haben. Eine Behörde, die sich übergangen fühlt, reagiert beleidigt und gekränkt, verweigert Ihnen nachträglich die Genehmigung und verlangt die Rücknahme ihrer vollzogenen Handlung. Sie stört zwar keinen Menschen, niemand nimmt Anstoß, selbst die betroffenen Behörden haben keinen Nachteil, aber sie ist von ihnen nicht erlaubt und damit illegal.

Es soll deshalb immer noch vorkommen, dass ein Mensch ein Anliegen an die Verwaltung heranträgt, obwohl er den Vorgang auch alleine lösen könnte, um ... Wie lästig zwar, aber da wiehert selbstgefällig laut vernehmlich der Amtsschimmel.

Als die neuen Personalausweise, angeblich fälschungssicher und im handlichen Format, herauskamen, wurde ich von der Meldebehörde aufgefordert, einen Antrag auf Ausstellung des Ausweises zu stellen und bei Fertigstellung ihn gegen eine Gebühr abzuholen. Ich wurde darauf hingewiesen, dass es Vorschrift sei, stets einen Ausweis bei sich zu tragen. Ich dachte mir, dies ist eine Gelegenheit, die Probe aufs Exempel zu machen und die Behörde mit ihrer eigenen Logik zu schlagen. Folgender Dialog entwickelte sich im Dienstzimmer:

Ich: Warum muss ich einen neuen Ausweis beantragen?

Amt: Weil es Vorschrift ist. Sie müssen sich ausweisen können.

Ich: Das kann ich, ich besitze genügend Dokumente, um mich ausweisen zu können.

Amt: Aber Sie müssen einen persönlichen, einen Personalausweis haben, um Ihre Identität feststellen zu können.

Ich: Ich kenne meine Identität. Ich weiß, wer ich bin.

Amt: Aber Sie müssen das beweisen können.

Ich: Das kann ich jederzeit. Ich stehe hier vor Ihnen, ich bin ich.

Amt: Sie benötigen dazu einen Personalausweis.

Ich: Nein, ich benötige den Ausweis nicht. Sie verlangen das.

Amt: Es handelt sich um eine Vorschrift des Staates.

Ich: Gut, wenn der Staat das verlangt, dann muss er dafür sorgen, dass ich einen Ausweis bekomme. Wieso muss ich einen Antrag stellen.

Amt: Sonst bekommen sie ihn doch nicht.

Ich: Ich brauche ihn ja auch nicht. Sie wollen doch, dass ich einen bekomme.

Amt: Aber Sie müssen einen haben.

Ich: Und wieso muss ich den auch noch bezahlen?

Amt: Weil er so viel kostet.

Ich: Das heißt also, ich muss den Ausweis kaufen!

Amt: Nein. Wenn Sie den fertigen Ausweis abholen, müssen Sie die übliche Gebühr dafür bezahlen. Die Herstellung kostet Geld.

Ich: Das hätte sich der Staat vorher überlegen sollen. Ich kaufe nur, was ich brauche.

Amt: Das ist doch zu Ihrer eigenen Sicherheit.

Ich: Sie verstehen mich nicht. Wenn mir vorgeschrieben wird, dass ich einen Ausweis bei mir tragen muss, dann muss mich der Staat in die Lage versetzen, seine Vorschrift ausführen zu können. Es ist doch keine freiwillige Entscheidung von mir wie beim Kauf eines anderen Gegenstandes. Der Staat zwingt mir etwas auf, und ich soll das auch noch bezahlen. Das ist nicht einzusehen, und für mich völlig unlogisch.

Amt: Was wollen Sie jetzt tun?

Ich: Keinen Ausweis beantragen. Ich warte, bis Sie mir einen zuschicken, wenn Sie unbedingt wollen, dass ich einen haben muss.

Ich habe bewusst nicht in Klammern gesetzt, wie sich beim Bürokraten die gereizte und genervte Stimmung gesteigert hat bis zum völligen Unverständnis. Ich wollte Ihnen den Spaß nicht verderben und bin sicher, dass Sie sich sein Gesicht vorstellen, in dem es heftig arbeitet, ob er es mit einem Idioten oder einem Spaßvogel zu tun hat. Das Ergebnis ist: Ich habe keinen Ausweis zugeschickt bekommen, ich besitze daher bis heute keinen gültigen Personalausweis und bin problemlos ohne ihn ausgekommen. Ich habe niemals Schwierigkeiten deshalb bekommen. Es hat mich noch nie jemand nach diesem Ausweis gefragt.

Ich kam mir vor wie Till Eulenspiegel.

Was sind denn das für Zustände (2009)

Sie kennen die Zustände in den Behörden. Bis Sie jemanden gefunden haben, der zuständig ist, kriegen Sie Zustände. Selbst wenn Sie endlich jemanden angetroffen haben, der zuständig sein könnte, dann fühlt er sich dennoch nicht zuständig, weil er die Zustände selbst gar nicht versteht. Aus diesem Grund haben die Behörden Bürgerbüros eingerichtet. Dort sagt Ihnen nun jemand, wer für was zuständig ist. Wahrscheinlich wissen die Sachbearbeiter bei den Zuständen in ihren Büros gar nicht mehr, wann und für was sie tatsächlich zuständig sind. Unhaltbare Zustände!
Diese Zustände in den Behörden lassen sich nur mit Angstzuständen der Mitarbeiter erklären. Sie haben so viel Angst, einen Fehler zu machen, dass sie lieber nicht zuständig sind. Oder sie sichern sich nach allen Seiten ab, um die Zuständigkeiten auf mehrere Stellen verteilen zu können. Selbst eigene Schriftstücke lässt sich die eine Behörde von der anderen beglaubigen.
Wieso erwarten die Ämter eigentlich Vertrauen in ihre Arbeit, wenn sie sich untereinander nicht trauen? Dieses Misstrauen hat sich im vergangenen Jahr 2008 von den unteren Ebenen bis in die höchsten Führungsetagen fortgepflanzt. Die Banken trauen keinem anderen Geldinstitut, die Führungskräfte trauen einander nicht mehr, und für die entstandene Vertrauenskrise ist niemand zuständig. Der Zustand der Welt beweist deshalb folgerichtig: Für die Verantwortung der Zustände fühlt sich niemand zuständig.
Für den Zustand in den Behörden nur ein Beispiel: Die Ämter sind verpflichtet, nach dem Verbraucherinformationsgesetz dem Bürger Auskunft über notwendige Informationen zum Verbraucherschutz zu erteilen. Das ist Bürgerrecht! Aber die Ämter dürfen nur dann vor Produkten warnen, wenn sie absolut sicher sind, dass davon Gefahren für die Gesundheit der Bürger ausgehen. Wenn sie das nicht sind, – und eine Behörde ist sich niemals absolut sicher – sind sie nicht zuständig. Falls

Sie sich in den glücklichen Zustand versetzt haben zu wissen, für welche Frage welche Behörde zuständig ist, gehen Sie das Risiko ein, dass sich dann die zuständige Behörde ihre Auskunft mit bis zu fünfstelligen Gebühren bezahlen lässt, obwohl sie auskunftspflichtig ist. So bestimmt es das Verbraucherschutzgesetz.

Was regen wir uns über diese Zustände auf. Wie oft mussten Sie sich sagen lassen, dass „wir Ihnen darüber leider keine Auskunft erteilen dürfen". Sie können Ihr Auskunftsbegehren an die zuständige Stelle richten, müssen aber Bearbeitungsgebühren vorab entrichten. Wir müssen ja sogar unseren Personalausweis bezahlen, obwohl das Gesetz uns verpflichtet, einen Ausweis zu beantragen (s. o.). Ohne Papiere sind Sie gar nicht existent, dann ist überhaupt niemand mehr für Sie zuständig.

Die Zustände in der Bürokratie mag man noch belächeln, schließlich könnte der Bürger auf die Idee kommen, gäbe es das Gerangel um Zuständigkeiten nicht, dass dann die eine oder andere nicht zuständige Behörde womöglich überflüssig wäre. Nicht mehr hinnehmbar sind solche Zustände, wenn sie auf höchster politischer Ebene stattfinden. Ein Beispiel: Der Bundestag hat auf Antrag des Bundesministeriums der Verteidigung das Mandat für die Bundeswehrsoldaten in Afghanistan verlängert. Niemand weiß zwar, wofür die Soldaten zuständig sind, aber sie sollen die herrschenden Zustände beseitigen. Nun gibt es seit drei Jahren einen Plan, wie man den Mohnbauern ihre Existenz sichern kann, ohne dass die warlords sich am Drogenhandel bereichern und weiter Krieg führen können. Minister Jung kennt den Friedensplan, der aus dem Bundeswehreinsatz tatsächlich eine Friedensmission machen würde. Aber er erklärt sich für nicht zuständig, diese Entscheidung sei Sache des Auswärtigen Amtes. Minister Steinmeier kennt den Plan ebenfalls, gibt ihn aber zuständigkeitshalber an das Verteidigungsministerium zurück, weil dies den Einsatz der Bundeswehr begründet. Seit drei Jahren wird ergebnislos über die Zuständigkeiten gestritten und eine notwendige Entscheidung hin und her und aufgeschoben (2008).

Oder nehmen Sie den Marineeinsatz vor Somalia. Die Matrosen sollen die Wasserstraßen kontrollieren und die Piratenschiffe aufspüren. Die Piraten an der Kaperung der Schiffe zu hindern, dafür dürfen sie nicht zuständig sein. Das Verteidigungsministerium sieht sich aus rechtlichen Gründen für eine eindeutige Befehlsgebung nicht zuständig und verweist auf die Zuständigkeit des Justizministeriums. Was haben die Soldaten die ganze Zeit dort gemacht? Sie patrouillieren in der Wasserstraße von Hormuz und beobachten, wie die Piraten die Schiffe kapern und melden dann pflichtgemäß, dass sie so und so viele Piratenschiff aufgespürt haben.

Die Zuständigkeit des Iran an der ganzen Misere zu verkennen, zeugt von der gleichen sträflichen Naivität wie die unserer Väter gegenüber Hitlers Buch „Mein Kampf". Überhaupt nimmt die Zuständigkeit der Religionen in der Politik übertriebene Ausmaße an. Wenn Gott z. B. für Sarah Palins Entscheidung zuständig ist, ob sie sich 2012 als US-Präsidentschaftskandidatin bewerben soll, oder Allah zuständig, wann der 12. Imam, der 874 spurlos verschwunden ist, wiederkehrt, damit Ahmadinedschad, der sich als Nachfolger dieses Imam sieht, endlich mit seiner Hilfe den Staat Israel auslöschen kann, dann entgleitet der Politik jede Zuständigkeit für Frieden und Fortschritt.

Wenn nicht mehr die Banker und Finanzjongleure für die Armut in der Welt zuständig sind, die Ayatollahs, Mullahs, Scheichs nicht mehr für den Hass der Terroristen zuständig sind, ihre Verantwortung Gott oder Allah übertragen und ihn für ihre Entscheidungen für zuständig erklären, na dann ...

Alte Liebe rostet nicht

Heute wird es geschehen. Sie kommt. Es ist Silvester, und wir werden gemeinsam die Schwelle zum neuen Jahr überschreiten. Ich habe alles vorbereitet, und ich bin seelisch wie körperlich gut gerüstet. Ich kenne sie seit zwölf Jahren. Damals hatte ich mich sofort in sie verliebt. Sie hatte einen betörenden Duft, einen vollkommenen Körper, einen vorzüglichen Geschmack und guten Charakter. Als ich eine erste Berührung mit ihr hatte, schloss ich aufgeregt die Augen. Dann kam es zum ersten köstlichen Kuss, ich spielte mit meiner Zunge, ich genoss jeden Zug. Mein Atem sog ihr wunderbares Aroma ein, ich nahm sie mit all meinen Sinnen auf und verschloss sie tief in meinem Herzen. Seitdem liebe ich sie.

Sie wohnte nicht bei mir, meine Wohnung war zu klein, und hätte ihren räumlichen Ansprüchen nicht genügt. Sie hatte ihren eigenen Bereich. Aber ich durfte sie besuchen, so oft und wann immer ich wollte. Da ruhte sie auf ihrem Lager, wohlig ausgestreckt, friedlich und immer empfangsbereit. Ich pflegte unsere Zuneigung, so gut ich konnte, bemühte mich um ihr Wohlergehen und verehrte sie mit zunehmendem Alter. Ich tat alles, um diese Liebe reifen zu lassen und zu erhalten. Immer behielt ich im Auge, dass alte Liebe nicht rosten dürfe.

Nun also ist es so weit. Zum ersten Male ist sie zu mir gekommen. Der Anlass ist gut gewählt: Das neue Jahr gebührend feierlich anzugehen. Ich habe ein mehrgängiges Menü gezaubert, ganz auf ihren Geschmack abgestimmt, Kerzen angezündet, klassische Musik aufgelegt und gelüftet. Die Stimmung ist großartig und erwartungsvoll. Es kribbelt in den Händen, ich bin angespannt und erregt. Sie steht vor mir in ihrer ganzen wohlgeformten Gestalt. Vorsichtig greife ich nach ihr, umfasse ihren Körper, gleite an ihrem schlanken Hals entlang. Ich rieche ihren Duft, mein rechter Zeigefinger gleitet über ihre feuchten gerundeten Lippen, die zum Kusse bereit. Meine Hand rutscht tiefer, vom Hals über die herrliche runde Wölbung bis hinunter in die dunklen Tiefen. Ich entkleide sie mit beiden Händen, bis sie fast nackt vor mir steht, nur mit dem hübschen vielversprechenden kleinen Hemd bedeckt, dass nur noch notdürftig verbirgt, was ich heiß ersehne.

Ich kann nicht länger an mich halten, es überkommt mich die Lust. Ich neige ihren Hals nach hinten, gerade so, als ob ich ihre Brüste küssen wollte. Sie lässt es geschehen, und ...

... die ersten Tropfen ihres köstlichen Inhaltes fließen dunkelrot ins Glas. Ich rieche, ich koste, ich genieße, ich jubiliere. Es ist vollbracht, ich habe genau die richtige Zeit abgewartet, um meine alte Liebe, die Flasche mit dem inzwischen zwölf Jahre alten roten Wein aus Bordeaux zu leeren. Er glänzt in voller Reife, tiefrot bis violettschwarz, nicht rostbraun wie noch ältere, mit vollendetem Aroma und kräftig in Körper und Frucht. Ein überwältigender Trinkgenuss.

PEINLICH

Kürzlich hatten wir Besuch aus Holland. Eine alte Freundin von uns reiste mit dem Zug an, nachdem eine schwierige Operation am Fuß sie längere Zeit daran gehindert hatte, ihr Haus zu verlassen. Sie erzählte, dass es sehr peinlich für sie war, und dass sie froh ist, die Sache endlich überwunden zu haben.

Wir fragten sie, warum ihr das denn peinlich gewesen war; Schmerzen und Behinderungen dieser Art müssen einem doch nicht peinlich sein. Schließlich klärten wir das Missverständnis unter Lachen auf: Sie benutzte das Substantiv Pein folgerichtig im Sinne von Schmerz, verstand aber nicht, dass das Adjektiv peinlich im Deutschen nicht mehr im Sinne von schmerzhaft Verwendung findet, sondern eine völlig andere Bedeutung angenommen hat.

Trotz der Verwandtschaft der germanischen Sprachen hat jede ihre eigene Entwicklung genommen. Daher kommen in der Übersetzung manchmal recht komische Sinnveränderungen zustande. Bis zum Mittelhochdeutschen werden die Wörter noch in ihrer ursprünglichen Bedeutung im gesamten germanischen Sprachraum verwendet. Erst durch die anschließenden Lautverschiebungen, die separate Kleinstaatenbildung und die *peinlich* (= penibel) gepflegten Hoheitsrechte entwickelten sich die Mundarten getrennt voneinander und entfernten sich immer mehr von ihrem gemeinsamen Ursprung.

Pein bedeutet Strafe, Qual, Not, Mühe aus dem althochdt. *Pina*, vom lat. *pena* abgeleitet = Buße, Strafe, Kummer, Qual, Pein, Schmerz. Wir benutzen unverändert das dazu gehörige Verb *peinigen* im Sinne von Schmerzen zufügen, quälen, martern, ebenso wie den Täter, den *Peiniger*, der ein Quälgeist, ein Folterer ist. Auch die Misshandlung oder Folterung kann als *Peinigung* bezeichnet werden. Im Mittelhochdeutschen hieß *peinlich* noch quälend, strafwürdig, schmerzlich, grausam, folternd.

Alles sehr unangenehme schmerzhafte Eigenschaften, die zur heutigen Verwendung im Sinne von „unangenehm, beschämend" einerseits führte und andererseits die Bedeutung von „penibel, pedantisch, genau, sorgfältig" annahm. Aus dem Lateinischen *poena* ist „verpönt" entstanden und *peinigen* ist nun mal verpönt. Sprachentwicklung ist eine unberechenbare Angelegenheit.

Ich wünsche uns, je älter wir werden, so wenig wie möglich *Pein* und keine *Peinlichkeiten*, aber *peinlich* genaue Pflege und Fürsorge.

Herrlich Dämlich – Damenwahl

Noch ein Wortspiel: Die Welt ist manchmal *herrlich dämlich*, meine *Damen und Herren*. Kürzlich sah ich in der Tagesschau, wie eine herrlich ganz in Weiß gekleidete *Dame* einem futuristischen gläsernen Automobil entstieg. Sie stand in ihrer ganzen *Herrlichkeit* vor einer *herrschaftlichen* Menschenmenge, *damenhaft* geschmückt, das Kleid reichte bis zum Boden. Sie schritt wie eine *Herrin* durch das Spalier der Menschen, zeigte einen schmuckvollen Ring, die Hand etwas gespreizt, am Ringfinger. Ihre Handhaltung entsprach der einer *Herzensdame*, die den Handkuss ihres *herrischen* (= hochmütigen) Kavaliers erwartet. Sie betrat ein Podium, hob den Kopf und den Arm, sprach einen Segen wie ein *Herrgott*. Da erkannte ich den Papst und begriff die *dämliche* (= damenhafte) Bekleidung.

Tage später kam ein Bericht aus Riad, der Hauptstadt von Saudi-Arabien. Zu meinem Erstaunen hatte sich eine ganze Schar von weißen *Damen* versammelt, *herrlich* lange Gewänder ebenfalls ganz in Weiß, dazu den „Heiligenschein" auf statt über dem Kopf. Bei genauerem Hinsehen konnte man leicht die ganze Familie Saud ausmachen, verschleiert von oben bis unten, nur das *Herrenmenschen-Gesicht* frei, der Haarschleier von einer Kordel auf dem *herrischen* (= erhabenen) Kopf festgehalten, einen Heiligenschein vortäuschend. *Dämchenhafter* Schmuck vollendete die Erscheinung.

Das alles ist nicht neu: Obwohl beim Militär nur *Herren* zugelassen werden, erinnern die Orden verzierten Brustpartien von Uniformjacken der Generäle, der *Herrenreiter* oder anderer hoher Militärs auf der ganzen Welt eher an Damenschmuck. Ordensspangen statt Broschen, Kordel statt Kettchen, glitzernde Knöpfe wie Edelsteine, bunter Saum an Taschen und Kragen. Richter tragen Roben, Könige zogen purpurne Pelzmäntel an. Je etablierter die *Herrschaften*, um so *damenhafter* die Mode. Zuhälter sehen *dämlicher* aus als ihre *dominas*. *Männliche* Transvestiten erscheinen in der *herrlichsten* (= prächtigsten) *Damen*garderobe mit *dämischem* Schmuck und lassen die verzückt zuschauende *Damen*welt vor Neid erblassen. Bei jedem Tanztee gibt es *Damen*wahl, für *Frauen* den Ball paradox. Bei Schauspielern ist es selbstverständlich, auch mal in der Kostümierung des anderen Geschlechtes aufzutreten. Und viele *Männer* tragen heimlich die Fummel ihrer *Frauen*, zu bestimmten (Mode-)Zeiten oder zu Kostümbällen in der Karnevalszeit sogar öffentlich und bewusst, wie ein Gedicht von Erich Kästner Auskunft gibt:

RAGOUT FIN DE SIÈCLE

Hier können kaum die Kenner
in Herz und Nieren schauen.
Hier sind die Frauen Männer.
Hier sind die Männer Frauen.
Hier tanzen die Jünglinge selbstbewusst
im Abendkleid und mit Gummibrust
und sprechen höchsten Diskant.
Hier haben die Frauen Smokings an
und reden tief wie der Weihnachtsmann
und stecken Zigarren in Brand.
Hier stehen die Männer vorm Spiegel stramm
und schminken sich selig die Haut.
Hier hat man als Frau keinen Bräutigam.
Hier hat jede Frau eine Braut. …
Nur, schreit nicht dauernd wie am Spieß,
was ihr für tolle Kerle wärt!
Bloß weil ihr hintenrum verkehrt,
seid ihr noch nicht Genies.
Na ja, das wäre dies.

Das Gedicht beschreibt die Zustände der zwanziger Jahre des vorigen Jahrhunderts, wie wir sie auch auf den Bildern von George Grosz wiederfinden, besonders auf dem Triptychon „Großstadt".

Es stellt sich die Frage: Warum bevorzugen die *hohen Herren* mit Vorliebe *Damen- kleidung* oder *dominierenden* Schmuck? Warum entwerfen *dominante Herren* lieber *Damenmode*? Warum zeigen sich die *Herrschaften* so gern als *Damen*? Man könnte diesen *herrlich dämlichen* Eitelkeitswahn der *Herren* als Verehrung der *Damen*, als Kompliment an sie auffassen. Wenn es nicht die höfische Tradition des Absolutismus gäbe. Als das französische Wort *dame* um 1600 aufkam, bedeutete es *Herrin* und benannte nur die Damen am Hofe. Nichtadelige Menschen *weiblichen* Geschlechts hießen je nach Stand abwertend nach unten entweder *gnädige Frauen* oder *Weiber*. Mit einer Ausnahme: Der Kavalier bezeichnete seine (nichtadelige) Mätresse mit *Herzensdame*, sein Konkurrent nannte sie Dämchen. Sultane besaßen Harems*damen*. Immer sollte es die Überlegenheit des *Herrn* demonstrieren. Die *Dame* als Symbol der Macht, wie beim Schach.

Als das gehobene Bürgertum begann, die Gepflogenheiten des Adels nachzuahmen – jeder will gerne einmal Kaiser sein – entstanden *herrlich dämliche* Wortschöpfungen: Der *dominus* (= Hausherr) traf zu Hause auf seine *domina* (= Hausherrin, Hausfrau), hatte natürlich nur weibliches Personal, das oder die *Frauenzimmer*, der *Senior* (= Herr) *dominierte* den Haushalt und hielt Hof. Nach außen *beherrschte* er seine häusliche *Herrschaft*. Wenn der *Herr im Hause* heutzutage zu einer *domina* geht, meint er wiederum eine „Mätresse". Dann unterwirft er sich dem *Damenhaften*, weil er im Grunde seines Herzens lieber von seiner *Dame beherrscht* werden möchte. Ich bin davon überzeugt, dass der Papst und seine Geistlichen genau wie die Saudis, Scheichs und Sultane, überhaupt alle Herrscher, die sich *dämlich* kleiden, deshalb so *frauenfeindlich* agieren, weil sie das *Dämliche* in ihnen, die furchterregende *domina* in sich bekämpfen müssen. Sie wollen lieber empfangen!

PS: Diese Glosse benutzt die Wörter „herrlich" und „dämlich" ausschließlich im etymologischen Sinne. Ich möchte bitte nicht missverstanden werden.

FLIEGEN

Die blödesten Tiere scheinen mir die Fliegen zu sein. Sie kapieren nichts und sind nur lästig. Wenn Sie sich im Garten oder auf dem Balkon gemütlich und genussvoll sonnen, kommt eine Fliege an, setzt sich auf ihr Bein oder Arm und stört. Sie scheuchen sie weg, was die Fliege veranlasst, sich mal gerade kurz zu erheben, um sich sofort wieder an der gleichen Stelle nieder zu lassen. Und das kann eine ganze Weile so weitergehen, weil das dumme Tier trotz ständigen kurzen Auffliegens einfach nicht verstehen will, dass sie fehl am Platze ist. Bis Sie die Wut packt, Sie holen zu einer kräftigen Handbewegung aus, entweder um sie zu schnappen oder ihr einen Ohrfeigen ähnlichen Stoß zu versetzen. Na gut, scheint die Fliege zu denken, da will er mich nicht, also fliege ich auf seine Stirn.
Dieses Spielchen wird die Fliege nicht müde. Noch mehr Spaß bereitet es ihr auf einer Weide mit vielen Kühen. Beobachten Sie mal eine Zeitlang die Rindviecher: Sie wedeln mit dem Schwanz, ein Schwarm Fliegen bequemt sich kurz aufzufliegen, um sich gleich wieder an die gleiche Stelle zu setzen. Kommt der dicke Kuhschwanz, vollzieht sich der Vorgang erneut. Statt zu kapieren, dass sich die Fliegen auf einem Zaun oder anderen Gegenstand ungestört in Ruhe sonnen könnten, unterwerfen sie sich der Mühe des dauerhaften Hüpftanzes auf dem Kuhrücken.

Noch blöder verhalten sich Fliegen am Fenster. Wenn sie einmal den Weg in die Wohnung durch irgendein geöffnetes Fenster gefunden haben, kleben sie am benachbarten Fenster, ohne Anstalten zu machen, wieder aus dem offenen Fenster hinaus zu fliegen, auch wenn es draußen wärmer ist als drinnen. Zunächst haben Sie noch Mitleid und versuchen, dass dumme Tier hinaus zu wedeln. Nichts da, sie fliegt auf, um Ihrer Bewegung auszuweichen, und flattert weiter aufgeregt an der Scheibe auf und ab, manchmal nur Zentimeter von der frischen Luft entfernt. Völlig verständnislos starren Sie auf das begriffsstutzige Tier, bis Sie die Fliegenklatsche holen und zuschlagen. Überhaupt nehmen Fliegen den Tod eher in Kauf als ihre Freiheit. Denn irgendwann schließen Sie das Fenster, und am nächsten Tag liegt die tote Fliege auf dem Fensterbrett.

Aus menschlicher Sicht sind Fliegen die blödesten Tiere. Möglicherweise verhalten sie sich so dumm, weil sie instinktiv wissen, dass sie eigentlich überflüssig sind. Sie nutzen ihre Zeit, um uns lästig zu fallen und uns zu ärgern. Oder weiß jemand, warum es Fliegen gibt und wofür sie nützlich sind? Schwalben und Fledermäuse finden genügend andere Insekten, sie sind auf die blöden Fliegen gar nicht angewiesen. Fairerweise muss man allerdings sagen, dass sie über eine Fähigkeit verfügen, die sie den Menschen voraus haben. Die Fliege kann an der Wand und an der Decke stehen wie auf dem Fußboden, ohne herunter zu fallen, also senkrecht oder kopfüber. So lange sie da ruht und mich nicht stört, darf sie bleiben. Für dieses Kunststück genießt die Fliege bei mir Gastrecht.